国家科技支撑计划城市交通研究项目丛书

U0664217

城市交通系统功能整合与规划设计

"城市综合交通系统功能整合与规划设计关键技术"
课题组　著

中国建筑工业出版社

图书在版编目（CIP）数据

城市交通系统功能整合与规划设计/"城市综合交通系统功能整合与规划设计关键技术"课题组著. —北京：中国建筑工业出版社，2014.8

（国家科技支撑计划城市交通研究项目丛书）

ISBN 978-7-112-16974-0

Ⅰ.①城… Ⅱ.①城… Ⅲ.①城市交通系统－系统功能－研究 Ⅳ.① U491.2

中国版本图书馆 CIP 数据核字（2014）第 124916 号

城市综合交通系统是保障城市功能运行的最重要的基础设施，在维系城市经济和社会基本功能方面发挥着重要基础性作用。本书针对我国城市综合交通系统发展滞后于城镇化和城市快速发展进程的困境，从城市交通与城市发展、城市交通与土地利用、交通结构优化、城市与区域交通衔接等多个方面进行理论梳理和应用举例，从功能整合的视角指导交通规划设计，是值得城市交通行业从业者、城市规划师、城市交通管理部门工作人员阅读的专业型书籍。

本书由国家科技支撑计划项目（2006BAJ18B01）资助。

* * *

责任编辑：焦 扬 陆新之
责任设计：董建平
责任校对：陈晶晶 张 颖

国家科技支撑计划城市交通研究项目丛书

城市交通系统功能整合与规划设计

"城市综合交通系统功能整合与规划设计关键技术"课题组 著

*

中国建筑工业出版社出版、发行（北京西郊百万庄）

各地新华书店、建筑书店经销

北京嘉泰利德公司制版

北京云浩印刷有限责任公司印刷

*

开本：787×1092毫米 1/16 印张：14 字数：277千字

2014年10月第一版 2014年10月第一次印刷

定价：**46.00**元

ISBN 978-7-112-16974-0

（25747）

前　言

城市综合交通系统是保障城市功能运行的最重要的基础设施，在维系城市经济和社会基本功能方面发挥着重要基础性作用。长期以来，我国城市综合交通系统发展滞后于城镇化和城市快速发展进程，交通规划的核心理论与技术方法没有明显突破，交通与土地利用缺乏科学的互动调整和相互配合，城市交通的发展战略和导向不明确，交通结构持续向不利于道路交通资源合理使用的方向演变，城市综合交通系统功能难以充分发挥，交通供需矛盾十分突出，严重制约了我国城镇化战略的实施和城市健康发展。

为了贯彻《国家中长期科学和技术发展规划纲要》(2006—2020年)，促进城镇化与城市发展重点领域的科学技术研究，落实"城市功能提升与空间节约利用"优先主题明确的研究任务，在国家"十一五"支撑计划中设立了"城市综合交通系统功能整合与规划设计关键技术"(2006BAJ18B01)课题，由中国城市规划设计研究院联合东南大学、哈尔滨工业大学、北京交通发展研究中心、南京市城市与交通规划设计研究院有限责任公司、北京工业大学共同承担。

本书汇集了课题的部分主要研究成果，第1章、第9章依据中国城市规划设计研究院的研究成果撰写，第2章依据南京市城市与交通规划设计研究院有限责任公司的研究成果撰写，第3章依据北京交通发展研究中心的研究成果撰写，第4章、第5章、第8章依据哈尔滨工业大学的研究成果撰写，第6章、第7章依据东南大学的研究成果撰写。本书编写组成员有马林、杨少辉、陈莎、陈峻、任刚、裴玉龙、钱林波、王方等。

本书由国家科技支撑计划课题"城市综合交通系统功能整合与规划设计关键技术"(2006BAJ18B01)资助。

目　录

第1章
城市交通与城市发展

城市交通系统是城市大系统的一个重要组成部分，受到城市社会、经济、文化等诸多要素的深刻影响，随城市发展而演变。研究城市交通与城市的发展关系，有助于甄别影响两者发展的核心互动要素，对改进和完善城市交通规划设计方法具有重要的现实意义。

1.1 城市发展

根据城市的定义，城市是"城"和"市"的组合，"城"是指在一定地域上用作防卫而围起来的墙垣，"市"是指进行交易的场所和商品流通的中心。根据城市发展史的研究，城市的最初形式"城"和"市"是分开的，生产力的发展和两次社会大分工促进了"城"与"市"的结合，从而才产生真正意义上的城市 [1]。

1.1.1 西方发达国家城市发展轨迹

西方发达国家城市发展大致经历了 4 个阶段：前工业社会阶段、工业社会阶段、后工业社会阶段和信息社会阶段 [1,2]。

各个发展阶段的特征如表 1-1 所示。

西方发达国家城市各发展阶段主要特征 表 1-1

历史阶段	时间范围	经济功能	城市建设	发展状况	城乡关系
前工业社会	奴隶社会到工业革命之前	手工业生产集中地、农产品集散地	市政设施简陋生活条件落后	规模较小数量很少	城乡分离相对封闭
工业社会	工业革命到20世纪中叶	机器大工业中心商业贸易中心	市政设施完备生活条件改善	规模扩张数量猛增	城乡对立差距拉大
后工业社会	20世纪中期和后期	第三产业中心功能多元化	市政设施现代化生活条件较优越	规模、数量稳定大都市连绵区	城乡融合差距缩小
信息社会	20世纪末以后	信息流动、管理和服务中心	城市信息化、园林化、宜人化	超级城市裂解中小城镇崛起	城乡一体化

在前工业社会时期，农业文明占主导地位，城市是手工业生产的集中地和农产品的集散地，这一时期的市场对城市形成有重要意义。工业社会时期工业文明占主导，工业革命使城市转向大工业生产，城市规模迅速扩

张，商业的发展促进了城市的进一步繁荣。后工业社会时期是指 20 世纪中期和后期，第三产业占据主导地位，城市规模的扩张和城市间经济贸易的发展促进了城市群的出现，城乡开始融合，差距缩小。20 世纪末以后，信息技术发展和应用对城市功能组织转型起到了重要的拉动作用，超级城市逐渐裂解，中小城镇崛起，城市功能发生重组，城市正逐渐成为高度信息化和全面网络化的智能城市。

1.1.2　我国城市发展轨迹

由于历史背景不同，我国城市的发展体现出了自己的特征。参考历史分期，我国城市发展大致分为奴隶社会、封建社会、半殖民地半封建社会、新中国成立后的计划经济以及改革开放以后几个阶段 [3~5]。

1）奴隶社会阶段

奴隶社会阶段是我国城市的形成时期。原始社会末期私有制开始产生，生产关系由原始社会的公有制过渡到奴隶社会的私有制，私有制的出现导致了"城"的形成。城郭的最初形成是出于卫君守民的统治需求，便于奴隶主对奴隶的统治以及对私有财产的保护。"城"和"市"的结合要晚于城郭的出现，城中有市的记载始于西周（图 1-1）。西周时期出现了专门的商人，城中开始设置固定的市场。

2）封建社会阶段

我国封建社会时间跨度较大，从战国一直到 1840 年鸦片战争，持续了数千年，这一时期形成了我国城市发展的基本格局。

（1）封建时期各个朝代基本上都采用了郡县制——都城、郡（州）、县三级城市体系，城市逐步发展成为政治、经济、文化中心。

（2）新城市的形成除了受政治、经济影响之外，在选址上受区域交通条件和地理环境的影响也很明显，相当一部分城市是由驿站或码头发展起来的。

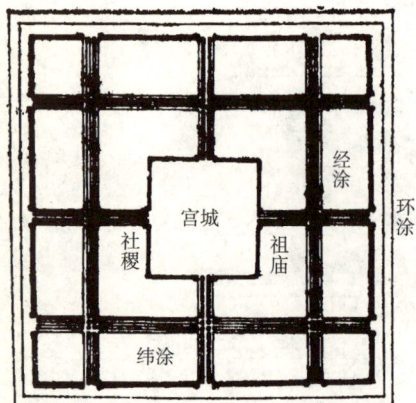

图 1-1　周王城复原想象图

（图片来源:董鉴泓 . 中国城市建设史 (第三版)

[M]. 北京 : 中国建筑工业出版社, 2004）

（3）在城市空间结构上，城市多采用棋盘状格局，且每个方格的尺度较大，特别是都城，如唐代长安城（图 1-2）和明清时的北京城（图 1-3），体现了统治阶级的集权意识和社会价值观念。

（4）在城市功能布局上，宋代以前均采取坊里制和集中设市的制度，市场的营业时间受到严格限制，自北宋开始突破了这种制度，大量的手工业作坊和商业店铺沿街开设，营业时间也不再受限制，致使城市道路的功能开始复杂化。

（5）封建社会后期，特别是明清时期的重农抑商和闭关锁国政策，阻碍了社会经济的发展，使得我国城市在延续几千年的封建社会时期都未能突破自给自足的自然经济状态。

3）半殖民地半封建社会阶段

鸦片战争以后我国进入了半殖民地半封建社会，随着帝国主义势力的入侵、商埠和租界的开辟，出现了一些殖民地和半殖民地城市，城市发展出现了一些新的特征：

（1）商埠和租界的开辟使对外通商口岸城市出现了西式街区，这些街区采用严整的小尺度方格网形态（图1-4），与我国传统城市方格网的不同之处在于街区的尺度大小和网络形态。

（2）洋务运动和维新运动中，官僚资本和民间资本开始建设铁路、开办新式企业，城市建设中开始出现工业建设，促进了一些新城市的产生，并使一些旧城市发生变化和发展。

（3）近代207个城市，直接受惠于洋务运动的占1/4，洋务运动充当了城市转型和发展的推进器，而内地和边疆的绝大多数城市发展基本上处于停滞状态。

4）计划经济时代

从新中国成立到"文化大革命"结束为计划经济时期，这一时期城市发展总体上具有以下特征：

（1）城市发展主要集中于1953~1957年的"一五"计划时期，这期间配合苏联援建的156项工程（进入实际施工的有150项），新建和扩建了一大批城市，如表1-2和表1-3所示[6]。

（2）城市发展由人为计划决定，由于国家建设投资主要集中在大、中城市而使其发展较快，小城镇由于缺乏国家投资及农村商品经济不发达而趋于衰落。

（3）1964年开始的"三线建设"使得中西部地区城市加速发展，而东部沿海城市发展停滞，城乡割裂加深，大多数城市到1977年都没有突破"大跃进"时期形成的格局。

这一时期，城市内部格局受工业用地布局和苏联的影响较大：城市内部主要分散布置小型工业，城市边缘相对集中布置工业区或者沿交通线路分散布置工业点（片），远离城市的外

图1-2 唐代长安城全景示意图

（图片来源：董鉴泓. 中国城市建设史（第三版）[M]. 北京：中国建筑工业出版社，2004）

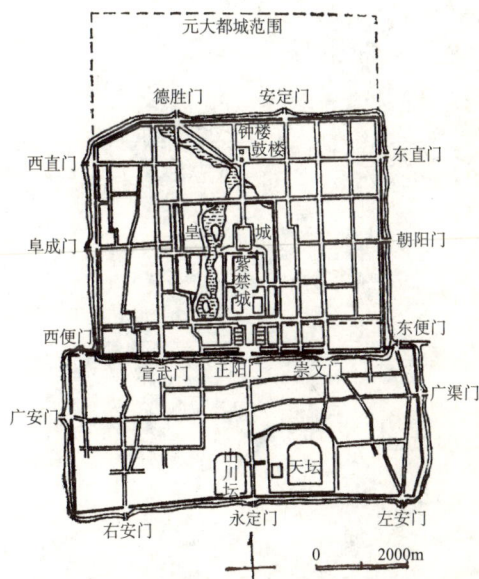

图1-3 明代北京城布局示意图

（图片来源：董鉴泓. 中国城市建设史（第三版）[M]. 北京：中国建筑工业出版社，2004）

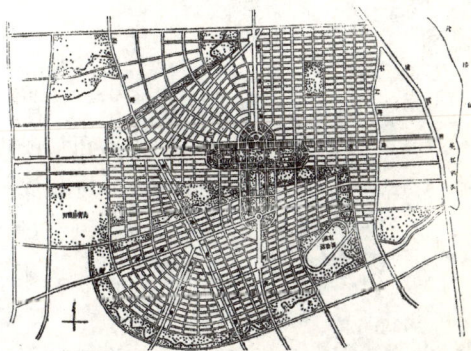

图1-4 20世纪30年代上海市中心道路规划图

（图片来源：董鉴泓. 中国城市建设史（第三版）[M]. 北京：中国建筑工业出版社，2004）

"一五"时期150项工程在各省（市）分布情况统计 表1-2

省份	项目数	城市及项目数
辽宁	24	沈阳7，抚顺8，阜新4，鞍山1，本溪1，大连1，杨家杖子1，葫芦岛1
陕西	24	西安14，兴平4，宝鸡2，卢县2，铜川1，渭南1
黑龙江	22	哈尔滨10，富拉尔基3，鹤岗4，佳木斯2，鸡西2，双鸭山1
山西	15	太原11，大同2，侯马1，潞安1
吉林	10	吉林6，长春1，丰满1，辽源1，通化1
河南	10	洛阳6，郑州1，三门峡1，平顶山1，焦作1
甘肃	8	兰州6，白银1，郝家川1
四川	6	成都5，重庆1
河北	5	石家庄2，峰峰2，热河1
内蒙古	5	包头5
北京	4	北京4
云南	4	个旧2，东川1，会泽1
江西	4	南昌1，大虞1，虔南1，定南1
湖南	4	株洲3，湘潭1
湖北	3	武汉3
新疆	1	乌鲁木齐1
安徽	1	淮南1

"一五"时期新建、扩建城市统计 表1-3

	数量	京广铁路以西	京广铁路以东	东北地区
新建城市	6	包头（新区）、洛阳（涧西区）、白银、株洲、茂名	富拉尔基	—
大规模扩建城市	20	北京、石家庄、太原、大同、西安、兰州、郑州、武汉、成都、宝鸡、湛江	上海、天津	沈阳、旅大、鞍山、长春、吉林、抚顺、哈尔滨
一般扩建城市	74	保定、邯郸、张家口、阳泉、长治、榆次、集宁、咸阳、天水、银川、西宁、乌鲁木齐、喀什、伊宁、焦作、新张、安阳、宜昌、长沙、湘潭、广州、韶关、海口、南宁、柳州、桂林、凭祥、重庆、自贡、内江、泸州、宜宾、南充、遵义、贵阳、个旧、昆明	秦皇岛、唐山、承德、济南、青岛、淄博、潍坊、徐州、杭州、合肥、芜湖、蚌埠、淮南、马鞍山、铜官山、南昌、景德镇、九江、黄石、福州	海拉尔、本溪、乌兰浩特、锦州、葫芦岛、安东、阜新、营口、辽阳、通化、辽源、延吉、牡丹江、佳木斯、鹤岗、双鸭山、鸡西

围地区集中布置大型工业区；居住小区和企业职工住宅区与工业区和外围工业点（片）布局贴近，形成大型的工业、居住组团；城市中心区逐渐形成了以中心广场和放射轴线为基本骨架的新布局形式。

5）改革开放以后

1978年以后，随着改革开放的进程不断加快，城市在国民经济中的重要作用开始体现，城市发展受到了各级政府的重视，呈现了新的发展态势。

城市体系结构得到较大改善，各级城市规模普遍增大，中小城镇数目增多；中心城市作用显著，以中心城市为依托的不同规模、开放式网络型经济区出现，以珠三角、长三角、环渤海为代表的城市群正在形成（图1-5）；

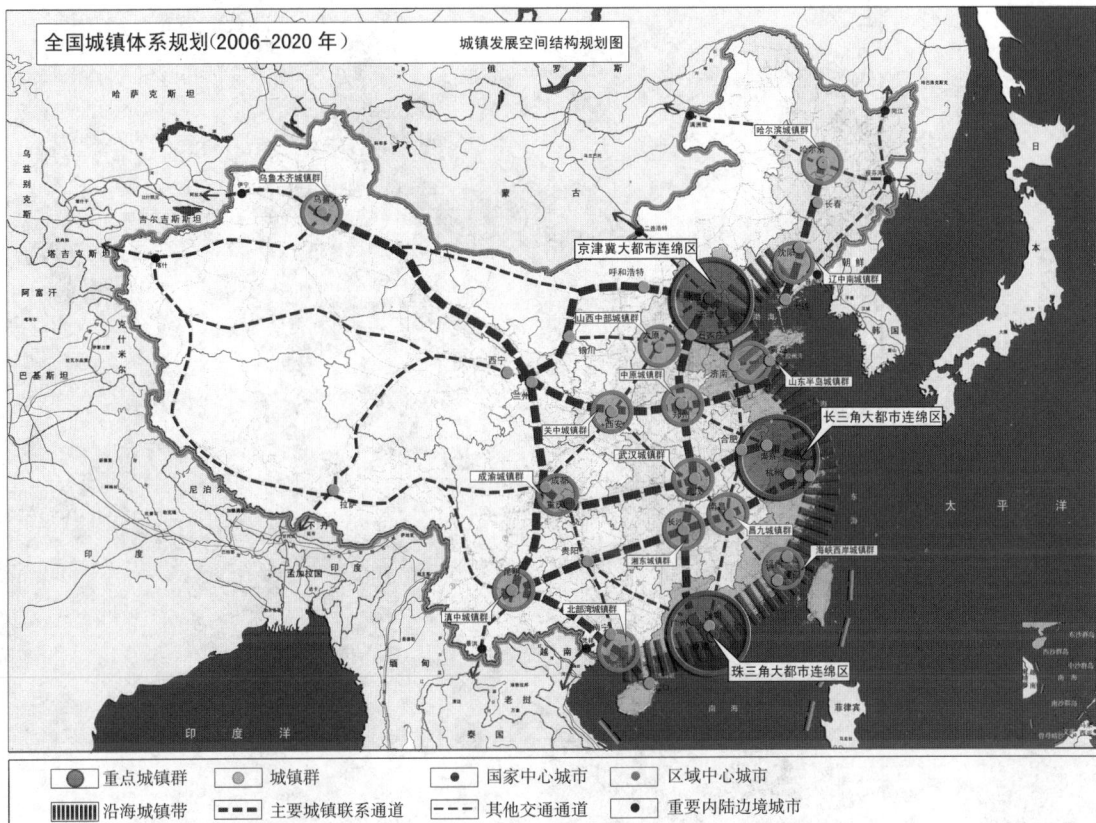

图 1-5　全国城镇群分布示意图

（图片来源：住房和城乡建设部，中国城市规划设计研究院.全国城镇体系规划（2006—2020 年）[M].北京：商务印书馆，2010）[7]

沿海城市的区位、政策优势得到充分发挥，逐步参与国际产业结构调整和劳动分工，沿海城市开始了国际化进程；大都市或其附近逐渐产生高技术走廊、开发区与高新技术产业区，网络化城市空间结构和形态开始出现。

城市空间结构和功能布局变化明显：

（1）城市边缘地带大规模地开辟和拓展了城市新区，卫星城镇迅速发展，如北京"两轴—两带—多中心"的城市规划布局（图 1-6）。

（2）旧城成片改造大规模开展，商业服务设施得到加强，居住、生活环境得到改善，大城市市中心逐步形成高度国际化的中心商务区，中心区聚集现象依然显著。

（3）以工业用地布局为主导、以各项用地有计划配置为特色的城市空间结构逐渐被打破，地价调节作用逐步明显，同心圈层特征正在形成。

（4）城市作为地域社会经济活动中心的多项功能逐步得到实现，空间结构呈现多元化。

（5）非生产性用地比例逐步提高，市政公用设施得到快速发展，第三产业迅猛发展。

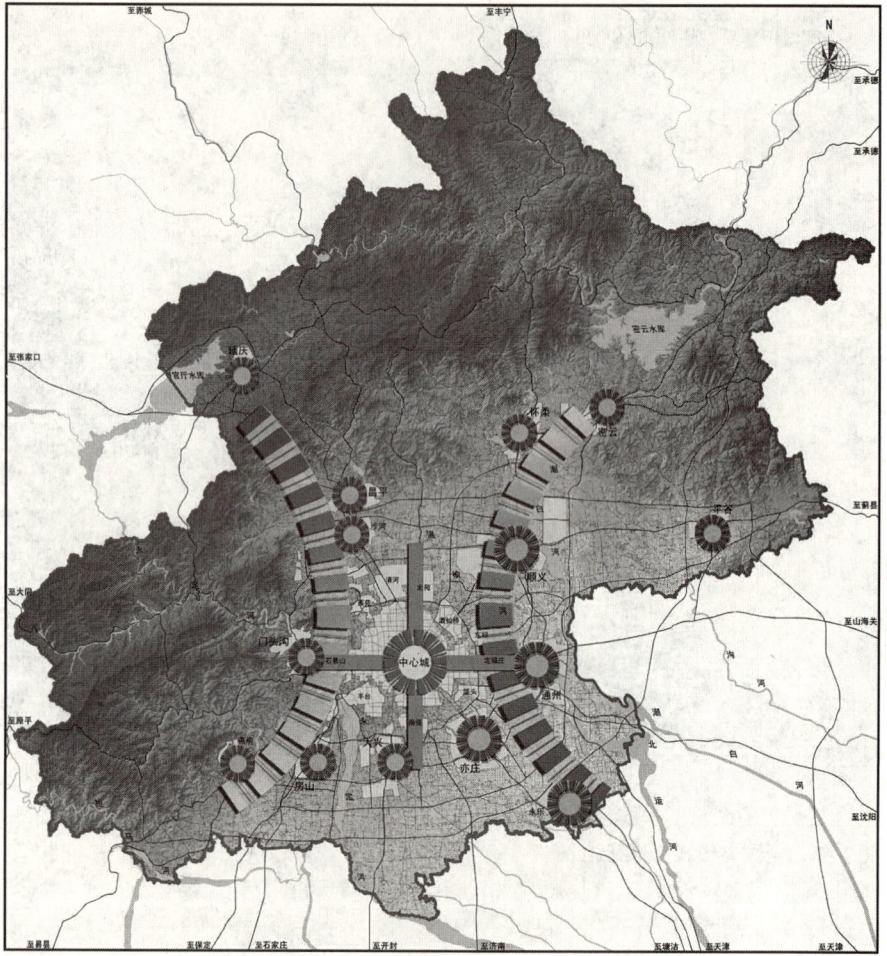

图例 ▓▓▓ 东部发展带 ▓▓▓ 西部发展带 ▭▭ 两轴 ◎ 中心城 ◉ 新城

图 1-6   北京"两轴—两带—多中心"的空间布局

（图片来源：中国城市规划设计研究院. 北京市综合交通规划纲要总报告 [R]. 2006）

1.1.3   城市发展轨迹对比

我国与西方发达国家城市发展阶段的对应关系可以归纳为表 1-4[8]。

我国与西方城市发展阶段的对应关系   表 1-4

西方城市发展阶段	前工业社会	工业社会	后工业社会	信息社会
我国城市发展阶段	1949 年以前	计划经济时期	改革开放以后	

综合分析西方发达国家和我国城市的发展历程、特点，可以得出以下结论：

（1）前工业社会时期城市的形成除了政治、经济、宗教等因素外，城市选址受交通条件影响也很大，便利的对外交通是城市发展必不可少的因素。受制于当时的交通技术和交通工具制约，这一时期城市的规模普遍偏小。

（2）我国古代城市的形态与西方国家的显著区别在于，我国城市大都呈方形且各类城市具有同构性；而西方发达国家特别是宗教城市，城市形态多呈环形放射状，这体现了不同社会文化形态对城市发展的影响。我国当代城市的发展又趋向于环形放射状结构，反映出城市社会经济在空间层面的发展要求。

（3）工业革命以前形成的城市空间现在一般均为城市旧城区，旧城保护和改造的争论很激烈，产权地块和街道尺度对城市发展和城市交通的改善具有强烈约束，城市旧城区和新城区的协调发展成为亟待解决的问题。

（4）工业革命以后，技术进步特别是交通工具的发展使得城市规模快速扩大，工业布局对城市结构具有决定性影响，如我国"一五"时期形成的城镇体系和城市空间布局对现在的城市发展影响很大，这一问题的妥善解决关系到城市的长远发展。

（5）在后工业社会，城市的发展依然注重城市规模的扩张和人口的聚集，城市交通等基础设施都是被动地满足城市发展的需求。直到信息时代，人们才开始注意到城市交通应主动引导城市发展，相关的研究和实践才逐渐展开。

1.1.4　城市发展动力与发展模式

1. 发展动力

城市发展具有悠久的历史，表现也是多方面的，虽然具体到某一个城市，其发展轨迹具有不同的特点，但其中的共性则反映出城市发展的普遍规律。西方发达国家和我国城市的发展轨迹说明，在城市的形成、发展和演变过程中起决定性作用的因素可以归纳为经济发展、政治制度和文化观念[9]。这三个因素是影响城市发展的关键因素，也是研究城市发展历史的基本切入点。

1）政治动力

根据马克思理论，政治是以经济为基础的上层建筑，是经济的集中表现，是以政治权力为核心展开的各种社会活动和社会关系的总和。在前工业社会时期，包括我国的封建社会时期，生产力发展比较缓慢，经济水平总体上较低而且相对稳定，对城市发展起决定性影响的是政治制度，即政治动力是城市发展的主要动力。这一时期农业经济占据主导地位，城市商业和手工业不足以支撑城市的运转，城市主要依靠农业经济来支撑城市生活，田庄地租收入是城市各阶层特别是统治阶层的主要经济来源。这一时期城市的形态、结构都是服从于统治的需要，服从于政治需求，都城是全国的政治中心，州县首府是地方的政治统治中心。

城郭起源于军事防御，军事因素对城市发展具有重要的影响，如战争时期城市的结构和形态侧重于军事防御。我国计划经济时期重工业布局的选择等，都与国家的军事战略密切相关。从政治的内涵来看，政治是各阶级为维护和发展本阶级利益，在处理本阶级内部以及与其他阶级、民族、国家的关系时所采取的政策、策略、手段和组织形式，可以分为国内政治和国际政治两个层次。因此，军事是政治的手段和工具，其对城市发展的影响可以归到政治动力之内。

2）经济动力

在西方发达国家，经济动力超越政治动力成为城市发展的主要动力是在近代工业革命以后。工业革命标志着农业社会向工业社会的转变，工业经济成为城市经济的主体，城市从政治统治中心转变为经济中心。我国从近代开始，社会和城市发展的经济基础开始从农业经济向工业经济的过渡。新中国成立后的计划经济时代，政治动力和经济动力是决定城市发展的双重力量。改革开放以后，我国的社会发展逐渐走上了以经济发展为主的方向，此时城市的发展更主要的影响力量是经济，政治影响退居次要地位。

3）文化动力

文化包括一个国家或民族的历史、风土人情、传统习俗、文学艺术、行为规范、价值观念等。文化既是一种社会现象，是人们长期创造形成的产物，同时又是一种历史现象，是社会历史的积淀物。文化促进了人类社会的发展，使人类能根据有利条件改变环境，以及改变自己的行为方式来适应改变了的环境条件。城市本质上可以看成一种文化结构，根据美国著名学者芒福德的观点，城市从其起源时代开始便是一种特殊的构造，专门用来存储并流传人类文明的成果。不同的国家、不同的民族、不同的地区，文化的差异影响着人们的生活方式和习惯，影响着城市的布局、结构和形态，城市的不同特色就在于其所体现的文化特色。

4）三种动力的关系

城市作为一定地域范围内的政治、经济和文化中心，政治动力、经济动力、文化动力构成其发展的原动力，是决定城市竞争力和发展潜力的根本所在。三者中，经济动力是城市发展的基础性要素，决定着政治与文化的发展依据、发展程度和发展水平；政治动力是城市发展的结构性要素，政府决策层通过权力和制度对资源进行管理和制约，从而对经济、文化的发展产生影响；文化动力是城市发展的综合性要素，既是经济、政治发展水平的精神投影，又是经济、政治发展的物质表现。三种动力之间相互依存、相互渗透、相互影响，推动着城市的发展。

进一步讲，城市发展的三种动力中，经济动力是基础性的和根本性的。在当今的和平发展时期，特别是在当今世界和平与发展成为时代主题的时期，经济发展成为世界各国一致的追求目标。

2. 城市发展模式

从经济发展的角度看，当今城市的发展存在着三种模式：独立型发展模式、依附型发展模式、互动共生型发展模式[9]。这三种模式形成时间不同，在不同时期有不同的表现，并且在当今的城市发展中不同程度地共存着。

1）独立型城市发展模式

独立型城市发展模式主要是指在特定的空间范围内，城市之间相互关系不紧密，社会交流和经济联系较少，单体的城市大都在相对封闭的环境中独立发展。这种发展模式由于各种原因在不同时期都存在。

在农业社会时代，独立型发展模式是城市发展的主要模式。城市发展以小农业和家庭手工业相结合的自给自足的自然经济为基础，农业经济对整个社会经济运转起着决定性作用。城市规模一般都较小，大多数城市是消费性城市，各城市的经济发展以自给自足为主要目标，对社会资源的集聚、辐射作用很小，经济运行方式明显受到时空的制约，呈现封闭、半封闭的态势。农业时代的政治状况、交通工具和运输技术的不发达对独立型城市发展模式的形成也起着重要作用。

在近代社会，一些殖民地半殖民地国家，如我国，自然经济仍居主导地位，不发达的生产力、不正常的国际联系、不发达的交通网络、不健全的市场体系、殖民地半殖民地制度的束缚和战争的破坏，使得除了少部分城市联系较为密切外，大部分城市仍处于相对封闭的独立发展状态。

在现代社会，不同国家或者同一国家的不同地区，由于地域文化结构及历史形成的区域自成体系，加之交通和通信技术发展的有限性、区域经济发展的不平衡性、地区分割及国家政治体制的限制，使得不少城市仍有很大的独立性。在一些发展中国家，城市的独立性还表现出一种新的现象，即对国外开放度较高，对外联系密切；对国内的开放度较低，经济联系和分工合作较差。

2）依附型城市发展模式

依附型发展模式是指城市之间的经济联系密切，但是两者之间关系是不平等的，是主从关系、依赖与被依赖的关系。依附型城市发展模式主要是在近代形成的，殖民地半殖民地国家的主要城市大都出现过这种模式。这种模式下，外来经济对本地经济冲击较大，本地自给自足的自然经济开始解体，引起本地城市功能结构和城市体系发生变化，出现了一批殖民地半殖民地性质的港口贸易城市和陆路商埠城市，有些国家则整体变为殖民地国家，城市则沦为殖民地城市。这些城市处于边缘从属地位，是次级城市，依附于国际中心城市和发达国家。

在当代一些发展中国家，典型的如我国，区域发展不平衡，相对落后的城市对较发达城市有很大的依附性，大量的人才、劳动力、物资、资金、技术都向发达城市转移，进一步促进了这些城市成为中心城市。城市体系一般呈金字塔形，经济联系主要也是依附关系，是下对上、小对大的依附，相互关系是不对称和不平等的。这种状态长久持续下去，特别是在全球化时代，大城市的影响与控制可能会使中小城市的功能类型进一步趋同，对大城市的依赖程度会进一步加深。

3）互动共生型城市发展模式

互动共生型发展模式是指城市之间是有机结合的关系，强调优势互补、互惠互利、长期协作、共同发展的平等关系。这种发展模式在发达国家已经形成，在发展中国家也正在形成并将加速。这种发展模式的形成与经济全球化紧密联系在一起，在经济全球化的背景下，任何单个城市在日益激烈的国际竞争中都显得力量薄弱。与经济全球化同时出现的一个新现象就是区域经济一体化，提高城市的综合竞争力和核心竞争力已经成为每一个城市面临的重大课题。要提高城市竞争力，仅依靠城市内部的资源和生产要素已经远远不够，必须寻求区域间的合作。经济一体化的发展，是城市之间、城市与区域之间的互动共生发展模式的基础。美国、日本、西欧城市群和大都市连绵区的出现和发展，我国珠三角、长三角、环渤海城市群的形成，都是这种发展模式的典型代表。

4）三种模式的发展趋势

独立型、依附型和互动共生型三种城市发展模式，虽然是不同时代产生的，但是在很多地区都不同程度地存在着共生现象，发展中国家尤其如此。从经济发展的角度来看，独立型发展模式长期存在将导致城市发展的不平衡和重复，自然资源、人力资源等各种资源浪费严重，不利于区域的整体发展；依附型发展模式的长期发展，将导致大城市越来越大、小城市越来越小的恶性循环，城市的不平等关系加剧，不利于国家或区域总体竞争力的提升；互动共生型的发展模式将是未来城市发展的主导模式，是城市经济、区域经济发展的必然要求和结果。

1.2 城市交通发展

《雅典宪章》指出，城市活动可以划分为居住、工作、游憩、交通四类。交通作为城市活动的基本分类之一，有效支撑了其余三项活动在空间上的联系——人和物的移动。城市交通作为城市的一个组成部分，其发展演化与城市发展是同步的。

城市交通发展可以分为前汽车时代、汽车时代和现代综合交通三个阶段[10~12]，与城市发展阶段具有一定的对应关系（表 1-5）。值得注意的是，我国城市交通发展没有经历西方国家那样的汽车时代，为便于区别和对比，这里称为准汽车时代。

城市交通与城市发展阶段的对应关系　　　　　　　　表 1-5

		前工业社会	工业社会	后工业社会	信息社会
西方	城市发展阶段	前工业社会	工业社会	后工业社会	信息社会
	城市交通发展阶段	前汽车时代	汽车时代		现代综合交通
中国	城市发展阶段	1949 年以前	计划经济时期		改革开放以后
	城市交通发展阶段	前汽车时代	准汽车时代		现代综合交通

1.2.1　前汽车时代

前汽车时代的城市交通主要是通过步行和畜力往返于居住地与某些特定地点（如工作地点、市场等）之间，平均出行距离短、速度慢，对城市生态环境的影响微乎其微。

随着人类历史的发展和等级制度的出现，城市形态发生了深刻变化，城市交通的功能主要是通过道路的结构形式体现交通组织的功能。例如，我国历代的都城，为了体现封建王朝的崇高尊严和气魄，把道路系统按"行政"等级作了划分，形成以皇城为中心、正对各城门的井字形干道网，同时特别强调了道路的轴线作用，连接皇城的道路宽度大大超过了交通的需要。总体来说，古代典型的城市道路布局主要体现了政治需求，城市交通的政治功能是第一位的，城市纵横交错的大道将城市分割成多个街区，从而形成独立的小区域，便于统治者对臣民的管理[10]。

同样，汽车时代未到来之前，在西方等级制度的城市，如在古希腊及古罗马，城市中心往往由一条或几条雄伟的通道形成中央生命线，城市布局多采用具有集权意识的同心圆结构，城市道路网呈环形放射状[2]。

1.2.2　汽车时代

城市交通的本质变化发生于出现汽车的 19 世纪末，这一时期正是世界发达国家城市化的快速发展时期，欧洲、北美和日本等发达国家和地区都先后在这一时期实现了城市化。大量的汽车涌入城市，改变了人们的出行方式，刺激了城市规模迅速扩张，使得城市交通在城市发展中的地位日益重要，逐步成为城市的主体功能之一[10]。与前汽车时代相比，城市交通变化主要体现在三个方面。

（1）人和物的空间移动呈现明显的方向性：城市对外交通表现出强聚弱散性，内部交通表现出大规模的潮汐交通与通勤客流，货物流动需求猛增。

（2）交通工具与出行方式产生巨大的变革和发展：马拉公共汽车、蒸汽火车、柴油机车、电车、电力火车、公共汽车、地铁、小汽车等交通工具相继出现，人们的活动空间发生了跨越式变化，城市空间结构随着机动化的发展呈现出低密度蔓延扩展。

（3）城市交通问题开始出现，特别是到了 20 世纪 50 年代，交通拥堵开始大规模出现，私人汽车的快速发展加速了城市交通的机动化进程，交通需求的发展远远超过交通供给，交通供需矛盾开始凸显并逐渐恶化，几乎所有的发达国家城市都经历了这一痛苦过程。

对比国内外发展现实，可以发现：以美国为代表的积极发展小汽车的国家，城市空间规模随着机动化的发展呈现出低密度蔓延的模式，虽然道路网密度较大，但是大量的小汽车潮汐式交通仍然导致了城市中心区的衰落。以苏联模式为代表的宽马路大街区模式对我国城市空间布局影响很大，随着私人小汽车的快速发展，这种模式导致的交通拥堵也非常严重。对于我国大部分单中心结构的城市，由于机动化带来的城市规模快速扩张，为了增加外围地区的相互联系和屏蔽过境交通，环城高速公路和快速路大量修建，导致这些城市的空间布局由方格形向同心圆形演变，老城区（往往为城市中心区）的聚集交通压力急剧增长。

1.2.3　现代综合交通

在汽车时代后期，城市交通问题全面爆发并恶化，交通拥堵开始变得无法忍受，交通事故频发，交通环境持续恶化。为了应对日益严峻的交通问题，适应城市的发展要求，人们在反思中寻求新的交通发展模式，城市交通与城市协调发展日益受到重视，并成为引导城市交通发展的主导方向，逐渐形成了综合交通的发展理念，并在实践中不断加以完善[11,12]。现阶段，城市交通发展基本呈现如下趋势：

（1）人们意识到单纯地增加交通供给永远无法有效解决交通拥堵问题，交通需求管理开始得到认可并逐步受到重视，伦敦的拥堵收费政策得到了全世界的关注。

（2）能源和环境问题也日益凸显，快速的机动化导致城市交通逐渐成为城市的能耗大户和主要污染源之一，节能环保的交通工具、交通方式、交通模式以及相关的规划设计技术得到广泛重视，城市交通的可持续发展理念开始深入人心，优先发展城市公共交通得到了广泛认可。

（3）城市居民的出行需求开始呈现多样化特征，建立多形式、多层次、立体化的城市综合交通系统成为城市交通发展的目标和方向，各个城市根据自己的特点作了大量尝试，城市综合交通系统的内涵在各城市得到了不同程度的扩充和发展。

（4）随着城市群的崛起、大都市连绵区的快速发展和城乡一体化，城市内部交通和对外交通逐步走向了融合，航空、铁路、水运、公路等对外交通与市内交通的衔接开始由无序走向有序，更加重视各种出行方式之间的衔接和配合。

（5）信息、通信、控制等技术的发展促进了智能交通的应用，增强了人们在交通出行中的主动性和可控性。

1.3　城市交通与城市发展关系

1.3.1　互动影响分析

从城市和城市交通的发展过程可以看出，二者的相互关系是不断变化的。

在前汽车时代，交通工具和出行方式主要是畜力和步行，城市的规模和范围都较小，城市交通的作用主要是通过路网形式和组织功能来体现政治需求。在我国，利用道路设置市场始于宋代的街边设市政策，并且一直延续至今，这种形式对道路功能和城市效率的不利影响在现代尤其严重。

随着工业革命的发生和汽车的出现，城市的经济功能逐渐居于主导地位，人口增加和城市规模扩大使城市的运行效率成为城市发展的关键因素，城市的运行效率在空间上直接取决于城市交通的效率，从而使得城市道路的交通功能开始超越其政治功能，逐渐成为城市的基本功能之一。

进入现代社会以后，交通技术和交通工具得到进一步发展，人们的出行需求和可选择的出行方式呈现出多样化的特征，综合交通系统建设应运而生。城市交通和城市发展开始出现一体化趋向，二者相互促进、相互影响、互为因果。

在城市的发展演化过程中，城市交通系统始终起着十分重要的作用。汽车交通出现以后，城市交通与城市的相互作用主要体现在对城市空间的影响。

1）交通方式与城市空间规模

城市的半径大致等于人在 1h 内所能达到的距离，交通方式决定了出行速度，从而决定了城市的空间规模。例如，罗马在步行为主要交通方式的时代，其城市半径大约为 4km；在 19 世纪的伦敦，居民出行主要靠公共马车和有轨马车，城市半径达到了 8km；到 20 世纪，当人们主要选择市郊铁路、地铁、公共汽车或小汽车出行时，西方发达国家主要城市的半径达到了 25~50km。我国同样如此，以北京市为例，新中国成立时，城市活动半径才 4~5km，与此对应的交通方式以步行和畜力为主。2010 年，北京市五环路的半径将近 20km，汽车拥有量超过 400 万辆，小汽车出行比例超过 30%，人们的平均出行距离也接近了 10km。

2）交通系统与城市空间结构

《雅典宪章》和《马丘比丘宪章》都强调了城市活动的重要作用，《雅典宪章》将城市功能划分为居住、工作、游憩、交通四类，进而提出了城市功能分区的思想。四大功能之间具有内在的关联，交通功能无疑起到了重要的组织作用（图 1-7）。

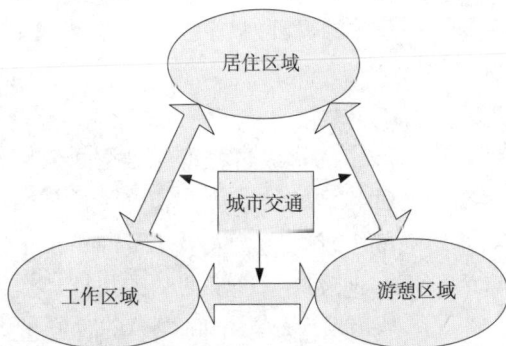

图 1-7　城市四大功能关系

　　尽管《雅典宪章》的功能分区思想存在一定的局限性，但是其积极意义在于认识到了城市交通的地位和作用。《马丘比丘宪章》弥补了《雅典宪章》的不足，认为人的相互作用与交往是城市存在的基本根据，强调了人与人之间的相互关系对城市发展和城市规划的重要性。这里人与人的作用与交往就是城市活动，而城市活动在空间上的表现就是交通现象。因此可以说，城市交通对城市发展的支撑主要体现在城市空间上。

　　实际上，在城市的发展过程中，城市空间结构的变化与城市交通的发展是相互联系、相互促进和相互影响的。一方面，不同的空间结构决定了不同的交通发生量和交通吸引量，决定了交通分布形态，并要求交通系统服务于不断变化的需要；另一方面，交通系统的更新与发展，为城市空间结构的变化提供了所必需的客观条件，使其空间扩展和重整成为可能。因此，城市空间结构与交通系统的发展总体呈交互递推关系。

　　3）城市经济发展是城市交通与城市空间互动关系的核心

　　1992 年的《环境与发展宣言》和《21 世纪议程》提出了可持续发展的理念，指出社会可持续发展的基础是经济的可持续发展，可持续发展鼓励经济增长而不是以环境保护的名义取消经济增长，强调不仅要重视经济增长的数量，更要追求经济发展的质量。城市发展进入现代阶段以后，发展经济仍然是城市发展（特别是发展中国家）的基本目标之一，也是推动城市综合协调发展的基本原动力。城市交通与城市空间的互动关系反映出城市经济发展所起的作用，城市空间结构和土地利用形态所决定的交通发生量和吸引量，本质上就是城市经济活动的构成要素，城市交通对城市空间布局的影响最终表现在城市各个区域的可达性方面。可达性影响的是城市经济活动，而城市空间布局要解决的根本问题之一便是城市经济发展问题。

1.3.2　城市空间结构与城市交通

1. 城市空间结构生长机制

　　城市空间结构理论认为，集中和分散是城市空间结构生长演化的基本特征，两个过程既对立又互补。城市空间生长是这两个过程共同作用的结果，发生于分散—集中—分散的循环过程中，这一过程取决于城市的社会、经济发展能力和速度 [10]。

　　1）从分散到集中

　　从城市的发展史看，城市的形成过程首先是空间上从分散走向集中的过程。城市产生之初，各种各样的"场所"和"路径"反映出人们对安全防卫、宗教以及商业活动的需求。随着人口、资源、技术、资金等大量涌向城市，空间的集中则更多地反映了经济活动的特征。作为经济活动在空间上的"投影"，城市发展表现为城市空间规模的急剧扩大以及城市中心区建筑密度和人口密度的不断提高，空间紧凑度逐渐加强。

2）从集中到分散

城市集中到一定密度及紧凑度时，城市空间会因聚集效应而产生新的功能因素和需求，引起功能布局和形态结构的重新分配与组合。而随着交通工具的进步，城市空间的向外扩散和蔓延成为常见的疏导方式和空间组织现象。客观地看，这种由集中到分散的转化实际上仍然是城市中心对农村腹地的辐射和影响的传播过程，在这个过程中包含了人口和经济在多个集中点（包括中心城市）的空间聚集。聚集点增多和扩大，逐渐形成一些低密度的团块状小城镇或者聚集区，这些团块被以大城市为中心的城市群所覆盖，同时又包围着中心大城市。从集中到分散的过程反映出城市功能组织和经济活动的变革需求。

3）从分散再到集中

在城市空间发展从过度集中走向分散的过程中，新的集聚因子会沿着区位条件相对优越的空间点轴进行新的集结，分散的要素不会随意散布于非城市空间的广大区域。城市空间发展分散的过程中，实际上同时也蕴含和培养了新的集中因素，表面的和阶段性的分散发展所引起的城市面状空间的扩大和向纵深腹地的伸展，在实质上可以看成城市空间发展从一种过度集中逐渐过渡到一种新的、相对分散的集中——有机集中。从这个角度来说，分散的发展过程同样也包含着新的集中发展过程。

可以将城市空间的生长演化划分为形成—集中化、外溢—专业化、分散—多样化、填充—多核化、集中—扩散化五个阶段（图1-8）。在集中—分散—再集中的周期性空间发展过程中，集中为其基本特征，整个周期的运动完全取决于中心城市社会、经济的发展与能量的积聚。由此可以看出，分散—集中—再分散—再集中的周期性运动，伴随着城市空间生长演化的全过程。

2. 城市空间结构影响因素

影响城市空间结构生长演化的因素主要有产业结构、技术进步、人口、文化、政策、自然条件等[10]。

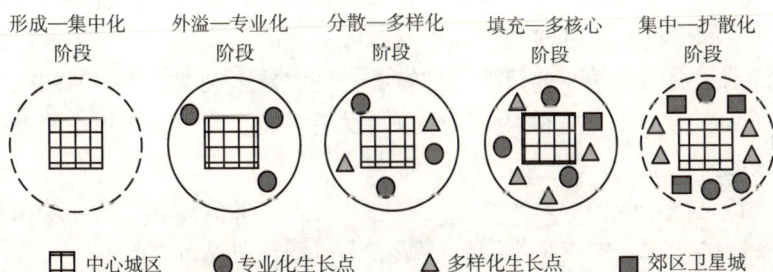

图1-8　城市空间结构的生长演化示意图

（图片来源：陈宽民. 城市交通系统理论分析与应用 [D]. 西安：长安大学，2003）

城市空间结构作为各种社会经济要素在城市聚集与配置的空间表现，其演变与经济因素的变化紧密相关。产业结构作为城市经济结构的一个主要组成部分，是决定城市经济功能和城市性质的内在因素，是城市物质形态演变的主要原因和促进城市发展的真正动力。产业结构的调整，一方面使城市用地不断出现新的类型和新的需求，更为重要的是，它促进了城市功能的进一步完善，从而从根本上对包括城市用地结构、市域城镇体系和区域城市群体在内的广义的城市空间结构产生重大影响（图 1-9、表 1-6）。

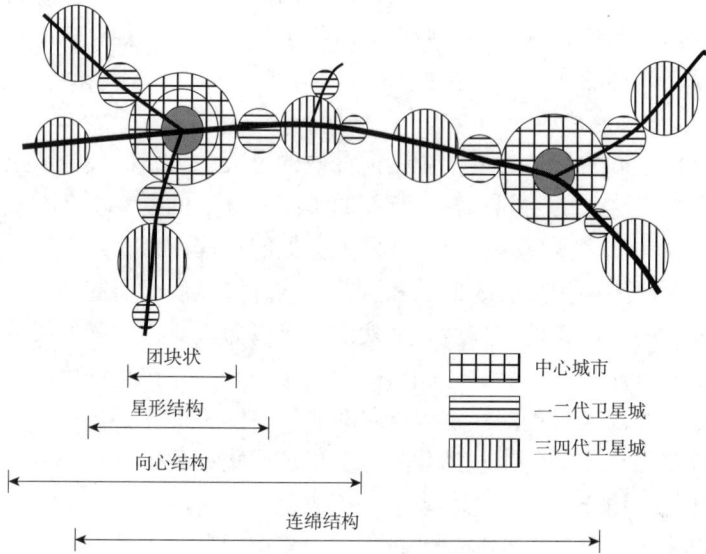

图 1-9   产业结构与城镇体系空间结构演化示意图
（图片来源：陈宽民. 城市交通系统理论分析与应用 [D]. 西安：长安大学，2003）

产业结构与城镇体系空间结构的对应关系   表 1-6

	前工业化时期	工业化时期	后工业化时期	信息时代
生产方式	资源密集型	劳动密集型	资本密集型	技术密集型
产业结构	第一产业主导	第二产业主导	第三产业主导	信息产业主导
城镇体系空间结构	团块状态城市	星状结构城市	向心结构城镇体系	城市连绵区

城市空间结构是一个开放体系，其间包含着人、物、信息等的互动和交流，空间中的距离和时间成为影响城市空间结构变化的重要因素。技术发展特别是交通技术及通信技术的发展，极大地影响着城市内部的联系方式与紧密程度，在支撑和引导城市空间发展方面起着重要作用，使城市空间扩张成为可能。

人口是城市规模的基本特征之一，城市人口的数量、质量、结构对城市形态、结构和功能有很大影响。城市人口增长对城市空间的发展具有双重作用。城市人口增长给城市发展提供了必要的人力资源和消费市场，创造了城市的物质财富和文化传统。当城市的人口集聚达到一定程度时，便开始出现各种"城市病"：土地紧张、环境恶化、能源短缺、交通拥堵等，从而明显地表现出城市空间结构和发展的不均衡性。当城市发展到一定规模之后，这种非平衡状态就会成为一种常态。正是这种非均衡状态，引导着城市内部机制对城市空间结构的调整，从而在整体上保证了城市发展过程的有序性。

政策因素也不可忽视，且往往对城市空间布局产生深远影响，如我国"一五"时期的156项工程项目选址对城市空间布局的影响。文化和自然条件的差异，使城市空间结构生长演化过程体现出个性化特征。

3. 城市交通与城市空间结构相互作用

城市交通与城市空间结构的相互作用主要体现在以下方面。

1）交通与城市空间扩张

城市交通与城市空间扩张的相互关系主要体现在不同交通工具和出行方式所引起的城市空间形态变化。从交通工具和出行方式角度，可以分为步行时期、马车时期、有轨电车时期、小汽车作为休闲工具时期、高速公路时期和外环路与郊区中心时期，对应的城市空间形态如图1-10所示[13,14]。

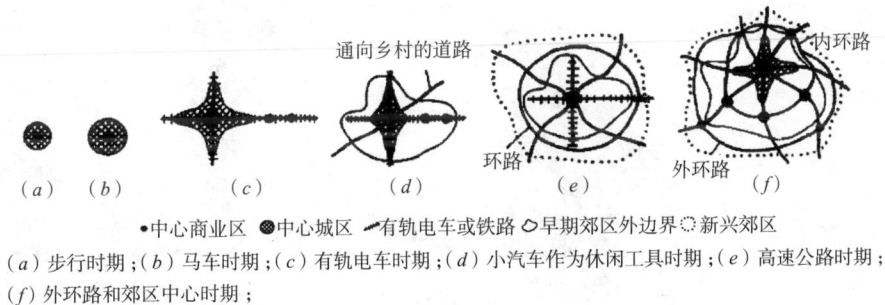

●中心商业区 ◉中心城区 ＊有轨电车或铁路 ◌早期郊区外边界 ◌新兴郊区

(a) 步行时期；(b) 马车时期；(c) 有轨电车时期；(d) 小汽车作为休闲工具时期；(e) 高速公路时期；
(f) 外环路和郊区中心时期；

图1-10 不同交通工具和出行方式对应的城市空间结构和形态
（图片来源：王春才. 城市空间演化与交通的反馈解析 [M]. 北京：冶金工业出版社，2008）

城市空间结构的生长演化主要表现为外部空间扩张和内部空间结构调整，这两个方面都与城市交通的发展密切相关，特别是与城市交通的机动性和可达性密切相关。以北京市为例，由于交通工具的发展和出行方式的改变，建成区迅速扩大，从1949年的109km² 扩大到2006年的1254.2km²，增加了将近10倍（表1-7）。

1949~2006年北京市城市空间变化   表1-7

年份	城市道路长度（km）	主要交通方式	建成区面积（km²）	城市平均半径（km）
1949	215	步行、马车	109	5.9
1959	—	步行，自行车、公共汽（电）车	221	8.4
1980	2185	自行车	346	10.5
1986	3038		380	11
2000	4125.8	公共汽（电）车、地铁、少量私人小汽车	780	15.8
2006	5866	公共汽（电）车、地铁、轻轨、私人小汽车	1254.2	20

2）交通与城市内部空间结构调整

城市空间扩张为内部空间结构调整提供了条件，城市交通的发展则为空间结构调整提供了支撑和保障，促使结构调整与相关区位的交通条件变化相呼应。

以北京市为例[7]，城区典型公共空间布局以二环内区域为核心，逐步向三环、四环甚至五环内区域扩展，且西部和北部地区为主要扩展方向（图 1-11）。

对应于这种空间结构的布局调整趋势，北京市城市交通干路网、常规公共交通线网和轨道交通线网布局如图 1-12 所示。

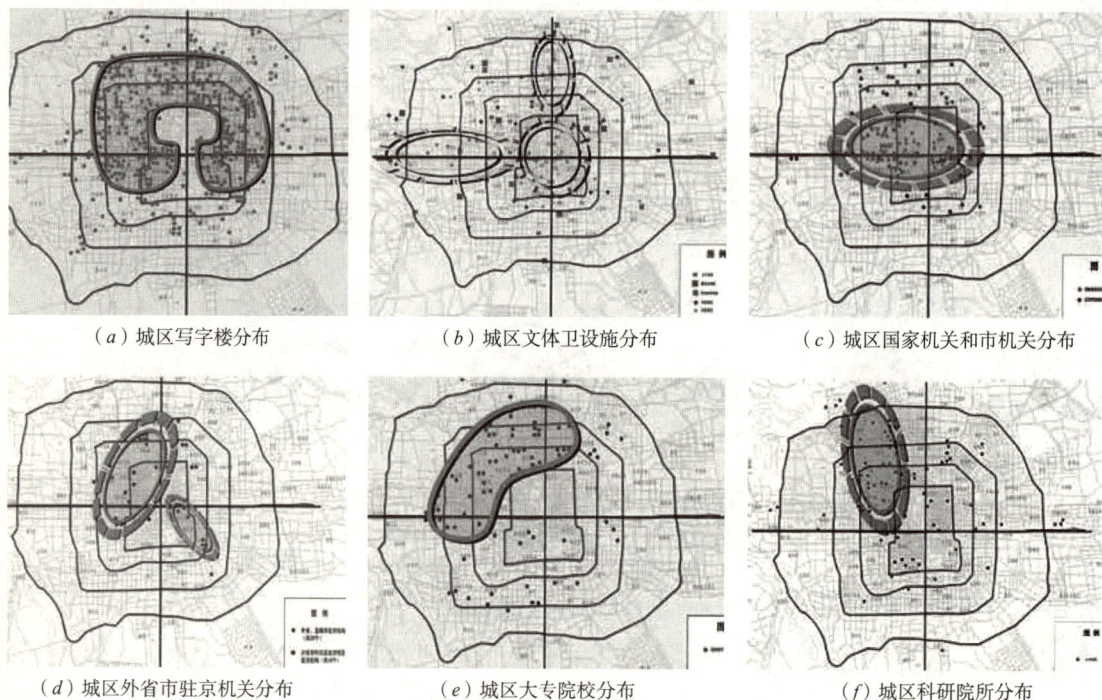

| （a）城区写字楼分布 | （b）城区文体卫设施分布 | （c）城区国家机关和市机关分布 |
| （d）城区外省市驻京机关分布 | （e）城区大专院校分布 | （f）城区科研院所分布 |

图 1-11　北京城区典型公共空间分布图

（图片来源：中国城市规划设计研究院 . 北京市综合交通规划纲要总报告 [R]. 2006）

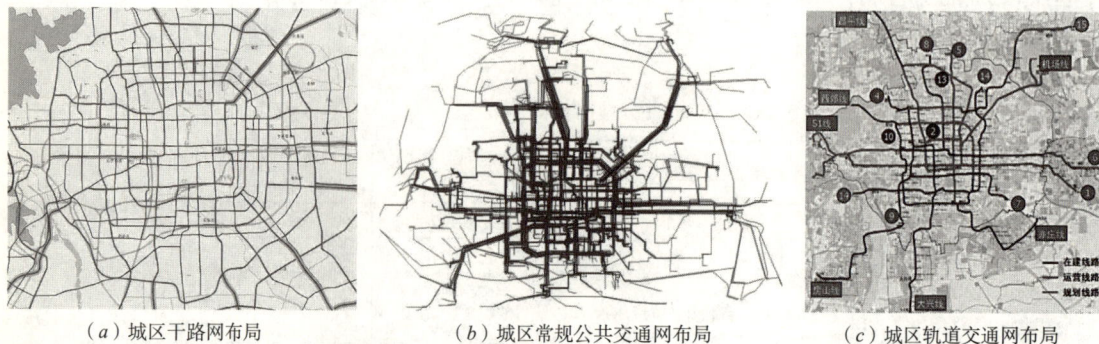

| （a）城区干路网布局 | （b）城区常规公共交通网布局 | （c）城区轨道交通网布局 |

图 1-12　北京城区城市交通网络布局

（图片来源：中国城市规划设计研究院 . 北京市综合交通规划纲要总报告 [R]. 2006）

对比分析图 1-11 和图 1-12 可以看出，北京市城市交通的发展和内部空间结构调整是相互对应的，二者在发展方向、布局、密度等方面具有空间上的一致性，城市交通在支撑城市内部空间结构调整的同时，也在引导其发展。

3）交通与城市空间结构的纽带

城市空间的扩展依赖于交通工具的发展，交通工具和出行方式的改变提高了城市外围地区的交通可达性，支撑了城市空间扩展。同时，城市道路网络改造和交通系统建设，也会使不同区位的交通条件发生变化，可达性高的地区吸引力增强，进一步拉动城市空间结构的调整。因此，可达性是城市交通和城市空间结构相互作用的关键，是二者互动发展的纽带[14]。

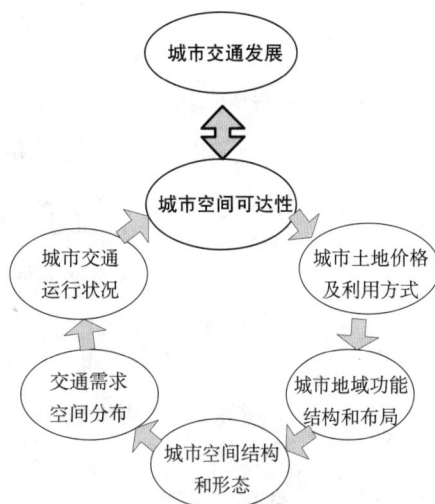

图 1-13 城市交通和城市空间结构关系

城市交通和城市空间结构的相互作用关系可用图 1-13 说明，城市交通发展改变了城市不同空间的可达性（包括城市外围地区和内部空间），导致城市土地价格和利用方式发生改变，引起城市地域功能结构和布局发生变化，从而促进城市空间结构和形态的改变。这种变化的外在表现即为城市空间扩张和内部结构调整，交通需求分布和交通网络运行状况随之而改变，进而要求城市交通发展作出相应的调整。这是城市交通和城市空间结构相互作用的基本过程，其中可达性的变化是整个过程的关键。

1.3.3 城市空间结构和城市交通互动关系模型

1. 杜能区位理论

区位理论是研究人类经济行为的空间区位选择及空间区内经济活动优化组合的理论，包括农业区位理论、工业区位理论、中心地理论。这些理论在研究分析城市空间结构中都发挥过重要作用，曾经影响过世界上许多大城市的空间结构布局。其中，农业区位理论的原理和思想是整个区位理论的基础，涉及中心城市的影响范围与交通系统的关系，有利于分析城市的空间扩张过程，可以以此为基础，建立基于可达性的城市空间结构和城市交通互动关系模型[15~17]。

农业区位理论的创始人是德国经济学家约翰·冯·杜能（Johan Heinrich von Thunen），他给出了在一定假设条件卜不同区位的地租收入计算公式如下：

$$R=PQ-CQ-kXQ=(P-C-kX)Q \tag{1-1}$$

式中，R 为地租收入；P 为农产品的市场价格；C 为单位农产品的生产成本；Q 为农产品的产量（等同于销售量）；X 为生产地距城市（市场）的距离；k 为农产品的运费率。

式（1-1）为杜能区位理论的基本模型，其隐含的前提条件是土地所有者自己耕种土地。如果土地所有者将土地进行出租，由土地租用者进行耕种，式（1-1）所示的模型需要作一些修正，修正后的模型如下：

$$\Pi = PQ - C - kQX - r \tag{1-2}$$

式中，Π 为农业生产者租用单位土地进行生产获得的利润；Q 为单位土地的农产品产量；k 为单位距离内单位运量的交通成本；C 为单位土地的生产成本；r 为单为位土地的地租；其余参数含义同前。

进一步分析式（1-2），市场均衡的必要条件是利润为零，即 $\Pi = 0$，从而可得

$$r = PQ - C - kQX \tag{1-3}$$

两边对 X 求导，因 P、Q 和 C 不随区位改变而变化，得到下式：

$$\frac{\mathrm{d}r}{\mathrm{d}X} = -kQ < 0 \tag{1-4}$$

式（1-4）说明，土地地租将随着其与市场（市中心）的距离增大而递减。

2. 杜能模型改进

式（1-1）和式（1-2）所示的杜能模型，将交通成本作为决定农业布局（即杜能圈）的决定性因素，突出了交通的重要作用。杜能模型中将交通成本定义为距离的函数，认为交通成本取决于运输距离。这种定义在杜能时代甚至汽车时代大规模交通拥挤出现以前都可以认为是合理的，因为在交通工具运行速度不受影响的情况下，运输距离就是运输成本的决定因素。但是当大规模交通拥挤出现后，距离的远近并不能说明运输时间的多少，从而也不能决定交通成本的高低。可达性概念的提出，综合了时间和空间两个因素，特别是强调了交通的时间概念，可以更好地描述道路交通的运行状态，所以基于可达性概念对杜能模型进行改进。

1）交通可达性

可达性的概念由汉森（Hansen）于 1959 年首次提出，其定义为交通网络中各节点相互作用机会的大小。可达性概念提出之后受到了很多研究者的关注，不少人对其进行了研究、评价和界定，但是到目前为止还没有形成一个统一的精确定义。比较一致的看法是：交通可达性是指利用一种特定的交通系统从某一给定区位达到活动地点的便利程度[13]。这当中包含了三层含义：第一，可达性包括空间概念，反映了节点或区位之间的空间尺度和空间距离；第二，可达性包括时间概念，即空间之间的距离可以用交通时间来表征，交通时间的大小反映了不同区位之间的交通便利程度；第三，可达性包含了交通成本的概念，进而反映了不同区位的经济价值，可达性越高，区位的吸引力越大，相应地，经济价值也越大。

当交通网络处于畅通或者非拥挤状态时，路网上的交通流可以保持自由运行或者准自由运行，可达性的空间含义和时间含义具有同等的意义；当交通网络处于拥挤状态或者拥堵状态时，可达性的时间含义要比空间含义更有价值，更能表征可达性代表区位交通便利程度的本意。可达性所包

含的区位经济价值含义，是通过区位的交通成本来反映的。交通成本包括固定成本、出行成本、外部成本和时间成本，除固定成本外，其余三项都与交通时间紧密相关。因此，为简化分析，这里以交通时间作为可达性的度量指标。

2）将可达性引入杜能模型

根据上述分析，以交通出行时间来代表可达性，引入式（1-2）形式的杜能模型，得到如下形式的杜能修正模型：

$$\Pi=PQ-C-tQT-r \tag{1-5}$$

式中，t 为单位时间内单位运量的交通成本；T 为将产品从生产地运往城市（市场）所需的时间，即交通时间；其余参数含义同前。

式（1-5）相对于式（1-2），本质的区别或者改进在于将交通成本作为交通时间的函数，而不再简单地取决于交通距离，从而体现了可达性的概念。为便于叙述，以下称式（1-5）为修正杜能模型。

3）修正杜能模型的理论分析

修正杜能模型引入了可达性概念，使得杜能区位理论具有了更普遍的交通含义，应用范围相应地将得到扩展。下面从理论上对修正杜能模型作进一步的研究，分析修正模型的意义。

对比式（1-5）和式（1-2），可知

$$\Pi=PQ-C-kQX-r=PQ-C-tQT-r$$

由此得到

$$kQX=tQT$$

即

$$kX=tT \tag{1-6}$$

将式（1-6）变形可得

$$\frac{X}{T}=\frac{t}{k} \tag{1-7}$$

式（1-7）左侧即为行程速度，记为 V，则有

$$V=\frac{t}{k} \tag{1-8}$$

式（1-8）说明，货物运输或者交通出行的单位时间成本与单位距离成本的比值等于行程速度。在交通系统中，交通出行或者运输的行程速度相对要容易测算，采用一定的交通调查方法即可确定；交通时间成本估算也有大量的研究成果和估算方法，相对容易确定。囚此，根据宏观层面上的行程速度和单位时间成本可以确定宏观层面的单位运输距离成本，即确定 k，从而为式（1-1）或式（1-2）所示的基本杜能模型的具体应用提供了方便。这是应用可达性概念修正杜能模型的第一层意义。

综合式（1-7）和式（1-8）可得

$$\frac{X}{T}=V$$

即

$$X=VT \hspace{3cm} (1-9)$$

式（1-9）说明，中心城市对周边地区的影响或者辐射范围取决于交通系统的行程速度和交通时间（这里即为行程时间）。研究表明，人们的出行时间在一定时期内是相对稳定的。因此，在出行时间一定的情况下，交通技术的进步和交通工具的发展（或者交通方式的改进）可以显著地扩大城市影响范围并扩大城市区域，引起城市外部空间的扩展，这便是交通发展与城市影响范围（或者说辐射范围、城市腹地）和城市空间扩展相互关系的理论分析与模型解释。这是应用可达性概念修正杜能模型的第二层意义。

进一步变形式（1-9）可得

$$\frac{X}{V} = T \hspace{3cm} (1-10)$$

式（1-10）说明，如果城市范围相对稳定，交通技术和交通方式的改进将节约人们的出行时间，提高时间的有效利用率和日常生活的舒适度。如果人们的出行时间仍然保持相对稳定，那么人们的活动范围将扩大，不同地区的联系将变得更加紧密，人口和物资的流动性将变大，从而逐步引发城市内部空间结构的调整。这是应用可达性概念修正杜能模型的第三层意义。

3. 杜能模型的二次修正

杜能区位理论在建模过程中，假定城市是一个零维的点而坐落于区域的几何中心。这种假设略去了城市本身占地面积的影响，这对于城市面积较小的城市发展阶段以及分析城市面积以外的农业生产布局是可以接受的。但是，随着城市规模的扩大，城市面积越来越大，特别是特大城市、超大城市的出现，再将城市假定为一个点进行相关空间布局分析，就会导致理论分析结果和实际现象的明显脱节。因此，在考虑城市面积的情况下进一步修正杜能模型，并对其进行理论分析，探讨其在分析城市外部空间扩张中的应用。

1）考虑城市面积情况下的修正杜能模型

城市面积有多种表示方式，为便于分析，这里采用城市半径来间接表征城市面积对杜能模型的影响。同前，本部分的分析主要针对的是单中心城市。

分析式（1-2）所示的杜能模型，如果以城市边界为交通距离的终止点，即认为农产品运输到城市边界即可在城市进行销售，城市内部的交通费用略去不计，那么可以得到如下形式的杜能模型：

$$\varPi=PQ-C-kQX-r(X+X_0) \hspace{2cm} (1-11)$$

式中，X 为生产地距城市边界的距离；X_0 为城市半径；其余参数含义同前。

式（1-11）即为考虑城市面积情况下的杜能模型。该模型将地租作为以距市中心距离为自变量的函数，这与式（1-3）和式（1-4）所表达的含义是一致的。对于更广泛意义的地租函数 $r(x)$，应该是一个分段函数，即在城市内部为城市土地的地租函数，在城市以外为农业土地的地租函数，用数学模型可以表达成如下形式：

$$r(x) = \begin{cases} r_1(x) & (x \leq X_0) \\ r_2(x) & (x > X_0) \end{cases} \qquad (1\text{-}12)$$

式中，$r_1(x)$ 为城市内部土地的地租函数；$r_2(x)$ 为城市外部农业用地的地租函数；其余参数含义同前。

引入可达性概念再次修正式（1-11），得到如下形式：

$$\varPi = PQ - C - tQT - r(T + T_0) \qquad (1\text{-}13)$$

式中，T 为生产地到城市边界的交通时间；T_0 为城市内部的交通时间；其余参数含义同前。

同理，地租函数仍然为分段函数，形式如下：

$$r(t) = \begin{cases} r_1(t) & (t \leq T_0) \\ r_2(t) & (t > T_0) \end{cases} \qquad (1\text{-}14)$$

式中，$r_1(t)$ 为城市内部土地的地租函数；$r_2(t)$ 为城市外部农业用地的地租函数；其余参数含义同前。

式（1-13）和式（1-14）相对于式（1-11）和式（1-12），将距离参数换成了时间参数，即将交通距离换成了交通时间。这里将式（1-13）所示的杜能模型称为二次修正杜能模型，下面将探讨如何利用该模型来确定城市规模。

2）应用二次修正杜能模型确定城市规模

杜能区位理论和杜能模型本质上是研究农业区位活动和农业用地布局的，不适用于分析城市内部结构调整，而对于城市外部空间扩展则可以适用，因为城市空间的扩展本身就是城市用地占用农业用地，城市空间扩展的过程就是农业用地转化为城市用地的过程。因此，可以应用式（1-13）分析确定城市边界，从而探索城市空间的外部扩展规律。

对比分析式（1-11）和式（1-13）可知，城市内部的交通时间 T_0 对应于城市半径 X_0。根据交通流理论可知，行程时间、行程速度和出行距离三个参数存在如下关系：

$$V = \frac{L}{T} \qquad (1\text{-}15)$$

式中，V 为行程速度；L 为出行距离；T 为行程时间。

由此可知

$$X_0 = T_0 V \qquad (1\text{-}16)$$

由式（1-16）便可确定城市半径，从而确定城市空间规模。式（1-16）这里称为城市半径确定公式。由式（1-16）确定城市规模的步骤大体如下：

（1）根据城市居民出行调查确定居民的平均出行时间，从而标定 T_0。

（2）根据居民的出行方式和出行结构确定居民的平均出行速度，从而标定 V。

（3）由式（1-16）便可大致确定城市的空间半径。

国内外研究成果曾经指出，居民的平均出行时间相对稳定，在 1h 左右[11]，从而城市半径大致为居民在 0.5h 内能够到达的距离，式（1-16）便是对该结论的一种理论解释。随着城市交通技术和交通工具的发展，居民出行速度将逐步提高，城市半径将扩大，从而带来城市外部空间的扩张，式（1-16）从理论上分析了这一趋势的必然性。

由城市经济学理论可知，一般来说城市用地的土地收益要比农业用地的土地收益高，从而推动城市边界外移，不断地将农业用地转化为城市用地，城市规模由此得到扩大[16,17]。进一步分析式（1-12）和式（1-14）可知，地租函数 $r(x)$ 或者 $r(t)$ 在城市边界处将有下式成立：

$$r_1(\cdot)=r_2(\cdot) \qquad (1-17)$$

式中，$r(\cdot) = r(x)$ 或 $r(t)$。

如果能够标定出农业土地地租函数和城市土地地租函数具体形式，由式（1-17）便可得到城市边界的位置。由式（1-3）或式（1-4）可知，农业用地的地租函数可以表示为一元函数形式

$$r(x)=ax+b \qquad (1-18)$$

由式（1-18）可知，标定参数 a 和 b 即可确定农业用地的地租函数。

根据农业用地的地租函数和城市用地的地租函数，便可以确定城市的空间规模。随着经济和技术的发展，农业用地地租和城市用地地租都将发生变化，从而引起城市边界的向外或向内移动，向外移动应该是主要的，即为城市外部空间的扩张。

根据这一思想，在城市发展过程中，城市政府和有关决策者便可以从城市发展和农业发展两个角度来综合确定城市的合理规模和城市边界，避免城市空间发展的随意性和盲目性。

4. 城市内部空间区位模型建构

1）杜能区位理论对城市内部空间分析的不适应性

如前所述，杜能区位理论和杜能模型本质上是对农业活动和农业用地空间布局的分析和解释，不能直接应用到城市中来，具体原因可以归纳为两个方面。

一是杜能的区位理论建立在生产者的生产理论之上，生产者通过对生产的优化组合寻求成本最小、利润最大化。但是，城市土地利用形式多样而复杂，显然不能用生产理论来解释。

二是根据杜能区位理论，土地的可获益能力对土地地租的影响很大。在土地获益能力高的区位上，农业活动的产量高，从而地租也高；相反则地租较低。然而在城市中，土地的自然属性对城市活动的影响几乎可以忽略不计，其对城市发展的作用主要表现为对城市土地开发成本的影响。除

非有特殊情况，现有的技术条件使得城市土地开发成本在空间上基本没有变化。也就是说，对于城市居民而言，土地可获益能力的差异可以忽略不计。

因此，杜能区位理论不能直接用于描述城市内部空间结构分布和调整的规律。

2）城市内部空间结构区位分析模型的构造

尽管杜能模型不能直接应用于城市内部空间结构分布和调整的相关分析，但是其提出的区位思想是很有价值的。城市内部空间结构的调整与城市交通的关系同样取决于不同区位交通可达性的变化，杜能区位理论在引入可达性进行修正以后，具有了更广泛的交通含义。在此，进一步探讨城市内部用地的区位分析模型，分析可达性对城市内部结构调整的作用机理。

为简化分析，针对单中心城市，参考杜能修正模型和布吕克纳（Brueckner）城市经济学模型[13,16]（该模型的突出贡献在于适合对城市人口分布和内部移动规律的描述），提出如下假设条件：

（1）城市的商业中心（CBD）坐落于一均质平原的几何中心。

（2）所有的就业机会都集中在CBD，城市居民居住在CBD外围并通勤到CBD。

（3）城市居民从居住地到CBD的交通成本取决于交通出行时间。

（4）城市居民具有相同的收入、消费倾向和满意度函数。

（5）居民的消费支出只有住房、通勤和其他消费品，而其他消费品可抽象为一种商品组合。

根据布吕克纳城市经济学模型的建模思想，居民的满意度函数可以看成住房消费量和其他消费品支出的函数，城市居民可以通过选择最优的住房和其他消费品支出的组合来使他们的满意度达到最大。因此，城市居民的效用函数可以表示为如下形式：

$$u=U(c,h) \tag{1-19}$$

式中，$U(c, h)$ 为居民满意度函数；u 为城市居民满意度；c 为其他消费品数量；h 为住房消费量。

参考修正杜能模型对交通可达性的考虑，城市居民的消费预算约束函数可表示为下式：

$$y=c+tT+ph \tag{1-20}$$

式中，y 为居民可支配收入；c 为其他消费品数量，为便于分析，其价格设为1；t 为单位出行时间的交通成本；T 为不同区位居民的出行时间；p 为单位住房价格；其余参数含义同前。

式（1-19）和式（1-20）即为参考修正模型建立的城市内部空间区位分析模型。下面将对这两个模型进行进一步的理论分析，探索城市交通如何通过不同区位可达性的变化来影响城市居民分布、推动城市内部空间结构调整的作用机理。

3）城市内部空间区位模型的理论分析

由假设条件可知，城市内部居民是无差异的，因此在城市内部空间均衡时各区位居民的满意度应该是相等的。居民满意度的最大化行为和过程，就相当于在式（1-20）的约束下求式（1-19）的条件极值问题。

为此，建立拉格朗日函数如下：

$$L(c, h)=U(c, h)+\lambda(y-c-tT-ph) \tag{1-21}$$

式中，λ 为拉格朗日乘数。

式（1-19）存在极值的必要条件为

$$\begin{cases} \dfrac{\partial L}{\partial h} = 0 \\[2mm] \dfrac{\partial L}{\partial c} = 0 \end{cases} \tag{1-22}$$

由此可以得到

$$\frac{\partial U/\partial h}{\partial U/\partial c} = p \tag{1-23}$$

下面利用式（1-19）和式（1-23）分析城市居民的空间分布规律。

（1）不同区位交通出行时间的影响分析。

在空间均衡状态下，式（1-19）对 T 求偏导数可得

$$\frac{\partial U}{\partial c} \cdot \frac{\partial c}{\partial T} + \frac{\partial U}{\partial h} \cdot \frac{\partial h}{\partial T} = 0 \tag{1-24}$$

式（1-20）对 T 求偏导数并整理可得

$$\frac{\partial c}{\partial T} = -t - p\frac{\partial h}{\partial T} - h\frac{\partial p}{\partial T} \tag{1-25}$$

将式（1-23）和式（1-25）代入式（1-24）并整理可得

$$\frac{\partial p}{\partial T} = -\frac{t}{h} \tag{1-26}$$

由式（1-26）可知 $\dfrac{\partial p}{\partial T} < 0$，这说明随着交通时间的增加，房屋价格将呈现下降趋势，二者呈反比关系，这一理论分析结论与实际现象吻合。

进一步分析，从理论上有下式成立：

$$\frac{\partial q}{\partial T} = \frac{\partial q}{\partial p} \cdot \frac{\partial p}{\partial T} \tag{1-27}$$

一般情况下，住房消费量是住房价格的减函数，即

$$\frac{\partial q}{\partial p} < 0 \tag{1-28}$$

于是可知

$$\frac{\partial q}{\partial T} > 0 \tag{1-29}$$

式（1-29）说明，在居民满意度水平一定的情况下，随着交通时间的

增加，住房消费量将上升，这是住房价格下降带来的替代效应。因此，可以看出，随着城市范围的扩大，城市居民将有逐步向外转移的趋势，居住密度由市中心向外逐渐增大。这种现象虽然不一定是居民主动愿望的结果，但是城市扩展过程中将出现这种发展趋势。

（2）城市交通单位时间成本的影响分析。

同理，在空间均衡状态下，式（1-19）对 t 求偏导数可得

$$\frac{\partial U}{\partial c}\cdot\frac{\partial c}{\partial t}+\frac{\partial U}{\partial h}\cdot\frac{\partial h}{\partial t}=0 \tag{1-30}$$

式（1-20）对 t 求偏导数并整理可得

$$\frac{\partial c}{\partial t}=-T-p\frac{\partial h}{\partial t}-h\frac{\partial p}{\partial t} \tag{1-31}$$

将式（1-23）和式（1-31）代入式（1-30）并整理可得

$$\frac{\partial p}{\partial t}=-\frac{T}{h} \tag{1-32}$$

由式（1-32）可知 $\frac{\partial p}{\partial T}<0$，这说明随着单位时间交通成本的增加，房屋价格将呈现下降趋势。进一步分析，从理论上有下式成立：

$$\frac{\partial q}{\partial t}=\frac{\partial q}{\partial p}\cdot\frac{\partial p}{\partial t} \tag{1-33}$$

根据式（1-28）可知

$$\frac{\partial q}{\partial t}>0 \tag{1-34}$$

式（1-34）说明，在居民满意度水平一定的情况下，随着单位时间交通成本的增加，住房消费量将上升，这也是住房价格下降带来的替代效应。进一步分析可以看出，随着城市发展水平的提高，城市居民的单位时间价值或成本将增加，即使住房价格下降不明显，城市的居住密度也将显著增加，经济发达城市的居住密度要明显高于经济欠发达城市的居住密度，从而使得经济发达城市能够吸引和容纳更多的城市人口，城市规模和建筑密度将越来越大。

（3）城市交通对城市内部空间结构调整的作用机理。

从上面两部分的理论分析可以看出，城市住房价格与交通出行时间和单位时间的交通成本均呈反比关系，随着二者的上升而下降；而与可达性成正比关系，随可达性的提高而上升。这说明，距离市中心越远，交通出行时间越长，区位的交通可达性越差，出行成本相应就越大，而较高的交通成本将由较低的住房价格来补偿。另外，交通方式和交通结构的优化改善，会提高相应区位的可达性，降低该区位的交通成本，从而吸引居民向该区位迁移。

例如，北京市区地铁 5 号线开通前后沿线二手房价格发生了显著变化

（表 1-8），北京地铁各规划建设线路对房价变化的影响也十分明显（表 1-9）。这些变化与理论研究的结论是一致的，都说明住房价格与区位可达性成正比关系。当交通成本的节约等于住房价格的提升时，这种迁移就会终止。由此证明，城市交通正是通过改变不同区位的交通可达性，调节不同区位住房价格和交通成本差异，引导城市居民的迁移趋势，从而影响城市内部空间结构的调整。

北京城区地铁 5 号线开通前后沿线二手房价的变化情况   表 1-8

车站位置	刘家窑	崇文门	惠新西街	立水桥	天通苑北
5 号线开通前 /（元 /m²）	10000	14000	12000	9000	6000
5 号线开通后 /（元 /m²）	13000	16500	14500	11000	8000
涨幅（%）	30.0	17.9	20.8	22.2	33.3

北京市地铁规划建设线路对沿线房价的影响   表 1-9

规划建设线路	10 号线一期	4 号线	6 号线	9 号线	大兴线
沿线房价涨幅	50%	43%	10%	30%	5%

5. 模型研究结论

研究建立的上述模型尚存在理论分析的不足，主要反映在以下几个方面：

经过修正的杜能区位理论和模型较原始模型更能反映城市的向外扩张规律和影响范围，不过其假定仍为单中心城市，需要对该模型进行进一步的深入研究，探索多核心状态下区位理论的发展。修正模型中引入城市半径或者行程时间来考虑城市面积的影响，但是其隐含假定城市内部是均质的，这与现实情况存在一定的差异。现实城市内部结构的区位差异性，使得城市向外扩张的动力和趋势在各个方向上并不完全一致。

城市内部空间区位分析模型的不足之一也是对城市单中心结构的假定。此外，研究中主要从城市住房价格对居民空间分布影响的角度分析了城市内部结构调整的规律，但是现实中居民分布的变化并不仅仅取决于住房价格和交通成本的高低，还有许多别的因素，如就业地点、文体休闲设施分布、教育医疗条件以及社会观念、文化传统、居住习惯等方面。

1.4　城市交通与城市社会发展关系

城市交通是一个高度综合而复杂的系统，其发展进程不仅与城市发展高度相关，而且也受到经济、产业、能源、环境和防灾减灾等发展要素的重大影响。

1.4.1　城市交通与经济

城市交通是社会经济发展的产物，在城市交通的发展进程中，经济因素一直是最重要的发展动力，决定了交通需求的变化和分布。城市产业结构和产业中心调整、交通制造业发展、城市居民收入增加，都会在不同层面对城市交通产生深刻而长远的影响[18,19]。

1）经济水平

伴随着不同的经济发展阶段，产业结构优化调整呈现出一定的规律，也导致了交通需求和运输方式的变化。

人均 GDP 低于 1000 美元时，一般处于工业化初期，国民经济产业结构以纺织工业、采掘原材料工业为主，对煤炭、矿石、钢铁产品等批量大、附加值低的大宗散货运输需求急剧增加，货物运输量的增长基本快于 GDP，即货运弹性系数普遍大于或接近于 1，单位 GDP 产生的货物运输量也逐步上升。此时的客运出行需求较少，人均出行次数不多，出行距离较短，客运弹性系数相对偏小。

人均 GDP 在 1000~4000 美元时，进入工业化中后期，工业结构发生较大变化。经济增长对原材料的依赖开始缩小，小批量、多批次、高附加值产品的运输需求趋于上升，对运输质量的要求更加严格。这一时期货运量增长比前一时期明显放慢，大体上与 GDP 增长保持同步或者更低一些，而单位 GDP 引起的货运量较工业化初期明显下降。随着社会经济的发展，居民生活水平提高，出行需求增加，客运量稳步增长，弹性系数相对回升。

人均 GDP 在 4000~10000 美元及以上，一般到了后工业化阶段。产业结构转向以高技术产业和服务业为主，产品结构以高附加值化和轻型化为主，交通运输主要满足以消费者为导向的小批量乃至个性化灵活多变的生产方式，货物运输总量处于相对比较稳定的状态，单位 GDP 产生的货物运输量明显减少，但运输服务要求更加可靠、快速、方便。客运量的增长速度普遍快于国民收入增长速度，并对快速、安全、舒适、便利等方面提出了更高的要求。

尽管每个国家的工业化进程不同，但对工业大国而言，主导产业变化的规律大致经历了这样一个演变过程（图 1-14），即首先是轻纺工业，其

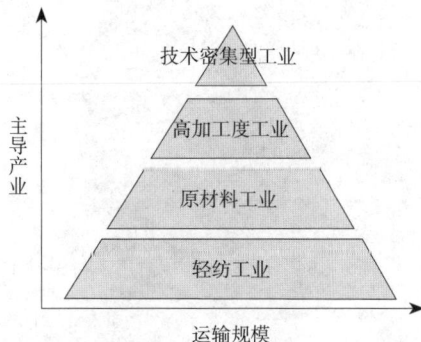

图 1-14　工业化进程中主导产业变化的规律性趋势

（图片来源：王延中 . 基础设施与制造业发展关系研究 [M]. 北京：中国社会科学出版社，2007）

次是钢铁工业和化学工业等原材料工业，接着是以汽车为代表的高加工度工业，最后是电子通信产品等技术密集型工业。

尽管各种运输方式在一定范围和条件下存在某种替代性，但受各自技术经济特征的影响，各种运输方式承担的主要货物种类在长期内具有相对稳定性。例如，铁路和水运更适合于承担大宗、低值和散装货物，而公路和航空则更偏重于批量小、价值大和加工度高的货物。因此，作为服务于产业发展基础性支撑，交通发展就在很大程度上受到产业结构变动的影响。

2）交通成本

城市交通已经成为城市生活的一个组成部分，交通出行成本在生活成本中的比例大小对市民出行行为的影响十分显著。

交通出行成本一般包括个人成本和社会成本两部分，其中个人成本是透明的，能够被市民所感知，表现为个人直接支付的货币费用，如乘坐公交的购票费用、购车费用、停车费用、车辆维护费用等；社会成本是隐性的，是社会为维护交通系统而支付的建设、改造和管理费用，如交通系统建设维护费用、交通环境治理费用、拥堵所产生的时间延误等。通常，个人成本关系到市民直接支付的承受能力，对城市交通方式结构具有决定性作用。社会成本属于外部成本，不为市民所感知，对交通行为的影响是间接的。但当采取一定的方式，将外部成本内部化，如收取车辆排污费、拥堵费用等，则这部分成本将转化为个人成本，也将影响到市民的交通行为选择。

通过北京市市民交通成本典型随机调查，可以比较清晰地反映出交通成本对出行方式的影响程度。2010 年 5 月，共调查了北京市城八区的1061 位市民，其中男性 602 人，女性 459 人，被调查者的平均年龄为 38岁，被调查者的职业分类如图 1-15 所示。根据统计分析结果，被调查者

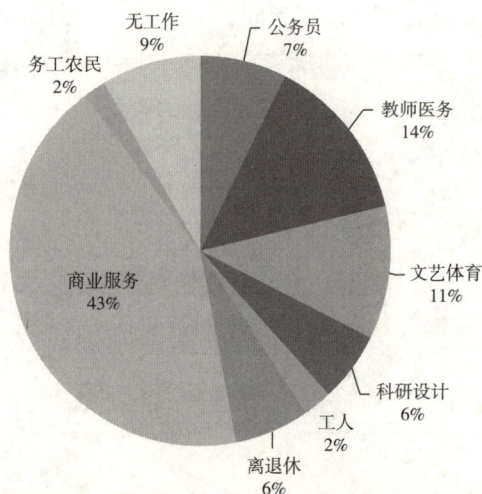

图 1-15　交通出行成本被调查对象职业构成

通常选择的交通方式以公共交通为主，占到了 49%，自驾车出行占 25%，出租车出行占 11%，自行车出行占 10%，电动自行车出行占 5%。

（1）按收入水平分析。

在低收入人群（月收入小于 1000 元，占被调查对象的 8%）中，调查对象均没有私家车，他们都以公共汽车作为主要交通手段，地铁也很少乘坐。正常情况下，他们的交通费用会占到其月收入的 30% 以上，与食品一样是这类人月收入的主要支出项目。这类人群大多没有固定职业，主要是学生和离退休人员。

较低收入人群（月收入 1000~1999 元，占被调查对象的 3%）与低收入人群情况基本相同，仅少数人有固定工作，其余的以学生和离退休人员为主。他们的主要交通出行方式是公交汽车和地铁，也没有私家车。交通费用基本上在 300 元左右，约占月收入的 30%，普遍认为交通费用压力较大。

中等收入人群（月收入 2000~3999 元，占被调查对象的 20%）基本上都有固定工作，主要交通出行方式是公共交通——公交和地铁，偶尔也会选择出租车出行。少部分人拥有私家车，但都不是首选的出行方式。交通出行费用基本上维持在 600~700 元，占其收入的 20% 左右，远低于低收入人员。也正是如此，他们对交通费用的承受能力高于前两类人，基本都在可以承受的范围内。

主流收入人群（收入 4000~5999 元，占被调查对象的 35%）很大一部分拥有私家车，主要出行方式是公共汽车、地铁和自驾小汽车，交通费用基本都维持在 800 元左右，所占其收入的比例不到 20%，普遍感到没有交通费用的压力。

较高收入人群（月收入 6000~7999 元，占被调查对象的 18%），以公务员、教师、商业服务人员为主，普遍年龄在 40 岁左右。居住地与工作地多数在东城区和西城区这两个北京最繁华的区域，半数以上以自驾车为主要交通方式，出租车也占相当一部分比例。这类人群的月均交通费用基本上在 800~1000 元，占其收入的比例低于 15%，交通费用支出没有压力。

高收入人群（收入 8000 元以上，占被调查对象的 16%），职业多集中于公务员和商业服务人员。其主要出行方式是自驾车，几乎从不选择公共交通。每月的交通费大多在 1200 元左右，占其月收入的 10% 左右，交通费用支出对他们的出行方式没有任何影响。

由上述统计分析可知，交通费用支出占居民收入比例随着月收入的提高而降低，比例从 30% 以上逐渐下降到 10% 以下，月平均交通费用也随着收入的增加而增加，逐渐从 300 元增加到 1300 元。调查显示了中低收入人群以公共交通为主，高收入人群以自驾车为主。

（2）按出行方式分析。

自驾车出行的成本大致可分为购车价每年的摊销以及日常的燃油费、保养、维修、停车以及可能出现的罚金等"养车费用"。根据调查，一般家庭购车费用大约等同于自己的年薪，每月养车费用低于月收入的20%左右。以自驾车为主要出行手段的被调查者月收入基本上都在4000元以上，绝大多数人认为交通费用支出较高，但可以承受。年龄相对较大的（大约45岁以上）被调查者认为交通支出适当，比较合理。而年龄相对较小的（25~30岁）被调查者大多认为交通支出偏高，难以承受，反映出年轻人购车时对用车费用估计不足。

自行车出行成本低，除了购车款以外几乎没有其他成本，适合学生及中短途上班族的出行。教师、科研及离退休人员中骑自行车出行的比例较大，年轻人也以自行车出行的居多。选择自行车出行的被调查者一致认为，自行车出行交通支出小，没有经济压力。

公共交通出行包括公共汽（电）车出行、出租车出行和城市轨道交通出行三类。选择公共汽（电）车出行的居民，对交通成本的看法大都是"支出较小，没有压力"；选择常规公共汽（电）车出行和城市轨道相结合出行的居民，对交通成本的看法偏重于"支出适当，比较合理"；选择常规公共汽（电）车、出租车和城市轨道交通三类方式相结合出行的居民，对交通成本的看法则认为"支出较高，可以承受"。

1.4.2　城市交通与汽车产业

汽车产业对城市交通的影响是显著的，特别是在我国国民经济快速发展的背景下，汽车工业大发展降低了汽车普及的门槛，推动了城市交通机动化进程。

1）汽车产业政策

我国汽车产业的变革始于20世纪90年代产业政策的调整，汽车产业的重点转向了家用轿车的生产，极大地推动了我国汽车产业的发展。

1994年颁布实施了《汽车工业产业政策》，对我国汽车生产和消费产生了巨大影响，我国城市家用轿车开始从无到有迅速发展起来。汽车进入家庭加速了我国城市汽车化进程，城市家用轿车的年均增长率长期保持在15%~20%。

2004年新的《汽车产业发展政策》颁布，继续"培育以私人消费为主体的汽车市场，改善汽车使用环境，维护汽车消费者权益"，同时也强调了"引导汽车消费者购买和使用低能耗、低污染、小排量、新能源、新动力的汽车"，凸显了能源意识和环保意识。

2009年，为应对全球性的国际金融危机，国家颁布了为期三年的《汽车产业调整和振兴规划》，作为稳定汽车消费、加快结构调整、增强自主创新能力、推动产业升级的综合性行动方案。该规划提出，2009年汽车产销量超过1000万辆，三年平均增长率达到10%；明确了进一步培育汽车消费市场、实施新能源汽车战略等措施，制定了具体的减税政策，要求加快城市道路交通体系建设。

2）民用汽车发展

在产业政策和振兴规划的推动下，我国汽车产业发展十分迅速（图1-16），2009年汽车产销量首次突破1000万辆，成为世界第一汽车生产和消费国，2010年汽车产销量又突破1800万辆。汽车工业发展促进了民用汽车特别是乘用车的普及（图1-17），我国汽车保有量增长速度基本保持在20%~30%。以家用轿车为核心的乘用车仍将是我国汽车产业发展的重点。

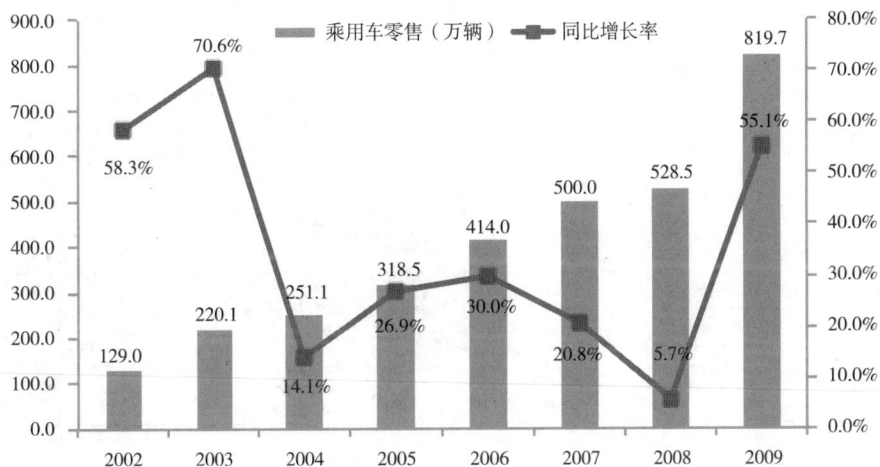

图1-16 2002~2009年我国乘用车销售状况

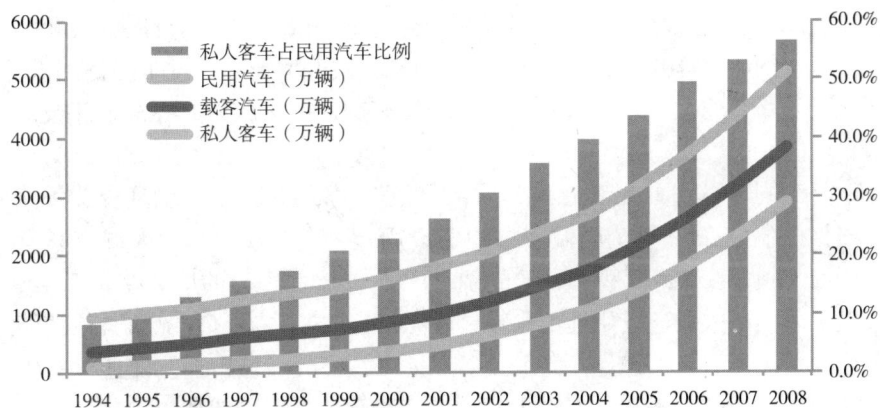

图1-17 历年我国民用汽车保有量状况

3）城市汽车化影响

随着城市汽车数量的快速增长，城市交通主要矛盾由20世纪80年代的自行车交通拥堵逐渐演变为以汽车交通为主体的交通拥堵，以及汽车交通普及所带来的能源消耗、土地资源消耗、大气污染等问题。我国城市交通的机动化在很大程度上表现为小汽车化，2008年我国私人轿车占民用轿车的比例高达80%。以小汽车快速增长为核心的汽车化发展趋势，给应对城市交通拥堵带来了极大挑战。城市汽车化刺激了城市的扩张，同时也增大了城市发展成本。2008 年与 2000 年相比，全国城市道路设施和公交投资增长了 417.3%，9 年间累计投资 2.33 万亿元，占同期国内生产总值的 1.5%（表 1-10），城市道路总长度由 2000 年的 16 万 km 增长到 2008 年的 26 万 km（表 1-11），但仍无法延缓汽车交通拥堵蔓延的速度。

2000~2008 年我国城市交通建设投资统计   表 1-10

年份	2000	2001	2002	2003	2004	2005	2006	2007	2008	合计
全国 GDP（万亿元）	9.9	10.9	12.0	13.6	16.0	18.3	21.2	25.7	30.1	157.8
道路公交投资（亿元）	893	1049	1476	2323	2457	3020	3604	3841	4621	23286
占 GDP 比例（%）	0.90	0.96	1.23	1.71	1.54	1.65	1.72	1.49	1.54	1.48

2000~2008 年我国城市道路设施统计   表 1-11

年份	2000	2001	2002	2003	2004	2005	2006	2007	2008
城市道路长度（万 km）	16.0	17.6	19.1	20.8	22.3	24.7	24.1	24.6	26.0
增长率（%）		10.3	8.7	8.7	7.2	10.8	-2.3	2.1	5.6
城市道路面积（万 km²）	23.8	24.9	27.7	31.6	35.3	39.2	41.1	42.4	45.2
增长率（%）		4.9	11.1	13.9	11.8	11.1	4.9	3.1	6.8

城市汽车化对城市交通出行结构的影响十分显著。在城市空间扩张和城市小汽车快速发展的背景下，居民出行距离增大，北京、上海、广州、成都、深圳等特大城市，居民出行开始转向了小汽车，其出行比例不断上升，北京的小汽车出行比例已超过了 30%。快速增长的小汽车出行需求，导致了道路交通供需矛盾进一步激化，城市交通拥堵成为一种常态，城市中心城区尤为突出。

与此同时，我国城市土地资源十分紧张，城市交通供给受到资源条件的严格限制。2008 年全国城市人均建设用地 108.44m²，其中大城市只有 80~90m²。城市道路面积率也已达到 11.3%。按照现行的国家土地政策，未来我国城市人均建设用地严格控制在 100m² 左右，在满足城市其他功能用地的情况下，人均道路用地只能维持在 12~15m²，城市道路交通设施供给的增长空间已经不大。如果不对城市汽车化的发展趋势加以控制，城市交通将会面对更加严重的拥堵问题。

1.4.3　城市交通和能源

能源是机动化交通工具的基本动力来源，随着城市中汽车数量的不断增长，城市交通所面临的能源问题特别是对燃油的耗用也日益突出。

1）城市交通能耗状况

城市交通中需要消费能源的交通工具主要包括汽车、电车、摩托车、助力车等，根据相关研究成果[20]，城市交通系统的燃油消耗总量可以通过城市交通能耗主体——出租车、公交车、其他机动车所消耗的燃油进行估算（表 1-12）。城市交通的燃油消耗大约占全国石油消费总量的 12.35%，其中以私人汽车为主的其他汽车的能耗占据城市交通总燃油消耗的 73.6%，城市交通在节能方面面临的形势非常严峻。

2008 年城市交通能源消耗估算表 表 1-12

交通工具类别	出租车	公交车	其他汽车
数量（万辆）	96.88	40.22	4527
日均行驶里程（100km）	3.0	2.0	0.3
燃料总耗（万 t）	603.28	589.30	3316.48
总计燃油消耗（万 t）	4509.07		
比例（%）	13.4%	13.1%	73.6%
全国石油消耗（万 t）	36500		
城市交通燃油消耗比例	12.35%		

2）城市交通节能政策

在城市交通系统中，不同交通方式出行所消耗能源有很大的差异，通常自行车出行不消耗能源，公共交通方式出行与小汽车相比更加节能（表 1-13、表 1-14）。

公共交通是集约化的交通方式，在节约燃油方面具有显著的优势。因此，城市交通节能除了加快推广新能源交通工具外，大力发展城市公共交通、降低单位出行的能源消耗是最根本的途径。

各种出行方式能源消耗比较 表 1-13

交通方式	每人公里能源消耗	交通方式	每人公里能源消耗
公共汽车（单车）	1.0	有轨电车	0.4
无轨电车	0.8	自行车	0
轻轨	0.5	摩托车	5.6
地铁	0.5	小汽车	8.1

不同交通方式单位运量能源消耗（单位：MJ/（人·公里）） 表 1-14

交通方式		满载率			
		25%	50%	75%	100%
汽油汽车	<1.4L	2.61	1.31	0.87	0.62
	>2.0L	4.65	2.33	1.55	1.16
柴油汽车	<1.4L	2.26	1.13	0.75	0.57
	>2.0L	3.65	1.83	1.22	0.91
地铁		1.14	0.57	0.38	0.29
公共汽车		0.7	0.35	0.23	0.17
自行车		—	—	—	0.06
步行		—	—	—	0.16

因此，在国家一系列能源政策中，都把发展公共交通作为城市交通节能的重大方向，提出了明确要求。这些政策要点可以归结为：优先发展公共交通，加快城市轨道交通建设，调整交通出行结构，减少小汽车出行，发展新能源汽车等。

3）协调发展策略

（1）发展原则。

城市交通节能降耗是一项长期的战略性任务，必须以科学发展观为指导，立足长远，着眼未来，全面推进，重点突破。

坚持资源和环境底线的原则。城市交通系统的发展必须以资源、环境的容量为底线，大力发展以可再生能源为动力的交通方式，化石能源消耗应低于可再生能源或者可替代能源的发展速度。

坚持公共利益优先的原则。合理配置交通资源，构建公平、健康、低耗的城市交通系统，满足不同层次人群的需求。鼓励和扶持以公共交通为主体的集约化运输系统，抑制以私人小汽车为代表的个体机动化方式的增长。

坚持提高能源使用效率的原则。降低能源消耗总量的最有效途径是提高能源利用效率，城市交通系统节能必须在能源消耗和保持机动性之间寻找平衡，扶持和支持高效使用能源的机动化交通方式。

坚持近期建设和长远规划相结合的原则。城市交通节能应统筹兼顾长远发展方向和近期实施可能，科学制定长远的节能技术方向，合理确定近期的重点推广技术和措施，避免盲目决策。

坚持政府主导和市场培育相结合的原则。城市交通系统节能是社会效益高于经济效益的系统工程，必须发挥政府主导作用，在城市交通规划、建设和管理的各个层面贯彻节能降耗的理念，积极推动节能降耗技术的研发、引进、推广，在设施建设、设备购置等方面给予财政和政策支持。同时，加强对市场的培育，推动交通节能技术的市场化。

（2）发展重点。

为了推动城市交通与能源的协调发展，城市交通加快开展以下重点工作：

一是统筹城市用地布局和交通系统建设，进一步提高城市综合交通体系规划的法律效力和引领保障作用，加快推进城市综合交通体系规划编制和实施，积极推动公共交通导向的土地开发模式，用规划手段统筹好城市发展与城市交通发展的关系。从源头上优化交通需求生成，减少交通总量。

二是落实公交优先发展政策，在公共交通设施用地优先、投资安排优先、路权分配优先和财税扶持优先等方面制定具体的措施。加快城市公共交通发展，构建多层次一体化公共交通系统。加强对公共交通行业的监管，完善票价调整决策机制，支持公交企业进行运行机制改革，大幅提高公共交通系统的服务水平。进一步加大公共交通智能化建设，提升公共交通系统运行效率，为公众提供全方位的出行服务，使公共交通成为城市机动化发展的主体，大幅度降低能源消耗。

三是完善道路系统建设，提高道路网密度，为绿色交通发展创造良好的设施条件。加大步行、自行车交通设施建设，形成连续、无障碍的步行和自行车交通系统。优先保障公共交通对道路资源的使用权，加快建设公共交通专用道、专用路和港湾停靠站。

四是强化交通需求管理，将城市交通的发展重点由增加设施供应，向设施建设与需求管理并重转化，加强对小汽车发展的引导和调控。充分发挥交通需求管理对城市交通结构的调控功能，使交通资源使用配置向节能、节约资源的交通方式倾斜，引导公众日常出行采用公共交通方式，减少耗能大的小汽车、摩托车出行规模，促进城市交通结构向节能降耗方面转化。

五是实施城市交通科技创新战略，加快前沿科技成果向城市交通领域转化，逐步引导信息技术、能源技术、纳米技术、生态燃料等新技术研究成果在城市交通领域的推广应用。以提高城市交通信息服务和城市道路通行效率为主线，推进城市智能交通技术应用，减少城市交通拥堵，降低燃油消耗。积极推动电动汽车的发展，提高节能环保型汽车的使用率。

六是加快技术标准规范的编制工作。研究制定汽车燃料经济性、排放控制等相关技术标准和行政法规，促进汽车节能技术发展，降低单车油耗。进一步完善城市交通规划建设技术标准规范体系，淘汰不符合节能政策的标准规范，补充、新编相应的标准规范。

1.4.4　城市交通与环境

环境作为一种资源，具有不可替代性及一定限度的不可更新性。随着经济社会的发展，环境问题日益凸现，城市交通与环境的相互作用越来越受到关注，城市交通的碳排放也成为发展中的焦点[20]。

1）城市交通对环境的影响

城市交通对环境的影响主要反映在以下几个方面。

（1）机动车尾气排放。

机动车排放有害物主要包括一氧化碳、碳氢化合物、氮氧化物、臭氧、微粒及光化学烟雾6大类。据欧美发达国家大中城市的检测数据，城市中各类主要污染物如一氧化碳、臭氧、碳氢化合物、醛类、一氧化氮、二氧化氮、二氧化硫、铜微粒和悬浮粒子的40%~90%来自机动车尾气。我国城市机动车尾气污染问题也十分严重，大城市中60%的一氧化碳、50%的氮氧化物、30%的碳氢化合物污染，是机动车排放的尾气造成的。部分城市机动车尾气排放甚至占到大气污染的70%以上。机动车尾气已逐渐成为城市大气的主要污染源。

（2）机动车噪声污染。

机动车噪声和振动也是城市交通中不可忽视的问题。机动车动力系统引起的噪声和振动、机动车车厢和货物及配件在行驶中碰撞和摩擦、轮胎与路面接触噪声、机动车喇叭声等，都会对环境产生负面影响，尤其是交通噪声。据调查，当机动车速度超过50km/h时，轮胎与路面接触噪声将成为交通噪声主要成分。研究表明，在城市噪声污染源中，道路交通噪声占30.2%、生活噪声占42.9%、工业及其他噪声占26.9%。据环境保护部门监测，许多城市主要交通干路道路交通噪声超过了70dB(A)。

（3）生态环境和人文环境伤害。

城市交通对生态环境和人文环境的影响主要反映在基础设施建设方面，如道路铺装对雨水的渗透产生阻隔，不利于城市地下水的补给；城市停车占用大量的城市土地，对城市绿化和植被造成破坏；交通工程建设对地表、地下水流动的影响；模式化的路网布局以及道路扩建对城市传统文化、人文景观的损害等。

2）城市交通碳排放

降低碳排放是全球应对气候变化的核心内容，也是遏制环境恶化的主要手段。研究城市交通系统碳排放的基本特点，对引导城市交通低碳发展非常重要。

（1）碳排放状况。

城市交通的碳排放与交通燃油消耗具有直接关系，根据城市交通的基本组成和燃油消耗状况，可以近似估算城市交通的碳排放状况[20]，如表1-15和图1-18所示。2008年城市交通碳排放约占全国碳排放总量的2.61%，其中以私人汽车为主的其他汽车碳排放占据城市交通总排放的73.6%。

2008年城市交通碳排放估算表　　　　　表1-15

交通工具类别	出租车	公交车	其他汽车	合计
数量（万辆）	96.88	40.22	4527	4664.1
燃料消耗（万t）	603.28	589.30	3316.48	4509.07
碳排放（万t）	1852.07	1809.16	10181.59	13842.83
碳排放比例（%）	13.3	13.1	73.6	100
全国碳排放量（万t）	531208			
城市交通碳排放比例（%）	2.61			

■ 出租车 ■ 公交车 ■ 其他汽车

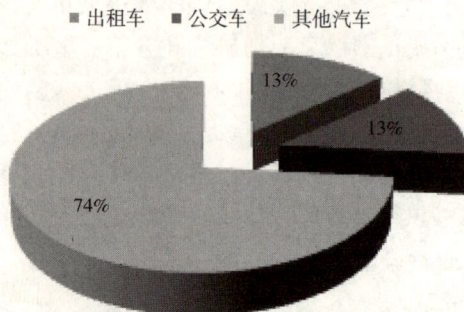

图1-18   2008年城市交通分方式碳排放结构

在计算城市交通的能源消耗效率和碳排放效率时，城市客运周转量是一个基础性指标。鉴于城市交通的特性，城市客运周转量计量难以从统计数据获得，因此采用统计的年客运总量和调查的平均乘距进行估算（表1-16）。

2008 年城市客运周转量估算表　　　　表 1-16

交通方式	平均乘距（km）	年客运总量（万人次）	年周转量（亿人公里）	年周转量比例（%）
公交车	8	6692606	5354.1	40.6
出租车	5	2229529	1114.8	8.5
其他汽车	10	6722595	6722.6	50.9

按照上述估算，城市公共交通以 13.3% 的碳排放量承担了 40.6% 的客运周转量，公共交通单位客运周转量所排放的碳仅为以私人小汽车为主的其他汽车交通的 22%。如果 10% 的客运周转量发生方式转移，城市交通碳排放变化情况将发生显著变化（图 1-19）。在总客运周转量不变的前提下，10% 周转量由其他汽车方式转移到公共交通方式，城市交通系统总的碳排放量将减少 14%；反之，若从公交向其他汽车方式转移，则将增加 14% 的碳排放量。

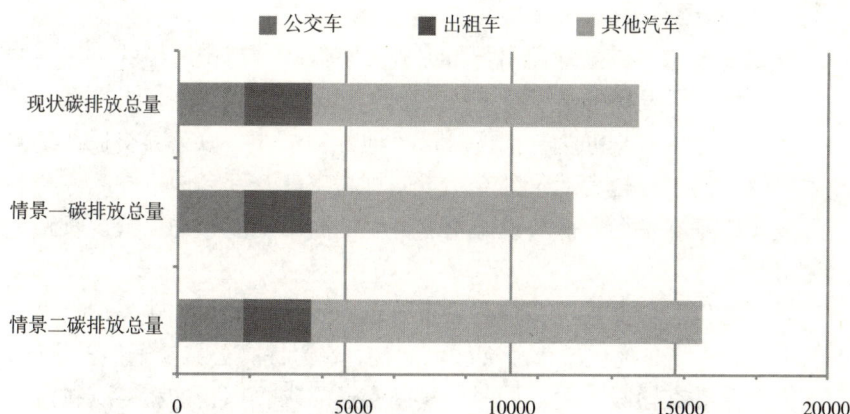

图 1-19　不同情景下城市交通碳排放状况
注：情景一：由其他汽车方式转移到公共交通方式
　　情景二：由公共交通方式转移到其他汽车方式

（2）碳排放特点。

城市交通碳排放具有以下特点：

一是能源利用效率是"低碳环保"的决定因素。在一定的运能条件下，公共交通方式的排放边际成本基本为零。也就是说，每增加单位人公里的运量，公共交通系统的排放总量基本不变。而个体机动交通的排放边际成本较高，在不考虑合乘的情况下，每增加单位人公里运量，需要增加 0.5kg 左右碳排放。这表明，不同交通方式的能源利用效率存在较大差异，调整交通结构、提高整体能源利用效率是低碳发展的首选之举。因此，城市交通系统"低碳环保"的决定因素在于大力发展公共交通，用较低的碳排放满足较大的交通需求。

二是具有消费领域能耗和排放特征。城市交通的本质是实现人和货物的转移，是人们为了特定的生产、生活需求而采取的手段。人的出行是一种十分个性化的选择行为，与出行目的、出行方式、出行距离、出行时间等密切相关，出行的差异导致不同的碳排放效果。城市交通的能耗是通过出行行为实现的，具有明显的消费领域特征，与工业领域的能源消耗和排放完全不同。从这个角度来说，城市交通的碳排放具有一定的不可控性，难以通过强制性禁止低能效、高排放的交通出行或强制性削减交通出行总量的手段达到减排目的。

三是机动车碳排放影响因素具有多元化特征。车辆驱动能源种类对碳排放具有直接的影响，寻找适宜于在城市交通领域推广应用的替代性能源，可有效提高能源效率、减少碳排放，减缓城市交通对气候的影响。同时，车辆性能和运行环境对碳排放的影响也十分显著，特别是在交通拥堵状态下，能源消耗和碳排放成倍增长。

3）低碳发展对策

转变发展理念、鼓励绿色出行是促进生态低碳城市交通模式，实现城市交通与环境协调发展的必然要求。

一是建立以公共交通为导向的城市土地开发模式，以公共交通系统组织城市空间结构，结合大运量公交站点安排高密度开发和地下空间综合利用，形成职住基本平衡、服务设施配套齐全的城市功能布局，减少长距离出行需求。

二是建立以公共交通为主体的城市机动化发展模式，加快发展特大城市的轨道交通系统，优化城市公交线网结构，着力提高公共交通服务水平，大幅度提升公共交通吸引力。同时，实施交通需求管理，加大对碳排放贡献大的交通工具的管控。

三是倡导步行、自行车交通出行，在城市规划布局、交通设施安排等方面为步行、自行车交通出行营造宜人的环境和条件。

四是研究制定系统的技术经济政策。形成国家层面的城市交通生态低碳发展的行动计划，针对城市交通特点确定不同阶段的目标任务和重点；制定引导绿色交通发展的规划设计技术标准，促进规划设计观念和建设模式的转变；制定鼓励绿色交通方式的经济政策，以及生态低碳道路设施建设的扶持政策。

五是加强生态低碳生活模式的宣传。依托"中国无车日"等活动平台，加强对绿色交通发展理念和发展方式的宣传，提高公众认识和选择绿色交通方式出行的主动意识，促进绿色交通的发展。

1.4.5 城市交通与防灾减灾

城市交通系统与能源、通信、给排水等城市基础设施被称为城市的生命线系统，在应对自然灾害和人为灾害的城市防灾减灾体系中，城市道路和运行系统具有不可替代的重要作用[21,22]。

1）地位和作用

城市交通是城市生命线工程的重要组成部分。现代城市人口高度聚集，各类建筑、产业、文化等要素构成了复杂且不断变化发展的城市系统，交通、市政、通信等基础设施维系着城市系统功能和正常运转，是现代城市的生命线。城市道路作为城市的骨架，不仅承载着交通系统的运行，而且也为市政管网等生命线工程提供了走廊和空间，在城市防灾减灾和应急救援中发挥着基础性作用。

城市交通是应急救援、疏散的生命通道。城市中重大灾害事件的发生具有随机性和高度破坏性，减少人员伤亡、防止次生灾害发生的关键在于及时救援和快速疏散人群。密集的城市道路网络及有组织的运输系统，为快速救援和疏散提供了基础条件，同时城市各级道路也是城市避难场所的重要组成部分。因此，在《中华人民共和国防震减灾法》和《中华人民共和国突发事件应对法》中，都强调了交通基础设施的重要保障作用。要求城乡规划应当根据地震应急避难的需要，合理确定应急疏散通道和应急避难场所，统筹安排地震应急避难所必需的交通等基础设施建设。在应对突发事件时，要确保交通等公共设施的安全和正常运行，可以实行交通管制等控制措施。

2）存在的问题

在我国快速城镇化和城市发展进程中，城市交通建设规模和速度加快，但还存在防灾减灾意识不强，已建成的城市路网抗灾救灾能力弱等诸多问题。

在城市交通建设中，缺乏对整个城市道路系统防灾减灾系统的规划研究。许多城市热衷于修建宽大的道路和贯通式高架道路，不重视道路网络加密。我国城市道路网络普遍存在路网间距大、路网连通性差的结构性问题，交通主要集中在主、次干道，支路的通行条件差。当地震等重大灾害发生时，倒塌的高架道路和稀疏的路网都将成为救援疏散的障碍，增大救援和疏散的难度。

3）应对策略

为了进一步促进城市交通与城市防灾减灾的协同发展，提出如下对策、建议。

（1）构建城市交通防灾减灾保障制度。

针对我国城市的发展要求，加快完善城市交通防灾减灾的政策法规和技术规范，加强城市交通基础设施自身的抗灾能力建设，建立突发灾害下各部门协同工作机制和预案，研究制定城市交通基础设施抗灾能力评估制度。

（2）制订灾害预警机制下的人员疏散方案及交通组织预案。

针对灾害条件下城市交通管理的特殊需求，建立基于灾害类型、级别的预警制度，制订救援、应急疏散的交通组织预案和保障措施。结合城市路网布局和交通流特点，确定关键路段和节点，制定优先恢复其交通功能的措施，为快速救援和疏散提供决策支持。

（3）建立城市交通系统灾害应急联动机制。

由于灾害种类复杂多变，传统的应对机制难以适应。应加快建立"快速响应、协同应对"的多部门应急联动机制，建设反应灵敏的道路交通应急救援系统，形成统一调度指挥的城市交通应急平台。实现"被动应付型"向"主动保障型"转变，进而提高对各类灾害的防范能力。

（4）建立城市交通路网抗灾能力评价预测系统。

城市路网交通中断时间与灾后损失的扩大有着直接的关系，灾害条件下与正常状态下路网运营状态有显著区别。因此，应全面分析研究灾害下的路网运营情况及灾害条件下影响路网通行能力的各种因素，包括灾害条件下道路基础设施损坏、沿街建筑物倒塌、交通参与者行为，以及灾害条件下救援车辆交通通行特点等因素，建立路网防灾能力评价预测系统，为灾害下的交通预案制订和灾害时的应急调度提供依据。

第2章
城市交通与土地利用

城市土地利用是指城市中各类建设用地的状况和使用方式，从其表象而言，城市土地利用包括城市用地性质、用地规模、空间形态，以及用地结构。用地性质是指土地的用途，包括居住用地、公共设施用地、工业用地、交通用地、绿地等。用地结构、空间形态则反映了城市或某一特定地块的各类性质用地面积的比例构成，以及在空间上的布局形式。不同性质的用地、布局形式和开发强度，所产生的交通需求有很大差异。随着城市的发展，交通对城市土地利用的"导向"作用日益凸现，正确把握两者的互动关系对城市规划建设尤为重要。

2.1 城市交通与土地利用的关系

2.1.1 城市交通对土地利用的影响

城市交通对土地利用产生作用的核心要素是交通可达性，影响着土地空间布局、使用性质和开发强度。

1）对土地利用空间布局的影响

城市交通的设施水平和运行状态决定了不同空间区位的交通成本和可达性，交通成本低、可达性高的区域在产业布局、城市各项设施安排等方面具有更强的吸引力。对居民和企业来说，交通与日常生活、经营密切相关，并显著影响着他们的选址行为。如果一个区域的可达性得到改善，必将降低居民的出行成本和企业的运输成本，从而吸引更多的居民和企业在该区域聚集。

2）对土地利用性质的影响

各种活动在使用土地时是有竞争的，在城市的任何区位进行的经济活动都有相应的总成本，主要包括土地租金、消费费用以及到市中心的交通成本等。由于不同的土地利用者具有不同的预算约束和土地付租能力，对同一区位土地利用的收益有不同的预期，其竞租曲线的斜率就不同（图2-1）[23]。各种土地利用者根据不同区域的土地成本和区位成本（包括交通成本）的权衡，来选择利用相应区位的土地。商业最有竞争力，可支付较高的地租，所以商业一般处在市中心；然后是工业、低收入住宅区；

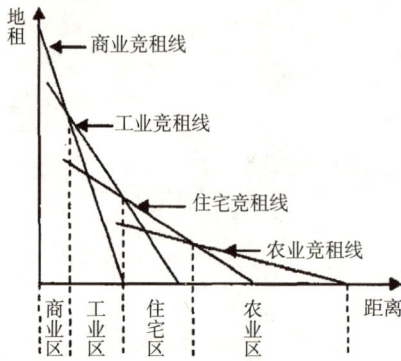

图 2-1 土地利用竞租曲线

（图片来源：Alonso W. Location and Land Use[M]. Cambridge, MA: Harvard University Press, 1964）

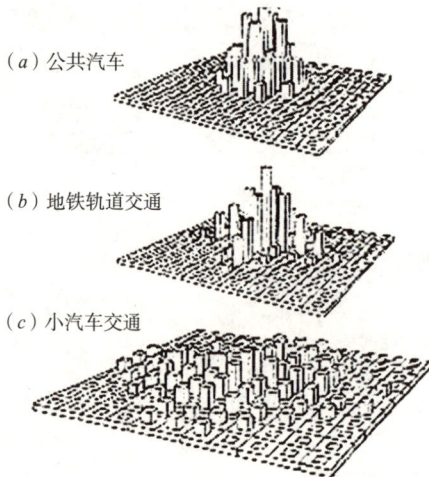

（a）公共汽车

（b）地铁轨道交通

（c）小汽车交通

图 2-2 交通方式与城市建筑密度的关系

（图片来源：过秀成. 城市集约土地利用与交通系统关系模式研究 [D]. 南京：东南大学，2001）

而富裕阶层则更倾向于在城郊；最外层是竞争力最弱的农业。实际上，当只考虑交通成本和土地价格时，随着与城市中心距离的增加，交通成本不断上升，土地价格逐渐下降。各类土地利用者选择不同区位的行为，不仅反映了土地价格的影响作用，而且也从整体上反映了交通对土地利用性质的影响。

不同性质的用地对周边的交通设施有不同的要求，因此在确定用地性质时要结合周边的交通供给情况通盘考虑，合理安排用地。就居住用地而言，不同类型的居住区对交通设施的种类和水平有不同的要求。例如，轨道交通或大容量公交路网附近更容易刺激大规模普通居住社区的开发。同样，不同的交通可达性对各种商业和工业企业的吸引力也有显著的差异，影响着其选址行为。

3）对土地开发强度的影响

城市交通系统对沿线的土地开发强度有显著影响（图 2-2）[24]，较低通行能力的路网系统对附近土地的开发强度起到限制作用，而主干道、大容量公交路网系统则能够支持土地的较高强度开发。特别是城市轨道交通更是为城市土地的高强度开发使用提供了有力的支持，轨道交通所具备的准时、快速和超大容量特性，引导着轨道交通沿线土地的开发向高密度、高强度、集约型方向发展。一般而言，城市主要交通工具的活动量越大，所形成的城市的内聚力就越强，城市的密度越高，内聚力越强。因此，在确定土地利用的开发强度时，必须注重土地开发强度与交通承载力之间的协调。

2.1.2 土地利用对城市交通的影响

土地利用对城市交通产生作用的核心要素是生产、生活派生的交通需求种类和结构。

1）对城市客流形成和分布的影响

任何形式的土地利用都会产生一定的交通需求，城市中土地利用的空间分布，如住宅区、工业区、商业区的用地分布，决定了人们休息、工作、购物、上学或娱乐等活动的空间区位和范围。不同的土地利用性质产生交通需求的强度不同，如居住区的出行主要是以居住地为端点的上班、上学、往返等，而商业区吸引的出行大多是购物、就业、公务等，出行发生的吸引强度、交通需求弹性与土地利用功能直接有关。当不同功能的土地利用在空间上的相互关系确定以后，由此而产生的交通出行空间分布特征就基本确定了。例如，城市外围大规模集中开发居住社区或以居住功能为主的卫星城，在交通空间形态上就呈现出强大的向心交通分布，形成早、晚高峰的潮汐式交通。

2）对交通方式的影响

土地利用模式对交通方式构成影响很大，如较高的居住、就业密度和集中的商业布局会产生高强度的交通需求，低密度的土地利用所生成的交通需求量小而分散，这种交通需求的不同特征决定了交通方式的发展变化和最终结果。

例如，公共交通需要有一定的客流来支撑，以适应公共交通运量大的特点并提高其运营效率，高密度土地利用模式更有利于公共交通的发展。紧凑型、小规模、混合开发的土地利用模式，则有利于自行车或步行交通方式的使用。而低密度、分散式开发的城市土地利用模式，客流分散，出行距离较长，不利于公共交通运营，小汽车交通方式则成为交通主导方式，美国大部分城市的分散式土地利用模式和小汽车为主的交通方式就是很好的例证。

土地利用模式对交通方式的影响实际上是通过交通出行距离这个杠杆实现的，因为在相同的时间内，各种交通方式能够实现的交通出行距离有很大不同。通常，城市规模越大、功能越分散，平均的出行距离就会越长。大量的研究表明，居住密度越高，且伴以各种土地利用功能的混合开发，能够减小平均出行距离；而单一功能的大规模就业中心或单一功能的大规模居住社区，都会导致平均出行距离的增加。

2.1.3　城市交通与土地利用的互动机制

城市交通与土地利用之间存在一种相互联系、相互制约的循环作用与相互反馈关系（图2-3），地块的可达性因道路的改善或新建而增强。当地块价值较低、位置较好及供给短缺时，空置地块将得到开发。而新开发的土地必然又会吸引大量人流、车流，导致交通拥堵，迫切需要修建新的交通设施，从而增强地块的可达性，其结果是土地升值，再一次刺激新的土地开发，直到新的平衡。但城市交通设施发展到一定程度后是难以通过改建来增加其容量的，当土地开发超过一定强度时，所引发的交通流将使得某些路段出现拥挤现象，区域可达性下降，土地利用边际效益也随之下降，如果没有新的空间用于交通设施建设，该地区的土地开发将会受到抑制。

城市交通与土地利用呈现出循环重复的互动关系。短期主要是土地利用对交通运行系统的影响。例如，工厂兴建必将导致工作出行的增加，而零售业则产生大量的购物出行。从长远看，交通基础设施建设和交通新技术应用改变了不同区位交通可达性，将促进整个区域的用地结构调整，这种改变是长期的、系统性的。

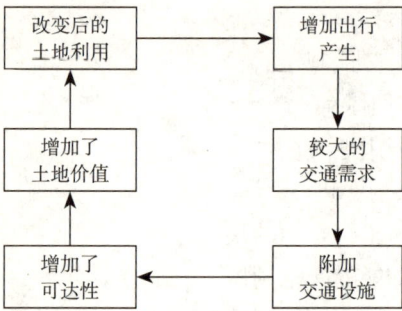

图 2-3   城市交通与土地利用互动关系

城市交通与土地利用的互动机制可以用概念模型来表示（图 2-4），该模型由用地模型、交通模型和开发决策子模型构成，各个子模型都有相关的约束指标，通过约束指标将各个子模型串在一起，反映了城市交通与土地利用在时间关系上的动态重复。模型构思体现了两个观念：第一，确立了 3 个子模型的相互关系，在静态关系上，土地利用是决定城市活动分布和交通运输系统运作的前提条件；而在动态关系上，城市活动分布可达性和经过开发投资建设的新空间则是下一轮土地利用的前提和条件。第二，模型体现了系统决策者行为或活动的过程。

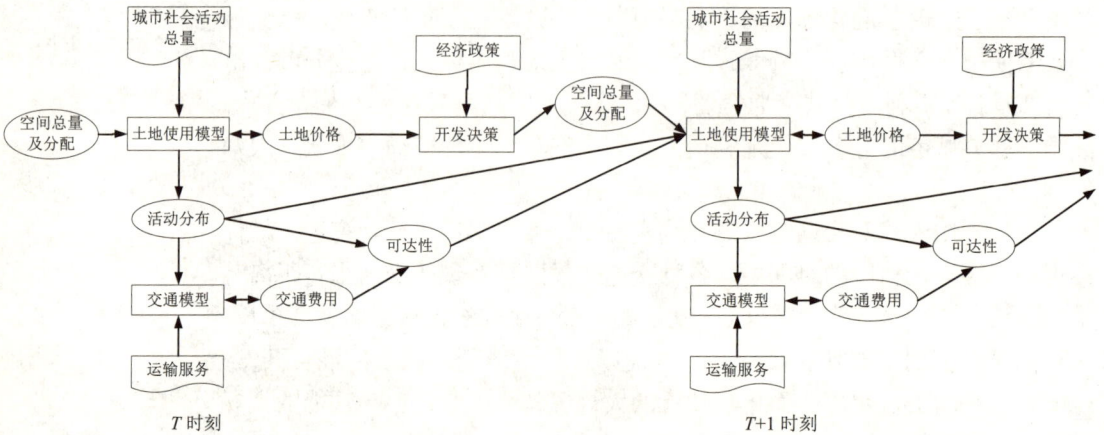

图 2-4   城市交通与土地互动作用的概念模型

2.2   城市交通与土地利用一体化模型

城市交通与土地利用的互动分为三个层次：宏观层面、中观层面和微观层面互动。宏观层面上表现为城市空间形态与交通模式、城市发展与交通系统等的互动关系，中观层面上表现为分区土地利用与交通系统的互动，微观层面上表现为地块开发（用地性质、强度等）与交通系统的互动。中观层面城市交通与土地利用的互动在交通规划的实务工作中涉及比较多，而微观层面城市交通与土地利用的互动在片区土地开发的交通影响层面上涉及较少。一体化模型重点研究宏观层面的城市形态与交通模式的互动关系。

城市交通系统的平均出行速度、平均出行时间与平均出行距离是 3 个相互关联的变量，满足距离＝速度 × 时间的一般规律。人们对一个高效率交通系统的最基本要求是：以最短的时间、最佳的速度（包括安全性、舒适性等因素在内）到达最理想（最远或最多）的目的地。因此，这 3 个变量都可以作为城市交通效率的衡量标准，可以间接地表现城市土地利用状况的总体可达性。但是，为了便于把交通效率的量化计算与其他经济系统的效益指标统一起来，选择城市交通系统的总出行时间作为城市土地利用形态的交通效率度量指标，并以城市的总出行时间最小作为衡量城市土地利用形态是否合理的标准 [25~27]。通常，城市总出行时间又可分为组团内部的出行时间和组团间出行时间两部分。

2.2.1　城市土地利用形态的交通效率度量

1. 简化与假设

鉴于城市土地利用形态的复杂性和多样性，提出如下假设与简化。

1）城市空间形态

结合单中心同心环和多中心分散组团两种典型土地利用形态的特征，对城市空间形态简化，以此作为模型的研究对象（图 2-5）[28]。

这种空间形态简化模式具有如下特征：整个城市的空间外观为一个多中心的放射状城市体系，由一个一级中心组团和若干二级中心组团构成；所有的一级、二级中心组团自身的土地利用形态都具有单中心同心环结构。而且，可以通过调整各中心组团的规模、中心组团之间的距离和交通联系方式，变化成为单中心同心环、扇形、网络结构等不同的城市土地利用形态，具有一定的普遍意义。

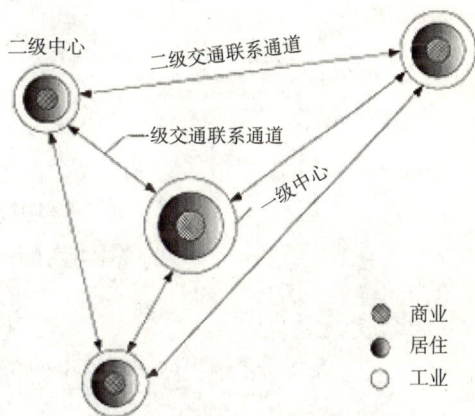

图 2-5　城市空间结构简化模式

（图片来源：王媛媛，陆化普 . 基于可持续发展的土地利用与交通结构组合模型 [J]. 清华大学学报（自然科学版），2004（9）：1240-1243）

2）组团间交通系统

组团之间的交通联系简化为两个级别，即一级组团与二级组团之间的一级交通联系通道和二级组团间的二级交通联系通道，并以一级交通联系为主，主要包括轨道交通、常规公交和私人汽车 3 种交通方式。

3）组团内交通系统

每个组团内都有一个相对独立的城市交通子系统，其交通结构包括公共交通、步行、自行车和小汽车。另外，需要说明的是，对于组团间与组团内部的出行均与人口有关，而人口的优化因素涉及多方面复杂的因素，因此假设暂不考虑人口因素对组团的影响。

2. 度量指标函数表达

设图 2-5 中的城市空间结构对象由 n 个中心组团构成，包括 1 个一级组团和 n-1 个二级组团，把各个组团从 1 开始依次编号，其中编号 1 赋给城市的一级组团。每个交通子系统中都有 m 种交通方式和 l 种土地利用功能。则总出行时间 T 为

$$T=T_1+T_2 \tag{2-1}$$

式中，T_1 为组团内部出行的总时耗；T_2 为组团间出行的总时耗。

1）组团内出行总时耗

$$T_1 = \sum_{i=1}^{n}\sum_{j=1}^{m} f(T_{ij})Q_{ij} \tag{2-2}$$

式中，$f(T_{ij})$ 为第 i 个组团的第 j 种交通方式的平均出行时间函数；Q_{ij} 为第 i 个组团内第 j 种交通方式的出行总量，等于第 i 个组团的出行总量 Q_i 乘以第 j 种交通方式的分担率 r_{ij}，即

$$Q_{ij}=Q_i r_{ij} \tag{2-3}$$

第 i 个组团的出行总量 Q_i 由第 i 个组团的土地利用规模、城市功能、经济发展水平和人口规模综合决定。由交通需求预测的理论可知，城市交通系统的总出行量可以用人口原单位法、土地利用原单位法、GDP 原单位法等进行计算和预测。这里取土地利用原单位法，得

$$Q_i = \sum_{k=1}^{l} S_{ik} q_{ik} \tag{2-4}$$

式中，S_{ik} 为第 i 个组团中用于第 k 种功能的土地面积；q_{ik} 为第 i 个组团中第 k 种土地功能的出行发生强度。

因此，组团内的出行总时耗为

$$T_1 = \sum_{i=1}^{n}[\sum_{j=1}^{m} f(T_{ij})r_{ij}](\sum_{k=1}^{l} S_{ik}q_{ik}) \tag{2-5}$$

式中，r_{ij} 为第 i 个组团中第 j 种交通方式的分担率。

2）组团间出行总时耗

$$T_2 = \sum_{i=1}^{n}\sum_{j=1}^{m} C_{ij}\frac{d_{ij}}{v_{ij}} \tag{2-6}$$

式中，d_{ij} 为第 i 个组团与第 j 个组团之间的距离；v_{ij} 为第 i 个组团与第 j 个组团之间的平均行驶速度；C_{ij} 为第 i 个组团与第 j 个组团之间的交通量，主要与组团之间的经济地理关系和各组团的人口规模等有关，与可达性的度量方法类似，也取重力模型的形式

$$C_{ij} = \frac{\lambda_{ij} P_i^{\alpha} P_j^{\beta}}{e^{\xi d_{ij}}} \quad (i、j = 1,2,\cdots,n) \tag{2-7}$$

其中，P_i 为第 i 个组团的人口；λ_{ij} 为第 i 个中心与第 j 个中心之间的交通关联度；α、β、ξ 为待标定常数。

因此，组团间出行总时耗为

$$T_2 = \sum_{i=1}^{n}\sum_{j=1}^{n}\frac{\lambda_{ij}P_i^{\alpha}P_j^{\beta}}{e^{\xi d_{ij}}}\frac{d_{ij}}{\upsilon_{ij}} \tag{2-8}$$

综上，式（2-1）可以进一步展开为

$$T = \sum_{i=1}^{n}[\sum_{j=1}^{m}f(T_{ij})r_{ij}](\sum_{k=1}^{l}S_{ik}q_{ik}) + \sum_{i=1}^{n}\sum_{j=1}^{n}\frac{\lambda_{ij}P_i^{\alpha}P_j^{\beta}}{e^{\xi d_{ij}}}\frac{d_{ij}}{\upsilon_{ij}} \tag{2-9}$$

2.2.2 交通效率最优的城市土地利用优化模型

1. 模型的数学表达

城市土地利用形态是一个受多种因素影响的多维宏观变量，由于这些因素之间的复杂关系及其对土地利用形态的影响，迄今尚未完全明确，要在城市土地利用规划中实现针对所有因素的全局、系统优化非常困难。结合上述城市土地利用形态的交通效率度量指标，把视点集中在城市空间组团的用地规模、人口和相互空间关系上，由此建立基于交通效率的城市土地利用形态优化模型（式（2-10））。

$$\left.\begin{array}{l} \min T = \sum_{i=1}^{n}[\sum_{j=1}^{m}f(T_{ij})r_{ij}](\sum_{k=1}^{l}S_{ik}q_{ik}) + \sum_{i=1}^{n}\sum_{j=1}^{n}\frac{\lambda_{ij}P_i^{\alpha}P_j^{\beta}}{e^{\xi d_{ij}}}\frac{d_{ij}}{\upsilon_{ij}} \\ \text{s.t.} \\ \sum_{i=1}^{n}S_{ik} = S_k \quad \sum_{i=1}^{n}P_i = P \\ \frac{P_i}{\sum_{k=1}^{l}S_{ik}} \quad\quad \leqslant P_0 \\ \quad\quad\quad\quad S_{ik}、\ P_i、\ d_{ij} \geqslant 0 \end{array}\right\} \tag{2-10}$$

式中，P_0 为第 i 个组团的最大人口密度的阈值；$i=1, 2, \cdots n$; $k=1, 2, \cdots l$。

式（2-10）的目标函数中，需要求解的变量为各组团不同功能的土地面积 S_{ik}、人口 P_i 和各组团间的空间距离 d_{ij}。其他变量则提前标定或者由城市交通系统状态确定。模型的意义为，在某一既定的经济区域，给定土地资源、人口总量和人口密度的约束，通过调整城市空间结构对象中各组团的土地功能、面积、人口规模和它们的地域空间距离，使得对应的城市交通系统的总出行时间最小化，从而达到最优的交通效率和宏观可达性水平。

2. 模型的主要参数

1）组团内部出行的平均时耗 $f(T_{ij})$

城市空间组团内部出行的平均时耗函数 $f(T)$，主要由该组团内的城市交通子系统的运营状态所决定。交通系统的运营状态又与整个城市的土地利用规模、功能、人口和经济发展水平等社会经济之间存在着紧密联系，因此，在不同的城市土地利用形态和交通系统中，平均时耗函数都是不同的。可以借助交通规划的模型与方法，求得一个既定城市交通系统的平均出行时间。以城市机动车交通为例，把交通量在路网上进行分配后，可以得出处于平衡状态的交通系统的路段出行时间函数（取 BPR 函数形式）和平均出行距离 $\bar{l}$，从而推出该状态下的平均出行时间函数 $\bar{t}$

$$\bar{t} = \bar{l}/\bar{v} \tag{2-11}$$

式中，$\bar{v}$ 为系统中 a 条路段上的平均速度，等于各路段速度的加权平均值。

$$\bar{v} = \frac{\sum_{i=1}^{a} v_i(q_i)l_i}{\sum_{i=1}^{a} l_i} = \frac{\sum_{i=1}^{a} l_i^2 t_i(q_i)}{\sum_{i=1}^{a} l_i} \tag{2-12}$$

$$t_i(q_i) = t_i(0)[1 + \alpha(\frac{q_i}{C_i})^{\beta}] \tag{2-13}$$

2）组团间的交通关联度 λ_{ij}

在一定的城市结构（空间结构和产业结构）下，两个城市空间组团间的交通关联度，主要与相互间的经济关系、空间联系的难易程度和每个组团自身的人口规模及土地利用平衡程度有关。两个组团间的经济联系越紧密、空间联系越方便，则它们之间的交通需求越大，交通关联度也越高。同时，每个组团的居住与岗位分布越均衡、城市经济结构越独立，则它与其他组团之间的交通联系就越小。由于交通需求是由社会经济活动派生的需求，且依托于一定的土地利用功能，因此，两个空间组团的交通联系度首先取决于二者在整个城市产业结构中的地位和相互经济关系，其次取决于各个空间组团内部的土地利用均衡状况，即居住、商业、工业三大城市功能的均衡。

由于影响两个空间组团之间交通联系度的因素非常复杂，其一般化的量化关系函数甚至无法获知，无法得到精确计算 λ_{ij} 值的公式和方法。但是组团间的交通出行关联度主要取决于组团自身的商业、工业、居住用地的均衡情况和组团之间的商业联系度。因此，需要在对规划对象区域进行调查分析的基础上，用定性分析与定量计算相结合的方法确定 λ_{ij} 的经验值。

2.2.3　城市土地利用优化模型求解

城市发展变化是一个漫长的过程，每一次的规划与建设都是在上一轮的城市发展基础上进行的。因此，即使能事先确定模型中各项参数，从数学的角度求得了最优解，但很可能因为与实际的规划建设有很大出入，而最终使数学上的最优解失去意义。更确切地说，式（2-10）所示的优化模型是基于交通效率提出的对城市土地利用形态进行优化的一般性表达，即使在模型建立之前已经进行了大量的简化和假设，但模型仍然存在较大的复杂性和不确定性，这是由城市土地利用与交通系统的本质决定的。

解式（2-10）中非线性约束下的非线性函数极值问题，除使目标函数在每次迭代都有所下降外，还要注意解的可行性问题，这不仅给数学上的寻优工作带来很大困难，而且在实际规划实践中有可能因为模型的过于庞大而降低可操作性。

为了解决这一问题，在模型的实际应用中，必须根据实际情况作进一步简化，如将有约束问题转化为无约束问题、将非线性规划问题转化为线性规划问题等。为此，采取如下求解策略。

1）目标函数和约束条件的简化

任何一个城市土地利用形态的规划，总是在一定的社会经济背景下，基于一定的自然空间进行的，组团间的空间位置不能完全由优化结果确定，而受规划对象的城市发展历史、地理特征限制。因此，可以进一步认为模型中各组团间的空间距离 d_{ij} 是一个事先确定的量，而把主要的优化目标放在空间组团的功能、面积和人口规模上。这样待优化的目标函数共包含 n（l+1）个未知量，即各组团不同功能的土地面积 S_{ik} 和人口 P_i，从而降低了目标函数的维数。

式（2-10）还有一个约束条件是关于空间组团人口密度的非线性约束，它的存在也给寻优工作增加了较大难度。考虑到人口密度的约束可以适当放宽，如果把它从约束条件中去掉，而在求出最优解后将人口密度限制作为一个附加的检验条件，予以适当调整，其结果也是可以接受的。这样，原优化模型就简化为一个约束条件线性的非线性规划问题，从而降低了求解难度、增加了可操作性。进一步研究会发现，此时目标函数中的第一大项与第二大项实际是独立的，即原问题可以分解为两个优化子问题。

第一个子问题——组团内部出行时间的最小化，即

$$
\left.
\begin{aligned}
&\min T_1 = \sum_{i=1}^{n}\left[\sum_{j=1}^{m} f(T_{ij})r_{ij}\right]\left(\sum_{k=1}^{l} S_{ik}q_{ik}\right) \\
&\text{s.t.} \\
&\sum_{i=1}^{n} S_{ik} = S_k \quad (S_{ik} \geq 0)
\end{aligned}
\right\} \tag{2-14}
$$

式中，i=1, 2, $\cdots$, n; k=1, 2, $\cdots$, l。

第二个子问题——组团间出行时间的最小化，即

$$
\left.
\begin{aligned}
&\min T_2 = \sum_{i=1}^{n}\sum_{j=1}^{n} \frac{\lambda_{ij} P_i^{\alpha} P_j^{\beta}}{e^{\xi d_{ij}}}\frac{d_{ij}}{v_{ij}} \\
&\text{s.t.} \\
&\sum_{i=1}^{n} P_i = P \quad (P_i \geq 0)
\end{aligned}
\right\} \tag{2-15}
$$

第一个子问题是常见的线性规划问题，第二个子问题是较简单的二元非线性规划问题，原优化问题的复杂度和难度从而大大降低。但需要指出的是，对于每一个子问题是否存在最优解，还是需要针对具体的研究对象，

确定出参数以后进一步判断。

2）与交通规划模型相结合

目标函数中的各项参数，如不同交通方式的平均出行时耗 $f(T_{ij})$、分担率 r_{ij}、不同功能土地的出行发生强度 q_{ik} 等，都必须通过交通规划模型来确定。这从客观上促成了城市土地利用规划与交通规划模型的有机结合。

交通规划模型输入各参数后，可以得到交通效率最优的一种新的土地利用形态，这一形态将进一步影响城市交通系统。需要在新的交通系统状态下重新确定参数，并求解新一轮的最优土地利用形态。如此循环，直到相邻两次计算得到的总出行时间相差不大。因此，模型的求解应该是一个循环的过程，这恰好体现了城市交通系统与土地利用形态之间的作用与反馈关系。

3）模型求解流程

总结上述解决思路，提出了基于城市交通效率的土地利用优化流程（图2-6），这一流程实现了土地利用优化与交通规划模型的有机结合和相互反馈。

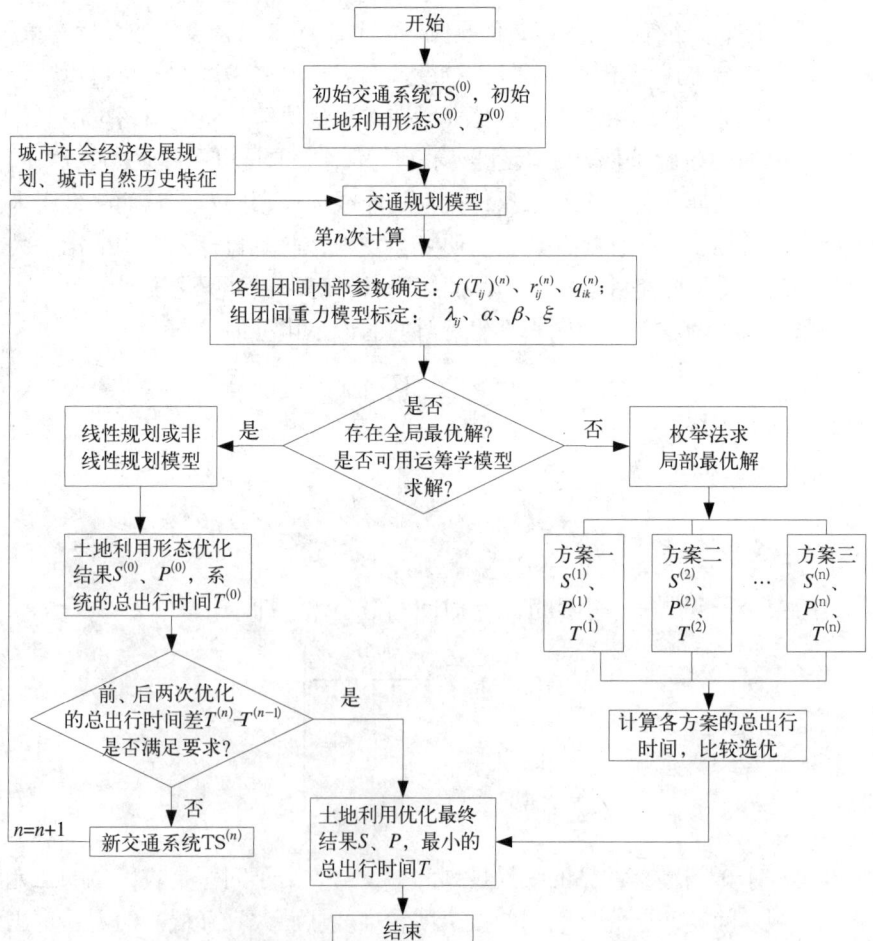

图 2-6　基于总出行时间最小的城市土地利用优化模型求解流程

2.3 城市交通与土地利用协调规划

2.3.1 城市交通分区

1. 城市交通分区框架体系

城市交通与土地利用协调规划涉及三个层次：宏观战略政策、中观网络规划以及微观实施方案。各层次需要研究和解决的问题不同，关注重点和分析方法也有差异，因此引入城市交通分区的概念有助于增强政策、规划方案以及改善措施的针对性和有效性。城市交通分区是以服务于一定的城市交通规划建设与管理目标为目的、以交通特征分析为基础的城市建设用地区划，每一个交通分区都是具有相似用地特征与交通特征的用地集合。

城市交通分区框架体系主要涵盖宏观战略政策分区、中观网络规划分区、微观实施方案分区三个层次。

宏观战略政策分区：主要服务于城市交通宏观战略规划、总体交通发展政策的研究制定，根据城市总体用地特征、设施发展水平、交通需求以及环境容量等因素，划定差别化的宏观战略政策分区，对城市重大交通设施发展方向和投资力度，以及公共交通与小汽车发展政策等方面构建战略方案并测试分析。

中观网络规划分区：主要服务于城市交通专项规划方案的编制，通过分区差别化的研究，使交通系统布局与土地利用紧密衔接，增强专项规划方案的科学性和合理性。

微观实施方案分区：主要服务于城市局部区域、路段以及地块交通实施方案的分析。这一层次的分区更加注重土地利用对交通生成的作用，结合交通微观模拟软件的分析，精细分析交通的组织流线，促进区内交通与整体交通的协调。

2. 宏观战略政策分区

宏观战略政策重点关注城市交通需求总量、整个交通网络的布局、密度、建设水平、交通结构以及相配套的交通政策、投资方向等。基于宏观战略政策研究的特点，影响分区划分的主要因素包括：城市空间结构与发展方向，区域土地利用性质与强度，区域环境容量与质量，重大交通设施供应水平，交通出行需求特征等。

1）分区准则

交通政策分区划分应遵循以下准则：

（1）与城市总体发展目标、空间布局结构、用地规划等协调一致。

（2）关注具有重大影响的交通发展目标、设施规划、管理政策及运行水平。

（3）应充分考虑城市区域差别化的经济发展特征与趋势，分区方案与区域交通需求发展水平紧密联系，重点关注各类交通工具差别化发展需求、管理模式等要素。

（4）注重交通发展与环境容量的协调，将环境因素落实到交通分区与战略模型测试方案中，保障交通发展战略与政策符合绿色与可持续发展的要求。

2）案例

伦敦大都市圈交通政策战略评价模型将伦敦都市圈划分为中央伦敦、内伦敦（不含中央伦敦）以及外伦敦三个交通政策分区（图 2-7），分析不同政策分区在交通发展、交通需求以及交通系统资源配置等方面存在的差异，根据分区自身的情况对各项战略措施设置适当的优先级。三个层次表现出不同的交通特征，公共交通与小汽车出行比例分布也存在较大差异（表2-1、图 2-8）[29]。

伦敦不同区域公共交通与小汽车出行比例分布[1]　　　　　表 2-1

区域	公共交通[2] : 小汽车[3]	轨道交通[4] : 小汽车[3]
中央伦敦	1 : 0.16	1 : 0.18
内伦敦（不含中央伦敦）	1 : 0.78	1 : 1.24
外伦敦	1 : 3.14	1 : 8.25

注：1 表示 2003 年调查数据，2 表示包括公共汽车及所有轨道交通，3 表示包括班车，4 表示包括地铁、国铁、轻轨及有轨电车。

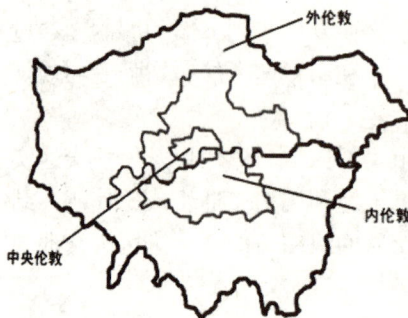

图 2-7　伦敦交通战略政策分区　　　　图 2-8　伦敦人均小汽车拥有率分布

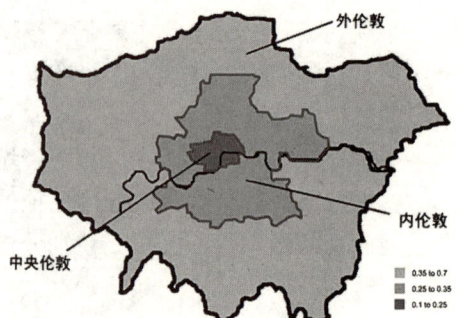

（图 2-7、2-8 来源：於昊，等.北京市停车发展战略与综合对策 [R]. 2004）

3. 中观网络规划分区

用地特征和交通特征是影响分区划分的两大因素。用地特征主要包括用地的区位、用地性质、用地强度等，应尽量将相同区位、相似性质、相近强度的地块划入同一分区；交通特征包括交通需求强度、时间分布、方式结构等需求特征，以及道路网络、公共交通设施、停车设施等交通设施的供应特征。

1）分区准则

中观层面的交通分区以宏观交通分区为依据，从空间分配、设施安排、规划管制等方面来全面落实宏观交通分区的各项政策，其主要服务于交通网络设施规划，是体现宏观战略政策差别化的具体载体，同时也是微观实施方案分区的基础与依据。

中观网络规划分区划分应遵循以下准则：

（1）相似性准则。分区内交通需求具有一致性，应依据城市的整体布局和功能分区进行，同一交通分区的地块内部，其交通基础设施供应水平基本相同，交通可达性较为接近。

（2）目的性准则。针对不同的目的确定分区的大小，如交通网络规划需要尺度的分区，而停车规划则需要在相对较小尺度分区中寻求供求基本平衡。

（3）排他性准则。分区内应该没有别的"岛"状分区。

（4）唯一性准则。分区应该相互不交叉、不重叠。

（5）完整性准则。分区应覆盖规划研究的空间范围，没有遗漏、空缺。

（6）尺度适宜准则。分区很难事先明确一定的尺度，一般应根据城市的规模、研究目的不同而有所差别。

2）案例

连云港市城市综合交通规划中实行了中观网络规划分区，为了贯彻"交通引导、交通减负"战略，体现分区差别化引导与发展，按公共交通（与公共建筑及生活居住）走廊区、商业区、居住区、文教区、交通区、工业区、物流区、旅游区8个大类、17个小类，实际划分交通分区48个（图2-9），根据区位、开发类型、用地功能等，分别制定连云港市不同交通分区的交通供应策略（表2-2）。

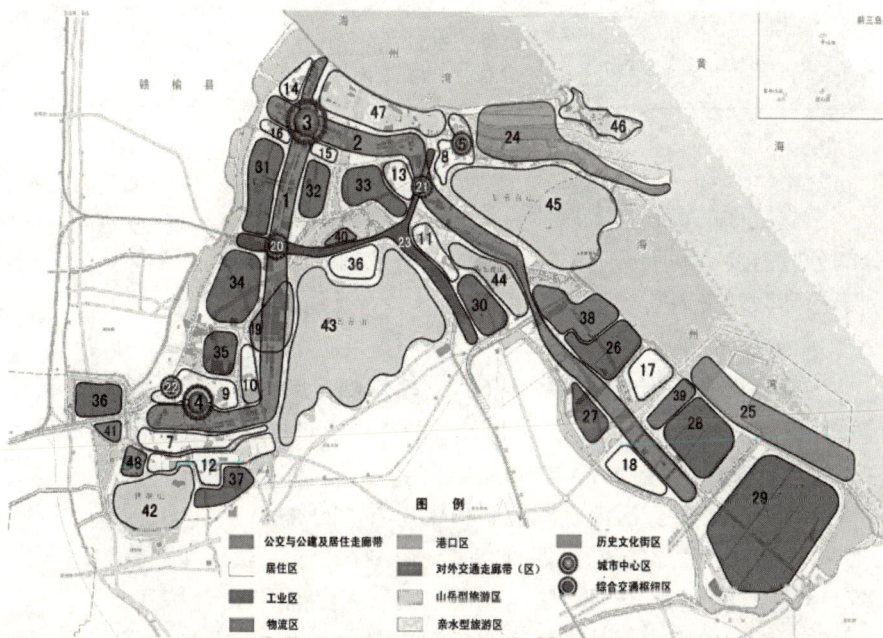

图2-9 连云港市中心城区交通分区图

（图片来源：杨涛，杨明，等.基于差别化策略与规划的城市交通分区方法研究 [C]// 第16届海峡两岸都市交通学术研讨会论文集.南京：东南大学出版社，2008）

连云港市中心城区分区交通供应策略   表 2-2

交通分区		用地与交通特征	交通供应策略		
			路网密度（km/km²）	公交配置	停车供应
公交走廊地区		公共建筑密集，开发强度大；交通吸发集中，需求大	—	轨道、干线公交	低配、控制上限
商业区（分中心区和一般区两类）		用地强度极大，交通吸发极强、交通需求大	>10；支路密度 >7	轨道、干线公交、公交枢纽	低配、控制上限、高收费
居住区（分老城、新城和港口配套居住区三类）		用地强度一般、高峰交通出行集中	>8；支路密度 >5	轨道、干支公交、首末站、社区巴士	按拥有需求配置，老城内适度降低
文教区		功能相对独立，内部交通需求较大	>8；支路密度 >5	轨道、干支公交、首末站、校园巴士	适度配置
交通区	对外交通枢纽区	用地强度大，交通需求复杂，交通量极大	—	轨道、干线公交、公交枢纽	适度配置，较高收费
	对外交通走廊区	交通设施集中			
	港口区	货运需求极大，连云港区陆域缺乏		公交、单位班车	—
工业区（分临港重型、都市型和其他类型工业区三类）		就业集中，货运需求大，客运需求小	>7；支路密度 >4	公交、单位班车、干支线公交	按使用需求配置
物流区		物资大进大出，货运需求极大	>7；支路密度 >4	公交、单位班车	按使用需求配置
旅游区	山岳型、滨水型旅游区	旅游度假为主，季节性交通明显		旅游公交、换乘枢纽	适度配置换乘泊位
	历史街区	历史建筑集中，路网演变缓慢，交通需求一般	>10；支路密度 >7		

4. 微观实施方案分区

微观层面的实施方案涉及各类交通基础设施的建设、管理和控制，划分的分区需要有利于交通发展战略、网络规划在局部范围的落实实施，有利于提高微观交通需求分析的精度。

1）分区准则

为确保微观实施方案分区与中观网络规划分区的各类分析结果形成对应、继承关系，微观分区应在中观分区的基础上进行细分，细化准则如下：

（1）在研究道路与停车设施实施方案时，应重点考虑保持交通分区的同质性，便于交通分区内设施规模和规划方案的确定。

（2）在研究轨道车站规划研究时，应将各个轨道交通车站周边地区作为单独的交通分区，交通分区结合车站吸引客流范围进行设定。

（3）在研究重大对外交通枢纽规划方案时，应将其单独分区考虑，便于分析枢纽交通流构成、集散方式及方向。

（4）在分析含有大量转向交通的区域时，交叉口的转向设施应置于同一个交通分区中，以利于对交通的流动、流向分析。

（5）在制订停车诱导、交通需求管理方案时，应使主要服务设施尽量均匀分布在交通分区中，各个分区内的交通供需力求均等。

2）案例

南京红花—机场地区道路交通详细规划采用小地块的街区空间组织模式，形成了"小尺度、高密度"的道路网体系，区域层面上构建与外部合理衔接的干道系统，区域内部统一规划 22m 宽的支路系统。在具体实施方案中采用交通分区分析方法，将红花—机场约 10km² 地区按照用地功能划分为 18 个交通分区，根据各交通分区土地开发属性（商业区、居住办公混合区、居住区地块长边、居住区地块短边）以及路面停车的客观需求，形成 5 种具有不同断面分配形式的支路系统实施方案（图 2-10）[30]。

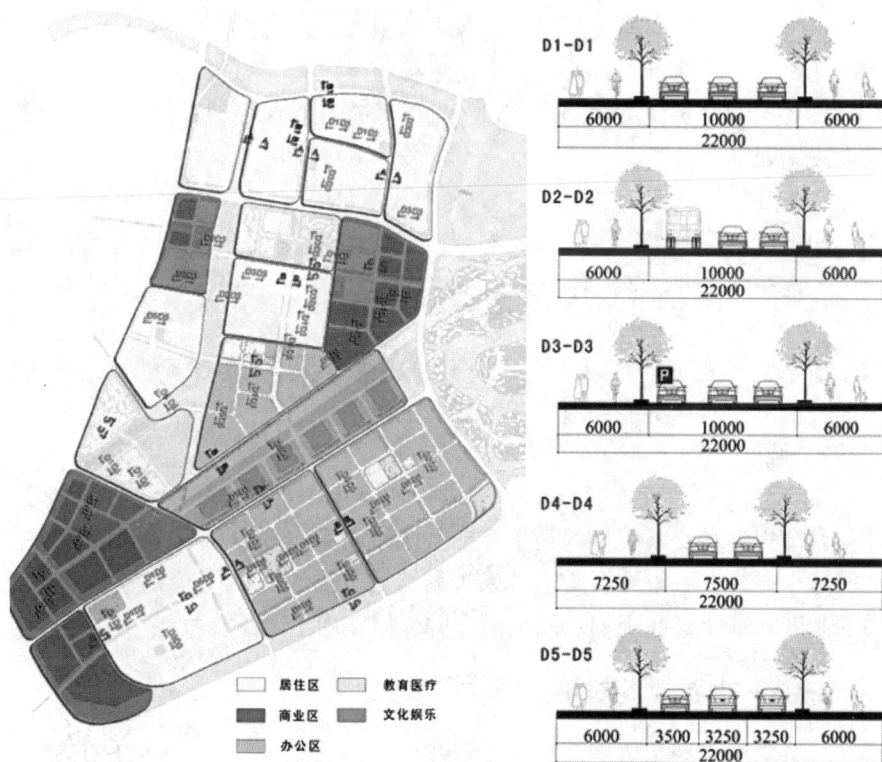

图 2-10　红花—机场地区交通分区及支路系统实施方案

（图片来源：杨涛，杨明，等.基于差别化策略与规划的城市交通分区方法研究 [C]// 第 16 届海峡两岸都市交通学术研讨会论文集.南京：东南大学出版社，2008）

2.3.2　协调规划机制

城市交通与土地利用协调发展关键在于整合管理机制、加强政策法规协调、处理好城市规划与城市交通规划衔接互动。

1）管理机制整合

通过行政立法或完善相关法规的刚性约束，建立城市交通与土地利用的协同、调控、反馈三大机制。

（1）协同机制。

城市规划确定的城市长远发展目标，在实施过程中需要各个部门共同运作，各部门之间的协作关系对建设项目能否按城市规划目标实施起着关键的作用。

（2）调控机制。

调控机制应包括事前、事中和事后控制。

事前控制：城市建设工程项目在未进入规划审批前的控制。例如，推进交通影响评价制度，对建设工程项目的容积率、人口密度、建筑控高等指标进行事前评价。

事中控制：在交通规划与城市规划审批管理过程中的控制。通过对规划设计中间成果的审查，处理好交通系统与土地利用的关系。

事后控制：对城市规划实施进行监督检查，确保交通系统和土地开发建设按规划实施。

（3）反馈机制。

增强规划编制与审批管理、规划监督检查等部门之间的相互反馈。对变更土地利用性质、增大容积率指标、未按规划实施等违规行为及时查处。

2）政策法规协调

加强城市土地开发与城市交通相关政策的协调，完善政策的实施细则，是促进城市交通与土地利用协调发展的重要举措。

3）城市规划与交通规划衔接互动

城市交通基础设施对城市空间结构、功能布局起到至关重要的作用，加强城市规划与交通规划的衔接互动是城市交通与土地利用协调发展的重要保障。应建立城市综合交通体系规划与城市总体规划同步编制、相互反馈的制度，强化交通规划对用地规划的引导作用。

2.3.3　协调规划对策

1. 科学制定城市发展战略

基于城市自身的历史、地理特征、功能性质和自然环境资源条件等，确定城市合理规模和人口密度，合理构筑城市空间形态和空间结构。在此前提下遵循协调发展的原则科学制定城市土地利用与城市交通发展战略。

2. 推进公共交通为主导的交通模式

公共交通导向开发的城市土地利用模式（transit-orient development, TOD）是城市交通与城市土地利用优化整合的有效手段。TOD 模式注重土地的综合利用，以交通枢纽为中心，在合理的步行范围内布置中高密度的住宅，统筹布局就业、娱乐、商业文化与服务性空间，引导人们更多地选择公共交通工具。

3. 以交通走廊引导城市空间布局

城市交通走廊作为城市交通的主要骨架起到支撑、引导城市空间发展的作用，以交通走廊引导城市空间布局，调整交通走廊两侧用地布局，利用走廊引导空间聚集发展，形成多核空间结构，并强化各个"空间核"之间的经济联系。

4. 以枢纽建设促进城市中心体系形成

交通枢纽是影响城市中心体系布局的重要因素，是各种交通方式集结的中心。交通枢纽不仅是交通转换中心，更是城市结构的一部分。在宏观层面应加强交通枢纽与城市空间布局结构的统筹协调，在中观层面加强交通枢纽与周边用地开发的协调，在微观层面处理好各种交通方式的衔接和转换。

2.3.4 协调规划评价

1. 评价目标

城市交通与土地利用的协调关系评价，属于复杂系统的多指标综合评价问题。应通过确立合理的评价准则与指标体系构建合适的评价模型，全面反映二者之间的协调关系。国内外城市发展经验表明，能否有助于实现城市发展目标是检验城市土地利用与交通系统是否协调的重要标准。因此，规划评价目标应包括三个方面，即交通系统的运行效率和服务水平、土地集约化利用、环境承载力。

2. 评价原则

综合性原则：评价指标体系作为一个有机的整体，应该从不同侧面反映城市交通和土地利用互动发展的情况，应涵盖多因素目标，是反映土地利用和交通关系的复合指标。

科学性原则：评价指标应能够客观、合理地反映城市交通与土地利用最重要、最本质的相互关系，描述要清楚、简练和符合实际，具有科学性。

系统性原则：要有若干个指标从不同侧面反映城市土地利用与交通互动发展的情况，指标的集合能够全面反映系统的特征。

可比性原则：指标体系应当能够对评价对象进行横向比较和纵向比较，即既能够对同一对象不同时期下的方案进行对比，也能够在不同对象之间进行比较，从而能够显著反映各方案的变化与影响。

可操作性原则：在保证评价结果的客观性、全面性的条件下，评价指标应简单，数据应易于获取和计算。

3. 评价指标

城市交通与土地利用协调评价的指标体系包括三个方面：基于土地开发总量、用地布局和开发强度评价土地的集约化程度，基于交通畅达、高效评价城市交通系统的效率和服务水平，基于节约能源和环境保护评价环境质量（表2-3）。

城市交通与土地利用协调性宏观评价指标   表2-3

评价目标	评价对象	土地利用与交通协调的表现	评价指标
土地集约化程度	消耗总量	节约土地用量，避免向外扩展，对交通建设用地和建筑开发用地的需求少	人口密度
	用地布局	合理布局，混合开发，有利于城市理性增长，公共交通的可达性好	人均通勤出行距离，公交出行分担率
	开发强度	高密度、高强度开发，需要有大容量公共交通支撑，鼓励TOD开发模式	骨干公交网络中公交站点800m覆盖范围内的建设用地比例，公交出行分担率
交通系统效率与服务水平	畅达	整个城市/分区交通运行顺畅，延误少，土地开发布局合理，强度适当	快速干道和主干道拥堵路段比例
	高效	时间上：城市出行方向潮汐性减缓	城市主要道路上交通不均衡系数
		空间上：交通设施的能力被充分利用，有充足客源，在大容量公共交通系统周围高密度开发	骨干公交网络中公交站点800m覆盖范围内的建设用地比例，公交出行分担率
环境质量	节约资源	占用的耕地少，土地消耗量小	人口密度
	保护环境	大气污染物排放少，用于交通建设的土地消耗量小	交通噪声，人均车公里数

4. 评价方法

1）指标值的规范化

指标值的规范化是用效用方程将不同的指标进行 $0\sim N$ 赋值，使得本来不可比的指标可以放在一起比较。评价指标分为两类：第一类是从指标值的大小上可以直接比较优劣的指标，第二类是无法从指标值的大小上直接比较优劣的指标。对于这两种类型的指标，采用不同的规范化方法将指标值转化为效用值。

第一类指标往往包括正效指标和负效指标，正效指标值越大则说明土地和交通越协调，负效指标值越小越有利于土地和交通的协调。对这类指标可以将各方案的指标值在 $0\sim N$ 范围内无量纲化，设最大获益指标值为 N，最小获益值指标为 0，其余指标值在其内插。

第二类指标既非正效指标也非负效指标，不能从指标上说明优劣，需要确定最大获益指标值的标准。设最大获益指标值为 N，其余指标值按与最大指标值的偏离程度折减，指标值取值范围为 $0\sim N$。

2）权重因子计算

采用 Delphi 法对评价体系中的各层指标赋予权重因子。专家在评分时，需要对指标类和具体指标同时打分。为了保证权重的有效性，参与的专家应包括研究区域内的各类人群，如政府官员、交通专家、土地专家、业主、房地产商等，并对研究区域内的区位和功能有比较深入的了解和认识。

3）综合评价计算

各方案最后评价时，采用综合效用值进行比较，值越大则说明方案越优，交通与土地利用协调程度越紧密。综合指标效用值的计算采用如下公式：

$$U = \sum_{j=1} \overline{A}_j (\sum_m \overline{a}_{mj} R_{mj})$$

（2-16）

式中，j 为指标体系中的指标类数目；$\overline{A}_j$ 为第 j 类指标的权重因子；$\overline{a}_{mj}$ 为第 j 类中第 m 个指标的权重因子；R_{mj} 为第 j 类中第 m 个指标值规范化后的当量值。

第3章
城市交通结构优化

交通结构反映了城市的个性，一个城市的交通运行状态本质上是交通结构是否与城市发展相适应的具体表现。因此，在城市交通发展中，交通结构优化是一个核心问题，与城市规划建设和交通政策具有高度的相关性。

3.1 交通方式与交通结构

3.1.1 交通方式

城市交通方式可大致包括：不借助任何交通工具的步行，选择个体交通工具的自行车、摩托车、小汽车，以及选择城市轨道交通、公共汽车的公共交通等各类出行。各种交通方式的运输能力和速度不同，因此其服务的范围和适用条件也各不相同（表3-1、表3-2）。

各种交通方式基本运输特性 表3-1

交通方式		运量（人/h）	运输速度（km/h）	适用距离范围
步行		—	4~6	短途
自行车		—	10~15	短途
小汽车		—	40~60	较广
常规公交		6000~9000	16~25	中等距离
轨道交通	地铁	30000~60000	25~60	长距离
	轻轨	10000~20000	20~40	长距离

不同交通方式的主要优势与适用环境 表3-2

交通方式	优势	适用环境
步行	灵活性高，可达性强	1km以下的短距离出行
自行车	灵活，可达性强	3km以下的短距离出行
小汽车	灵活、速度快，可达性强	低密度发展地区，15km左右的中长距离出行
常规公交	线网覆盖率高	10km以下的中短距离出行
轨道交通	容量大、速度快、准时	高密度发展走廊地区、中心区，10km左右中长距离出行

3.1.2　交通结构

交通结构是指一定时间、空间范围内城市交通系统中不同客运交通方式所承担的交通量比例，反映了城市中各种交通方式的使用强度，其主导交通方式与城市交通发展模式具有直接的关联性。因此，交通结构指标是表征城市交通发展模式的重要特征指标。由于不同区域、不同时间范围的需求特点与交通供给资源的差异，交通结构也通常作为评价交通体系结构合理性的重要标志，用以说明交通供需调控和相关政策措施的实施效果。

1）交通结构分类

基于研究对象和分析目的的不同，交通结构大致可以分为以下五种类型[31]。

（1）基于区域范围的交通结构：常用的有对外交通结构、市域交通结构、市区交通结构、特定通道交通结构。

（2）基于出行目的的交通结构：常用的有全目的交通结构、通勤出行交通结构、特定出行目的的交通结构。

（3）基于出行时段的交通结构：常用的有全日交通结构、高峰小时全目的交通结构、高峰小时通勤交通结构。

（4）基于出行链的交通结构：一般以出行方式链为研究对象，不同出行方式的组合形成了不同的出行方式链。在分析中，如果将出行方式链按优先级归类，方式的优先级由高到低依次为轨道交通、公共汽（电）车、小汽车/出租车、非机动车、步行，如一次出行方式链为步行–非机动车–轨道交通–步行，那么则归为轨道交通出行方式链，由此可以得到出行方式结构；如果将出行方式链按分段的交通方式进行归类，则可以得到乘行方式结构；而在出行方式链中加入距离因素，得到的是客运方式结构。

（5）基于度量方式的交通结构：常用的有基于出行方式、乘行方式和客运方式三类交通结构。在一定的前提范围下，采用不同度量方式，交通结构会有较大差异。出行方式结构一般基于出行中优先级交通方式的构成；乘行方式结构在出行方式结构的基础上考虑了换乘因素，是各种交通方式承担的客运量的构成；客运方式结构则考虑换乘次数和出行距离，是各种交通方式运行效率的构成（表3-3）。

2）国内典型城市交通结构变化

历年来的交通调查反映了国内部分大城市居民出行方式结构的变化情况（表3-4、表3-5）。从中可以看出，伴随着社会经济的发展，城市居民收入水平和生活水平的显著提高，城市规模的扩大，城市交通结构机动化趋势明显，随着步行和自行车这两种体力型交通方式出行比例的下降，摩托车（包括助力车）和小汽车方式的出行量分担比例都在迅速上升，而公共交通出行比例增长不明显。尽管如此，步行、自行车仍然是城市居民

不同度量方式下的交通结构　　表 3-3

交通结构类型	度量内容	单位	说明	优点	缺点
出行方式结构	出行量	人次	若一次出行包括多种交通方式时,出行量按优先级别计入最主要的交通方式	反映全方式出行优先级交通方式的构成情况	只能通过交通调查得到,并模糊了次要级交通模式比例
乘行方式结构	乘行量	乘次	在实际应用中为便于统计,非机动车和步行等慢行交通方式采用出行次数	反映各种交通方式承担客运量的构成情况,能通过统计资料获得	没有考虑运输距离因素,与事实有一定偏差
客运方式结构	客运周转量	人·公里		考虑各种交通方式客运量和运输距离的客运周转量构成情况	对交通统计资料的要求较高

国内部分城市居民出行方式构成比例的变化(%)　　表 3-4

城市名称	步行	自行车	常规公交车	摩托车	出租车	单位车	其他方式	统计年份
上海	41.56	28.89	17.11	5.88	1.06	—	5.5	1998 年
	38.21	34.18	24.03	0.18	0.15	2.21	1.04	1986 年
广州	41.92	21.47	17.49	10.35	0.72	5.05	3	1998 年
	39.1	34.05	19.37	0.37	0.27	4.56	2.28	1984 年
郑州	30.6	48.7	6.47	5.36	1.81	3	4.03	2000 年
	32.95	63.05	2.23	0.31	0.06	1.14	0.26	1987 年
南京	23.57	40.95	20.95	3.24	1.71	5.68	1.9	2001 年
	33.1	44.1	19.2	0.3	0.1	2.5	0.7	1986 年
石家庄	33.64	54.38	2.92	4.49	1.5	2.45	0.62	1998 年
	33.89	57.8	5.13	0.16	0.01	1.11	1.9	1986 年
徐州	37.06	50.29	2.68	0.78	1.39	1.94	5.86	1998 年
	52.2	41.8	4.6	—	—	1.2	0.2	1986 年
贵阳	62.4	2.7	26.6	1.6	1	4.1	1.6	2001 年
	69.74	12.96	11.57	—	—	4.29	1.46	1988 年

各城市居民出行方式结构对比(%)　　表 3-5

城市名称	步行	自行车	常规公交车	出租车	摩托车	小汽车	统计年份
苏州	26.5	38.6	14.3	4.4	7.5	8.7	2006 年
常德	40.5	27.26	16.98	3.46	7.03	4.77	2001 年
蚌埠	37.89	31.02	23.79	0.94	2.86	3.49	2002 年
昆山	24.9	45.4	4.8	1.6	12.6	10.7	2005 年
徐州	21.97	55	14.81	1.02	3.8	3.26	2003 年
南通	11.34	39.51	9.38	1.94	33.38	4.44	2003 年
沈阳	29.74	39.58	19.14	2.44	2.91	6.19	2004 年
湖州	26.66	31.9	6.56	1.23	27.12	6.53	2004 年
扬州	16.4	53.6	6.3	3.8	15.5	4.8	2007 年
温岭	25.81	27.61	8.25	1.74	28.02	8.57	2005 年
秦皇岛	24.15	47.99	10.2	2.62	7.31	7.74	2005 年

出行的主要方式，很多城市的自行车出行比例在 35% 以上，甚至超过了 50%。调查表明，在公交方式比例较高的城市，个体机动化交通出行比例较低，反映了个体机动化交通出行与常规公交方式之间存在着竞争关系，通过提高公交吸引力可以有效减少出行对摩托车和小汽车的依赖。

3.1.3　影响城市交通结构的因素

各城市交通方式结构变化既有共性的一面，即机动化趋势比较显著；同时，也反映出强烈的个性，城市间的交通方式结构存在显著差异。这种现象说明，影响城市交通方式结构的因素是多方面的，而且是复杂的，概括起来，可以包括以下几个方面。

1）经济和政策影响

一个城市的经济实力和投资取向对城市交通设施供给方向、供给能力影响很大，对某种交通方式起到促进或制约效果。例如，2005 年后，北京等特大城市加大了对公共交通的投入，增加公交车辆，建设大运量公交系统（BRT），增强了公共交通服务能力，使公共交通出行比例有了较大增加。通常，快速路、高架道路建设对改善汽车交通的行驶环境作用明显，会诱使更多的小汽车出行。而城市轨道交通系统建设、公共交通设施增加，则会吸引更多的人选择公共交通方式出行。所以，经济实力和投资取向对城市交通方式结构转化的影响是显著的。

同时，一个城市的交通政策导向也直接影响着投资取向和交通方式结构的变化，而这种影响往往是长期的或者是刚性的。例如，在实施限制摩托车出行时间和出行范围措施的城市，摩托车出行的比例会迅速下降，而上海的汽车牌照限量拍卖政策则在一定程度上降低了汽车保有量增长的速度。随着各城市交通拥堵状况的恶化，优先发展城市公共交通已成为各大城市的交通政策核心，从长远看将促进公共交通出行和步行、自行车出行比例的提升。

2）城市规模、土地利用和布局影响

各种交通工具运载能力不同，对交通需求量的大小、发生强度与分布密度有着不同的适应性，从而在客观上决定了不同规模和布局的城市中人们对交通工具选择的差异。城市规模的扩大造成居民出行距离的增加，由于人们对出行时间有一个可容忍的限度，促使人们选择机动化的交通工具，以保证出行时间在可接受的范围。

实质上，城市规模决定了城市交通出行的需求总量，土地利用形态决定了单位时间的交通需求密度，而城市布局决定了交通出行的分布和时间。三者的相互作用，是影响城市交通结构的最基本的要素。

城市人口密度、土地利用开发强度与城市交通方式结构具有紧密的耦合关系，在保证城市各项功能正常运转的前提下，高密度紧凑城市更适合集约的公共交通方式，而低密度蔓延城市则有利于个体化的小汽车发展。

这种内在的发展关系对城市交通政策的制定影响很大。例如，在经济水平发达的日本，由于用地紧张、人口密度大，政府制定了以公共交通为主的策略。在日本的大城市中，通勤出行中公共交通的比例多在40%以上；小汽车的出行比例很低，东京只有7%左右，最高的名古屋也只有20%。而美国低密度蔓延的城市（如洛杉矶），交通需求分散，公共交通难以为继，小汽车交通就成为城市交通的主体。

通常，出行距离对人们出行方式选择决策具有直接影响，而出行距离与城市规模和布局形态有关。对于相同规模的城市，不同的布局形态会形成完全不同的交通分布，平均出行距离差别很大。例如，单中心的城市，城市中心功能高度集中，平均出行距离短。而分散式组团布局，城市功能分散，则平均出行距离较长。人们的活动空间与城市规模成正比，城市规模越大平均出行距离越长，交通出行方式多样化需求越强烈。对小城市而言，人们的出行活动在一个比较小的范围，通常都在步行、自行车方式可以承受的范围内，因此步行、自行车成为主导的交通方式。而在大城市，由于人们的活动空间增大，步行、自行车方式难以满足长距离的交通出行要求，公共交通、个体机动交通工具则有显著的发展空间。

3）交通设施和城市自然条件影响

交通基础设施的规模和结构体现了对不同交通方式的支持程度，在一定程度和范围内对交通方式选择行为发生作用。以城市道路为例，除城市轨道交通外，其他交通方式的组织运行均以城市道路为依托，道路设施规模、等级结构和断面形式对交通方式结构的影响是比较明显的。在道路时空资源相对比较充足时，各种交通方式尤其小汽车交通的发展有较大的余地；但当道路时空资源受到约束时，为了提高整体运输效能，一般会采取限制小汽车交通、扶持公共交通的发展措施，交通结构会相应地发生变化。当大部分道路为"一块板"形式时，机动车和自行车混合行驶，自行车出行的安全性得不到保障，也会在一定程度上减弱自行车出行的需求。

城市地形对城市交通方式构成特别是步行、自行车出行影响很大。山区或丘陵城市由于地形起伏大，人力驱动的自行车骑行困难，自行车出行很少，步行出行较高，如重庆自行车的出行只占总出行量的0.6%。

4）出行距离影响

对于相同的出行距离，不同交通方式所耗用的时间有较大差异。而在相同的时间内，各种交通方式可以到达的空间范围有显著差别（图3-1）。一般而言，人们对出行所耗用的时间有着极强的感知性。短途出行时出行时耗影响不太明显；但在中长距离出行时，人们往往选择预期时间最短的交通方式。出行时耗可以最直观地反映出所选交通方式服务水平，是影响交通方式选择的重要因素，在大多数非集计类模型中，都采用出行时耗作为交通方式效用函数的重要指标。

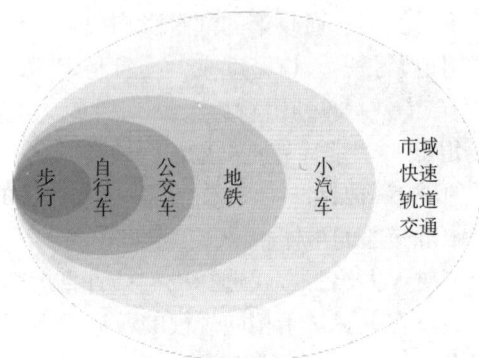

图 3-1   各交通方式相同时间的活动距离示意

3.2   城市交通发展模式

交通结构优化整合的目标是促进城市各种交通方式构成与城市的经济、社会、资源、环境等发展条件相适应，构建和谐高效的城市交通体系。交通结构优化整合的过程实际上也是城市交通发展模式转型的过程。

3.2.1   国外典型城市交通发展模式

城市交通发展模式反映了交通结构的特征，是对城市交通主导方式的形象化概括。国际大都市在长期的发展中逐步形成了各有特色的交通发展模式，根据总体发展趋势可以归纳为三种主要模式，即公共交通主导模式、多式协调发展模式和小汽车发展模式。

1）公共交通主导模式——东京

日本东京是典型的以轨道交通为主导交通模式的城市。东京都市圈根据行政区域和交通影响范围分为四部分，即东京区部（中心城）、东京都、东京交通圈和东京首都圈。东京区部轨道交通全日全方式比例为 43.5%，在更广阔的范围即东京交通圈内，轨道交通的比例也占到了 26.4%。

以东京站为中心半径 50km 的东京交通圈，面积 6451km²，2002 年人口 3016 万，工作岗位近 1600 万个。东京区部面积 612km²，2005 年常住人口约 850 万，每平方公里就业岗位高达 8000 个，对周边地区具有强大吸引力，每天有 300 多万人进入区部，使白天人口（含流动人口）达到 1100 万。由于东京城市空间基本上沿轨道交通线路拓展，交通出行主要依靠日本国有铁道（JR）17 条通勤铁路线、12 条地铁线和 13 条民营铁路线构成的轨道交通网络，三分之二的地铁线路与 JR 或私营铁路实现了过轨运营，以减少或消除换乘。发达的轨道交通网络对东京交通圈强中心形成起到了强大的支撑作用。

轨道交通网络提供的快速通达的交通出行条件，有效遏制了城市中心城机动车发展。东京人口密度越高的地区，机动车拥有率越低。2003 年

机动车拥有率最高的是远郊四县，千人拥有率均超过 700 辆；近郊三县除
神奈川县外，千人拥有率超过 500 辆；东京都（包括区部和多摩地区）仅
为 327 辆 / 千人。因此，在东京交通圈范围内形成了以轨道交通出行为主
的交通模式（表 3-6）。

东京区部和东京交通圈出行方式结构（％）　　　表 3-6

范围	轨道交通	公共汽（电）车	出租车	小汽车	两轮车（包括摩托车）	步行
区部	43.5	3.1	6	10.3	14.8	22.3
交通圈	26.4	3	3.1	23.3	18.8	25.3

注：基于 "the four world cities transport study" 中东京一都三县出行分布提供的数据，东京区部、多摩
地区出行方式结构调查数据和《1996 年东京都市规划》的 2002 年数据。

2）多式协调发展模式——伦敦

伦敦是一个具有强大城市中心的大都市，交通体系完善。19 世纪，
城市沿铁路发展，铁路在引导城市拓展方面发挥了重要作用，减少了市中
心区的人口规模。小汽车交通的到来使城市空间格局发生了变化，轨道交
通线路之间的用地开始相互融合，城市呈蔓延发展态势。由此形成了多种
方式协调发展的交通系统。

1863 年，伦敦建成了世界上第一条地铁，经过 100 多年的建设，伦
敦成为轨道交通线网规模最大的大都市之一。伦敦轨道交通由三个系统
组成，即国铁、地铁和道格兰兹轻轨，线网总长约 1225km，车站 630 座，
轨道线网密度 0.78km/km^2，站点密度 0.4 座 /km^2。道路网络呈 "一环多射"
格局，道路系统总长 14676km，线网密度约 9.3km/km^2。伦敦的环路（即
M25）总长 188km，共设 32 个节点。完善的轨道交通系统和道路网络，
为公交出行和小汽车出行提供了方便的条件，使两者成为交通出行的主
导方式。以伦敦为中心的放射状、长支线型的轨道网络支持了伦敦大都
市的拓展，使各城镇与伦敦中心城保持了紧密联系，向心出行主要依赖
轨道交通。

2003 年调查统计结果显示（表 3-7），在工作地出行构成中，中央伦
敦（CBD）公共交通出行是主导方式，高达 78％；外伦敦小汽车出行是
主导方式，占 66％。在居住地出行构成中，内伦敦以公共交通为主，出
行比例为 53％；外伦敦以小汽车为主，出行比例为 53％。

从大伦敦范围来看，2004 年全日全方式交通结构中，以通勤铁路、
地铁、公共汽车和出租车共同构成的公共交通方式占全方式的 28％，以
小汽车和摩托车构成的个体机动方式占 46％，自行车和步行构成的慢行
交通方式占 25％。

早高峰时段进入中央伦敦的交通规模一直保持十分稳定的水平，约
100 万人次（不含步行）。其中，轨道交通是最主要的出行主导，1991 年

2003 年伦敦不同工作地和居住地的出行方式构成（％）　表 3-7

方式	按工作地				按居住地		
	中央伦敦	内伦敦其他	外伦敦	合计	内伦敦	外伦敦	合计
小汽车／班车	12	36	66	42	27	53	43
摩托车／助动车／轻便摩托车	2	2	1	2	2	2	2
自行车	3	4	2	2	5	1	3
公共汽车／长途汽车	11	17	13	13	21	11	15
国铁	38	12	4	17	9	12	11
地铁／轻轨	28	17	4	15	22	13	16
轨道交通计	67	29	8	32	32	25	27
公共交通计	78	46	21	45	53	36	42
步行	5	11	10	9	13	8	10
合计	100	100	100	100	100	100	100

占 74％，2003 年上升为 77％；公共交通从 1991 年的 81％上升到 2003 年的 87％。由于受交通需求管理措施的影响，进入中央伦敦的小汽车出行逐年下降，尤其是 2003 年实施拥挤收费后下降幅度更大，小汽车出行比例从 1991 年的 14％下降至 2003 年的 8％。

3）小汽车发展模式——洛杉矶

洛杉矶市域面积 10572km²，其中集中城市化地区面积为 3700km²，由 88 个城市组成，聚集了洛杉矶大都市近 90％（880 万人）的人口，人口密度为 2378 人 /km²，其余 6800km² 是分散的非集中城市化地区。与世界大城市中心城相比，洛杉矶集中城市化地区的人口密度较低，反映了其城市用地布局的分散性。

洛杉矶弱中心、低密度的城市用地布局，靠高密度的道路网络来支持，城市道路总长 10240km，高速公路 256km。这种城市用地布局和交通供给模式，使洛杉矶成为世界上机动车拥有水平最高的大都市。2000 年，洛杉矶家庭平均拥有小汽车 1.68 辆，平均每 3 个人拥有 2 辆车。

道路设施与机动车相互刺激的增长使得小汽车交通成为城市出行主导方式。洛杉矶市区交通出行方式中，小汽车独自驾车出行的比例高达 69.9％，公共交通出行比例不到 10％（表 3-8），是一个典型的小汽车主导城市发展的大都市，车辆日均行驶距离 45km。

20 世纪 90 年代以来，洛杉矶面临严重的交通拥堵问题。在早、晚高峰通勤时段内，50％以上的公路和城市道路交通堵塞严重，有一半道路的服务水平处于 E 级和 F 级。早高峰时段有 40％的干道交叉口服务水平为 E 级和 F 级，晚高峰时段则有一半的交叉口为 E 级和 F 级。"早进晚出"交通潮汐现象严重。洛杉矶在美国 55 个道路拥挤指数最高的城市中排名第一。

洛杉矶中心城出行方式构成（2000年调查） 表 3-8

出行方式	比　例
小汽车独自驾车	69.94%
小汽车合乘	15.49%
公交车	9.35%
城市轨道交通	0.45%
通勤铁路	0.06%
出租车	0.04%
摩托车	0.07%
自行车	0.66%
步行	3.05%
其他	0.91%
合计	100.00%
小汽车合计	85.42%
轨道交通合计	0.50%
公共交通1（不含出租车）合计	9.85%
公共交通2（含出租车）合计	9.90%

3.2.2　城市交通发展模式取向

交通发展模式形成是一个长期过程。我国城市众多，大城市和中小城市之间的交通需求特性、交通组成都有较大差别。因此，不同规模、不同形态的城市在城市交通发展模式取向上应有所侧重。

根据我国城市的不同特点，未来城市交通发展模式大约可以归结为五种类型。

类型1——"轨道交通＋常规公交、自行车和步行"模式：以城市轨道交通为客运交通主体，常规公交为辅，以自行车、步行作为短距离出行和公交接驳的主要方式，控制小汽车的使用，严格限制摩托车交通。

类型2——"常规公交＋轨道交通、自行车和步行"模式：与类型1相似，以城市轨道交通为骨架、常规公交为客运交通主体，以自行车、步行作为短距离出行和公交接驳的主要方式，控制小汽车的使用，严格限制摩托车交通。

类型3——"公交＋自行车和步行"模式：以公交为主体，在主要客流方向上配置快速公交干线，充分发挥自行车和步行在短距离出行中的作用，限制私人机动交通发展，体现"经济集约"和"以人为本"的发展思想。

类型4——各种交通方式均衡发展，发挥各自的优势。

类型5——在长距离出行中私人机动交通为主要方式，常规公交为补充。步行、自行车方式是城市出行的主体。

各个城市所适宜的交通模式类型与城市个性有关（表 3-9），各项政策和措施应有利于引导合理的交通模式形成，达到交通结构整合优化的目的。

序号	城市规模	人口密度	经济实力	典型城市	可能的模式选择
1	超大	高	高	北京、上海	1、2
2	特大	高	高	南京	1、2、3
3	大	较高	低	蚌埠	3、4
4	中	较高	较高	南通	2、3、4
5	中	较高	中等	徐州	3、4
6	中	较高	中等	大庆	3、4
7	小	低	高	温岭	5

不同城市合理交通模式选择　　　　　　　表 3-9

3.2.3　交通结构优化整合策略

国内外城市交通发展实践告诉我们，在城市特别是大城市中，人们可供选择的交通出行方式是多种多样的，可以根据出行目的和出行距离的不同而选择相应的交通方式。即使在机动化水平高的城市，步行和自行车方式仍然占有较大比例，承担着短距离出行或机动化出行过程中的端点接驳。随着城市发展和机动化程度的提高，人们对交通出行多元化需求呈上升趋势，在城市经济社会诸多因素的影响下，交通结构演变面临着很大变数，需要在策略层面加以引导和整合，甚至是强力的干预，以促进交通结构向合理的交通发展模式转化 [32,33]。

交通结构优化整合策略应包括以下方面：

交通规划整合——在机制和管理上加强交通体系规划与城市空间布局规划整合，交通设施规划与运输组织规划整合。

设施建设整合——按照节约资源和以人为本的原则，科学配置各类交通设施，优先安排与人的活动直接相关的步行和自行车交通设施，强化多方式衔接设施建设，在建设投资上向公共交通和配套设施倾斜。

运行管理整合——统筹协调交通运营网络布置、运力配置、换乘服务以及票制票价等，实现各种交通合理分工。

交通信息整合——全面整合各类交通信息，以面向服务为方向，强化规划、建设、运营、管理、服务等信息资源的共享机制建设，为人们出行提供即时的信息服务，增强交通出行的自组织能力。

交通管理整合——健全城市交通法规体系，提高行政管理水平和综合执法水平。建立以法规和经济杠杆为主的交通组织管理及交通需求管理的完整体系。

3.2.4　交通结构优化目标

交通结构优化的目的是寻求各种交通方式在特定城市发展环境下的最优组合，促进城市经济、社会、资源与环境系统的整体协调发展。因此，应综合考虑城市社会经济发展水平、发展阶段和城市具体情况，遵循以下原则制定城市交通结构优化目标，即满足社会经济发展所产生的基本交通需求，支持社会经济的持续发展；符合城市现阶段的发展水平，既要考虑可用于交通系统建设与管理的投资能力，又能提供多样化的出行条件以适应公众在合理时间内完成出行的基本需求；最大程度减少交通系统对城市环境质量的影响、对能源和土地资源的占用，以及营造宜人、安全、高效的交通运行环境。

我国城市数量众多，发展不平衡，不同规模城市需在系统研究的基础上合理确定交通结构优化目标，并制定相应的政策保障措施，以引导城市和城市交通的可持续发展。交通结构优化目标的范围建议如表 3-10 所示。

不同规模城市交通结构优化目标建议　　　　　表 3-10

城市类型	建议交通结构（%）	交通结构描述
特大城市	公交：40～50 （其中，轨道交通占 50 以上） 小汽车：15～25 自行车：15～20 步行：20～25	以轨道交通、常规公交构成客运交通主骨架，合理引导小汽车的使用，鼓励短距离出行选择步行与自行车方式，共同组建高速度、高密度、高效率、高质量的交通系统
大城市	公交：25～40 小汽车：15～20 自行车：25～30 步行：25～30	以轨道交通为骨干、以常规公交为主体，有限制地选择小汽车，发挥自行车在短距离出行中的作用，共同组成适应性强、机动灵活的交通系统
中小城市	公交：15～25 小汽车：15～20 自行车：30～40 步行：30～35	各种层次的道路公交与各种类型的个体化交通协调发展

3.3　交通结构优化决策支持模型

交通结构优化与交通需求、交通供给、交通运行、社会经济背景、交通发展政策等有直接关系，优化过程也是交通决策不断深化、细化的过程。在这个过程中，能够反映各要素相互作用关系的模型对决策判断具有关键的技术支撑作用。研究中，结合北京市具体背景，运用系统动力学原理建立了城市交通结构优化决策支持模型（简称 SD 模型），其目的在于，从宏观上把握城市未来交通发展可能情景，分析不同情景下的交通状态，研究相关的交通结构，并评价道路交通承载力及道路交通运行水平；利用SD 模型进行不同政策实施效果交叉定量分析，进行政策试验，通过改变模型中相关的政策变量，观察其实施效果对道路交通运行水平和交通结构的影响，从而为实现交通结构优化目标提出可行的政策建议。

3.3.1　模型系统要素

城市发展与交通发展的互动系统不仅包括交通需求、交通供给、交通运行，而且还包括交通发展的社会经济背景、交通发展规划与政策等。这些因素构成了 SD 模型系统要素。

1）城市社会与经济的发展要素

作为交通发展的背景，其主要包括 GDP、人口数量、机动车保有量、小汽车保有量。

2）交通需求要素

交通需求要素主要包括：居民出行率、小汽车出行需求（出行频次、载客率、出行距离等）、出租车出行需求（行驶里程、载客次数、载客率等）、公共交通出行需求。

3）交通供给要素

交通供给要素主要包括：道路长度、道路等级结构、道路承载力、公交车辆数、公交线路长度、轨道车辆数、轨道线路长度、出租车数量。

4）交通运行状况要素

交通运行状况要素主要包括：道路交通承载力、交通强度、交通负荷比、路网平均行程车速。

5）交通发展规划与政策要素

交通发展规划与政策要素主要包括：交通投资政策、小汽车交通管理政策、公交优先政策、出租车管理政策。

3.3.2　模型要素因果关系

模型中主要的因果关系结构包括以下几个方面。

1）道路交通承载力

城市道路交通承载能力定义为，在一定车速和道路通行能力水平下，路网所能承担的每小时换算车辆周转量（万车公里 /h）。道路交通承载能力主要由道路长度、道路等级结构、车道通过能力等决定，而道路等级结构与道路投资的规模和投资取向相关（图 3-2）。

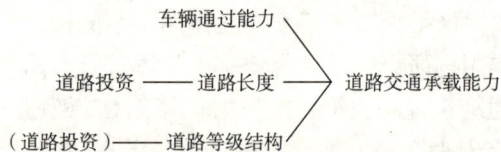

图 3-2　道路交通承载能力影响因素

2）道路交通强度

道路交通强度定义为，在一定的空间范围内，在高峰小时时段所发生的车辆周转量（万车公里 /h）。不同车型的车辆周转量主要由车辆数量、出行 / 运营距离（km/ 次）、出行 / 运营频次（次 / 车）等决定（图 3-3）。在车辆规模确定的条件下，可以通过改变出行 / 运营特性调节道路交通强度。

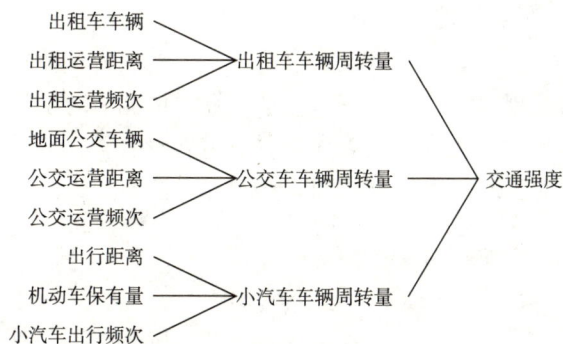

图 3-3　道路交通强度影响因素

3）道路交通状态

道路交通状态是道路交通承载力和交通强度相互作用的结果（图 3-4）。在模型中用道路交通负荷比表示，即实际发生的道路交通强度与道路交通承载力之比。不同的交通负荷比会导致不同的道路交通拥堵状态，最直观的反映是路网平均车辆运行速度的变化，如畅通、拥堵、严重拥堵等。当道路交通负荷比为 1 时，设定对应的城市路网平均车速为一定值，不同道路交通负荷比所对应的路网平均速度可以利用速度 - 密度关系计算得到。

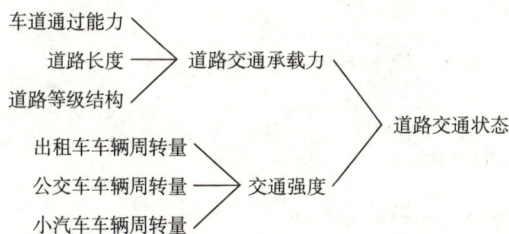

图 3-4　道路交通状态影响因素

4）公共交通客运量

城市公共交通客运量主要包括地面公交客运量和轨道交通客运量两部分，两者之间具有相互替代、相互补充的作用，且受到机动车保有量的影响。在交通需求足够大的情况下，公共交通客运量取决于公共交通的供给能力（图 3-5）。

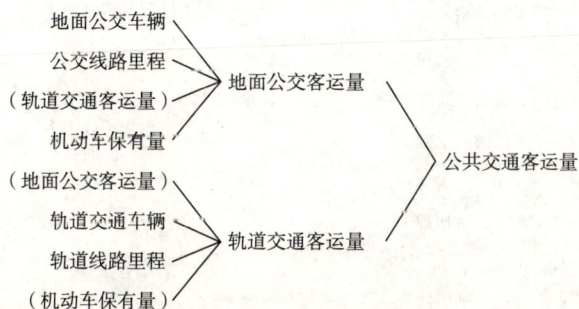

图 3-5　公共交通客运量影响因素

5）小汽车车辆周转量

小汽车保有量主要由经济发展水平、人们的收入和消费水平决定。小汽车出行与公交出行之间具有竞争关系，在自由竞争时小汽车具有更大的优势。通过有效的公交优先政策和交通需求管理政策，可以影响小汽车的出行频次，从而实现对小汽车车辆周转量的调控（图 3-6）。

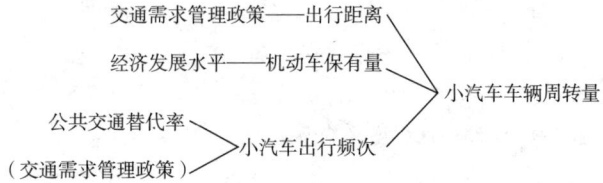

图 3-6   小汽车车辆周转量影响因素

6）公交车辆周转量与出租车辆周转量

公交车辆周转量、出租车辆周转量与车辆规模和运营状况有关（图 3-7）。

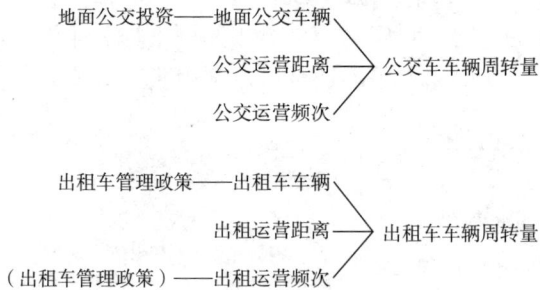

图 3-7   公交车、出租车车辆周转量影响因素

7）不同交通方式分担率

地面公交客运量、轨道交通客运量、小汽车车辆周转量并不等同于相应交通方式的居民出行量，需要通过一定的换算关系才能确定相应的交通方式比例结构（图 3-8）。

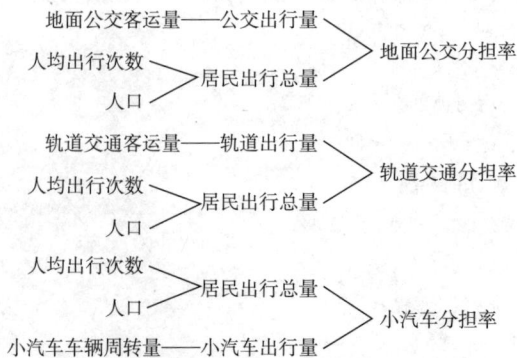

图 3-8   不同交通方式出行分担率

8）交通政策

不同的交通政策，如交通投资政策、公交优先政策、交通需求管理政策对城市交通结构具有显著作用（图3-9~图3-11），导致不同的交通状态。

上述各种因素之间相互影响、相互制约，形成了复杂的因果反馈结构（图3-12），确定各因素的参数及变量关系是建立系统动力学模型的基础。

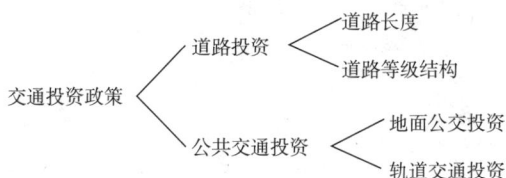

图 3-9　交通投资政策影响传递链

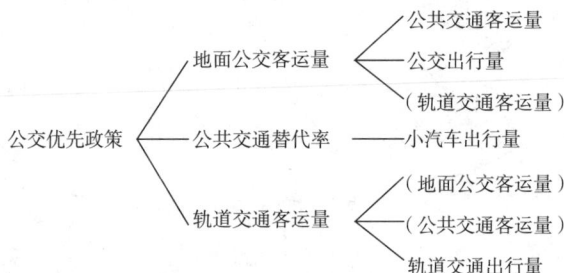

图 3-10　公交优先政策影响传递链

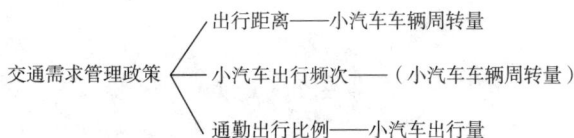

图 3-11　交通需求管理政策影响传递链

3.3.3　模型结构

在系统因果关系图的基础上，经过定量分析，可以得到 SD 模型的系统流图（图3-13）。

为了在模型的精度和复杂度之间取得平衡，将经济水平和交通投资因素作为系统的外生变量。根据经济发展水平和机动车保有量的关系，以及交通投资政策、道路设施和公共交通供给的作用，预判未来机动车保有量、分等级道路长度、地面公交线路长度、轨道交通线路长度等，并作为 SD 模型的输入。

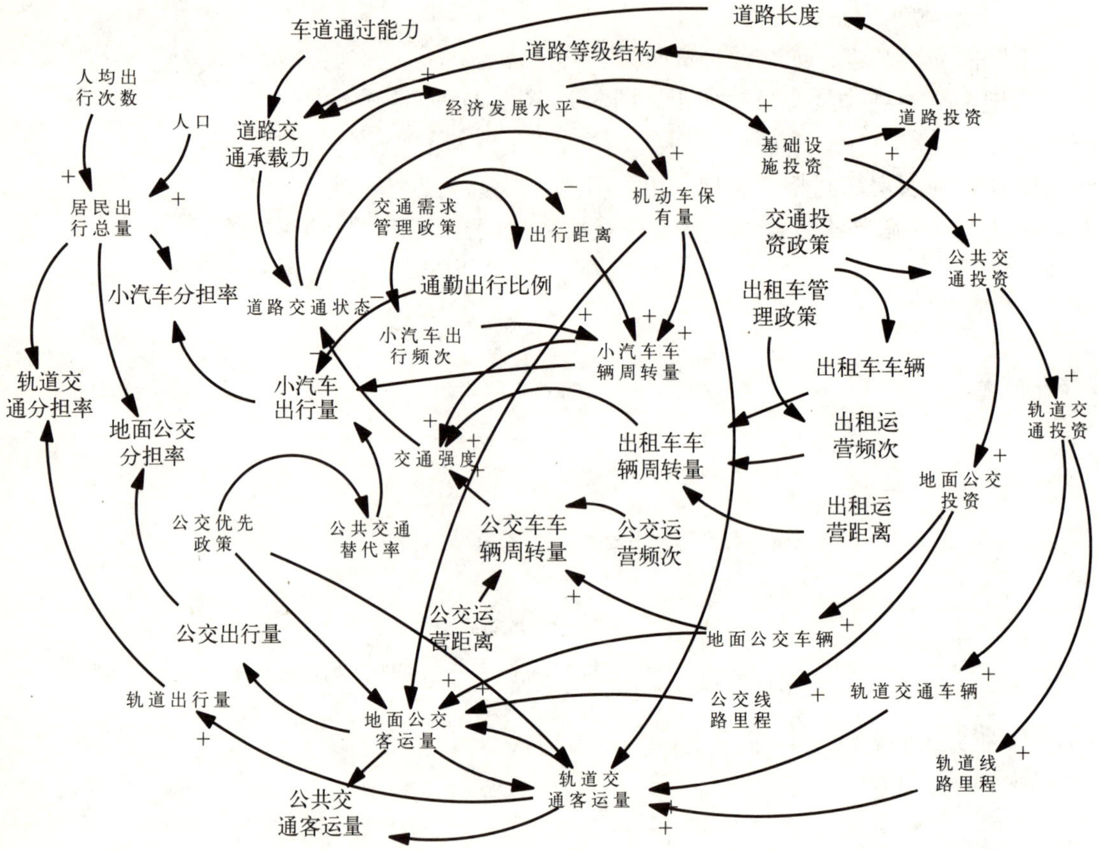

图 3-12   SD 模型系统因果关系图

SD 模型中主要包括 6 个积累变量（Level 变量）。

1）人口

$$POP_k=POP_j+DT \cdot pRate_{jk} \tag{3-1}$$

式中，POP 为城市居民人口数量；pRate 为人口增长率。

2）机动车保有量

$$VEH_k=VEH_j+DT \cdot vRate_{jk} \tag{3-2}$$

式中，VEH 为城市机动车保有量；vRate 为机动车保有量增长率。

3）道路里程

$$ROAD_k=ROAD_j+DT \cdot rRate_{jk} \tag{3-3}$$

式中，ROAD 为道路里程；rRate 为道路里程增长率。

4）公交线路里程

$$BUS_k=BUS_j+DT \cdot bRate_{jk} \tag{3-4}$$

式中，BUS 为公交线路里程；bRate 为公交线路里程增长率。

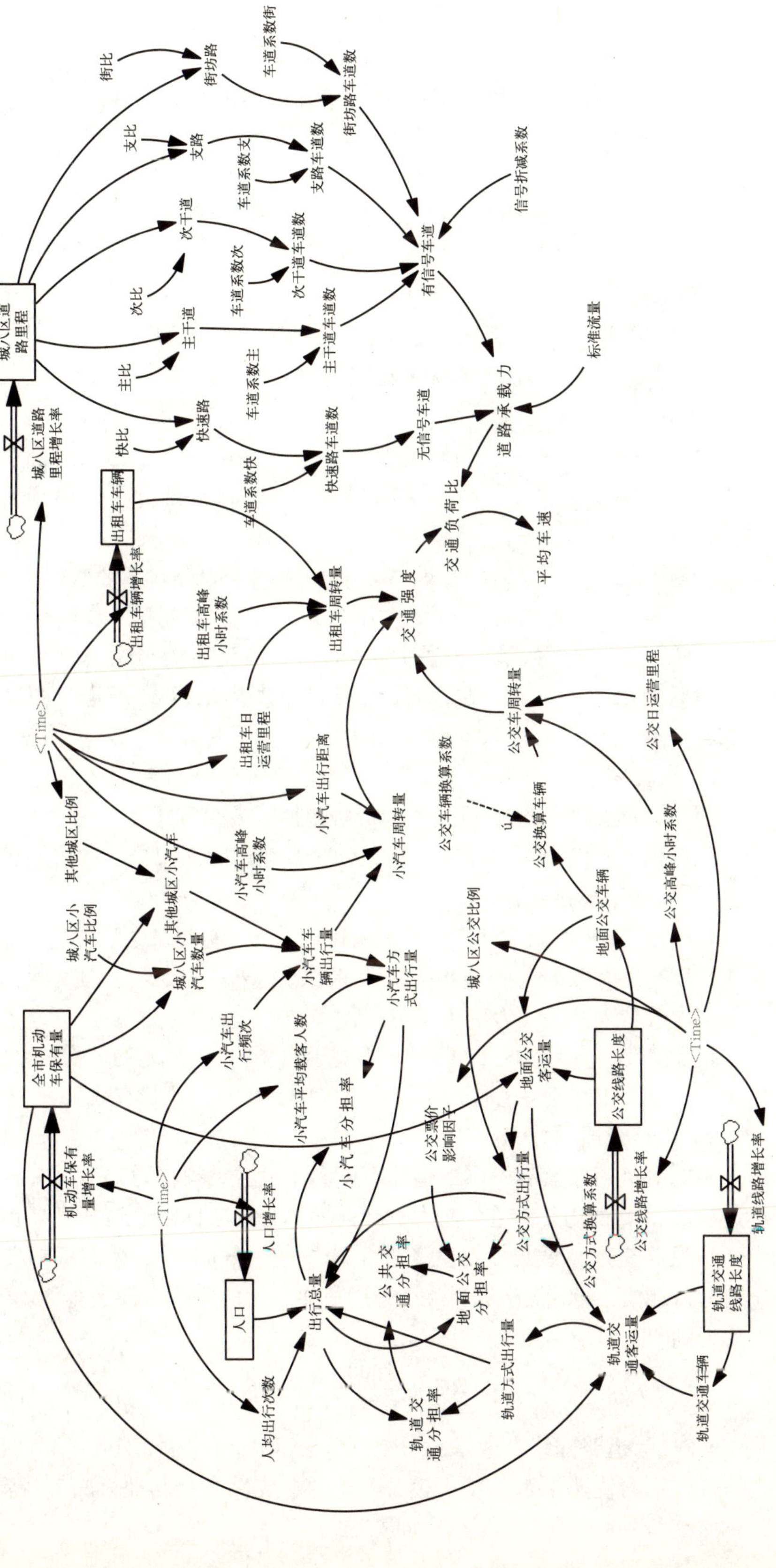

图 3-13　SD 模型系统流图

5）轨道交通里程

$$SUB_k=SUB_j+DT \cdot sRate_{jk} \quad （3-5）$$

式中，SUB 为轨道交通里程；sRate 为轨道交通里程增长率。

6）出租车辆

$$TAXI_k=TAXI_j+DT \cdot tRate_{jk} \quad （3-6）$$

式中，TAXI 为出租车辆数；tRate 为出租车辆增长率。

3.3.4 模型参数

在 SD 模型中，主要包括城市道路、机动车、出租车、公共交通、出行特征等方面的参数。以北京为典型案例，对主要参数及相关关系进行标定。

1）轨道交通客运量

轨道交通客运量不仅与轨道交通供给能力相关，也与地面公交和小汽车交通有密切的关系。以历史数据为样本进行拟合分析，得到多元回归结果

$$PAS_{sub}=23174.7499+89.2735Q_{sub}-244.3118Q_{veh}+0.0348PAS_{bus} \quad （3-7）$$

式中，PAS_{sub} 为轨道交通客运量（万人次）；Q_{sub} 为轨道交通车辆（辆）；
Q_{veh} 为机动车数量（万辆）；PAS_{bus} 为公交客运量（万人次）。

检验参数：$R^2=0.68$，$F=4.912$ 大于自由度为 2.18 的 F 分布的临界值（3.554），且 F 值显著性水平值为 0.038<0.05，回归有效。

2）公交客运量

因在轨道交通客运量的关系分析时包括了公交客运量，为在 SD 模型中避免自相关和自引用回路的出现，公交客运量的回归分析中将不包括轨道客运量。多元回归结果如下：

$$PAS_{bus}=254926.5275+4.1043Q_{bus}+454.9521Q_{veh} \quad （3-8）$$

式中，PAS_{bus} 为地面公交客运量（万人次）；Q_{bus} 为公交车辆（辆）；Q_{veh}
为机动车数量（万辆）。

检验参数：$R^2=0.838$，$F=19.504$ 大于自由度为 2.18 的 F 分布的临界值（3.554），且 F 值显著性水平值为 0.00084<0.05，回归有效。

3）道路交通承载力

不同等级道路具有不同的道路宽度和车道数，根据道路等级综合考虑车道参数和平面交叉口通行能力折减，换算为单向标准车道长度。在模型中，将道路交通承载力定义为：在平均车速为 60km/h，平均每标准单向车道通行能力 1500 辆 /h 条件下，路网所能承担的每小时换算车辆周转量。由此得到

$$RC = (\frac{1500}{10000})\sum_{i=1}^{5}\lambda_i\mu_iR_i \quad （3-9）$$

式中，RC 为道路网络交通承载力（万车公里 /h）；i 为代表道路等级，1~5
分别为快速干道、主干道、次干道、支路、街坊路；λ_i 为 i 等级道

路包含的车道数量参数；μ_i 为 i 等级道路信号交叉口折减系数；R_i 为 i 等级道路长度（km）。

4）道路交通强度

道路交通强度是从机动车车辆出行需求的角度，来衡量一定区域及时间段内的交通状态。模型中定义城市道路交通强度为：在高峰小时时段，城区路网上实际发生的换算车辆周转量（万车·公里/h），计算公式如下：

$$TC=TC_{car}+TC_{taxi}+\sigma \cdot TC_{bus} \qquad (3\text{-}10)$$

式中，TC 为城市道路交通强度（万车·公里/h）；TC_{car} 为小汽车出行车辆周转量（万车·公里/h）；TC_{taxi} 为出租车出行车辆周转量（万车·公里/h）；TC_{bus} 为公交车出行车辆周转量（万车·公里/h）；σ 为公交车辆换算系数。

5）城市道路交通状态

模型中用高峰小时路网车辆平均车速来量化表示道路交通状态，而路网车辆行程平均车速可以通过道路交通负荷比来计算得到。公式如下：

$$\rho=TC/RC \qquad (3\text{-}11)$$

式中，ρ 为城市道路交通负荷比；TC 为城市道路交通强度；RC 为道路网络交通承载力。

按照前述道路交通承载力的定义，当城市道路交通负荷比 $\rho=1$ 时，对应的城市路网平均车速为 60km/h。根据实际调查中得到的不同车速下跟车间距，以及密度与速度的对应关系，可以得出不同城市道路交通负荷比所对应的路网平均速度曲线（图3-14）。平均车辆速度 V 与交通负荷比 ρ 的关系为

$$V=142.49e^{-0.8652\rho} \qquad (3\text{-}12)$$

相关性：$R^2 = 0.9997$，拟合度高。

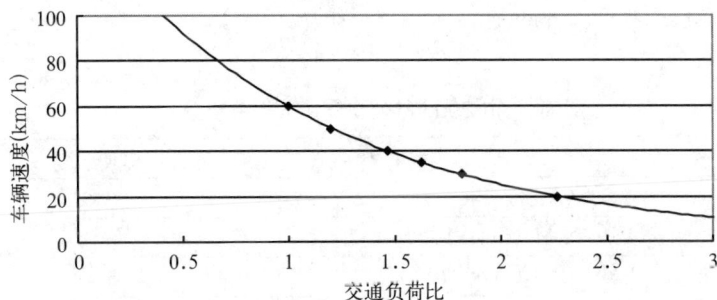

图3-14　平均车辆速度与交通负荷比关系

6）基础出行特征参数

以出行调查数据作为模型中的基础出行特征参数（表3-11~表3-16）。

北京市 2005 年居民出行相关参数　　　　　　表 3-11

项　目	2005 年
城八区人口（万人）	980
出行率（次 / 人·天）	2.64
平均出行距离（km/ 次）	9.3
全市出行量（万人次 / 天）	2920
城八区出行量（万人次 / 天）	2604
早高峰出行占全天出行比例（%）	23.6

数据来源：《北京市统计年鉴》，《北京市第三次交通综合调查简要报告》（已扩样）。

北京市 2005 年小汽车出行相关参数　　　　　　表 3-12

项　目	2005 年
全市机动车数量（万辆）	258.3
城八区小汽车比例（%）	48.8
出行频次（次 / 车·天）	3.16
平均出行距离（km/ 车次）	14
平均载客率（人 / 车次）	1.26
早高峰出行占全天出行比例（%）	16.3

数据来源：《北京市第三次交通综合调查简要报告》（已扩样）。

北京市 2005 年出租车运营相关参数　　　　　　表 3-13

项　目	2005 年
出租车数量（辆）	66646
行驶里程（km/ 车·天）	300.9
平均载客次数（次 / 车）	19.67
平均载客率（人 / 车次）	1.44
早高峰出行占全天出行比例（%）	11.1

数据来源：《北京市第三次交通综合调查简要报告》（已扩样）。

北京市 2005 年公交车运营相关参数　　　　　　表 3-14

项　目	2005 年
公交车辆数量（辆）	19872
公交线路长度（km）	19021
公交客运量（万人次 / 年）	457630
公交车换算系数	3
平均运营距离（km/ 天）*	200
城八区客运量占全市公交客运量比例（%）	87.7
早高峰出行占全天出行比例（%）	16.4

数据来源：平均运营距离根据 2007 年跟车调查数据计算，其他来自《北京市统计年鉴》。

北京市 2005 年轨道交通运营相关参数   表 3-15

项　目	2005 年
轨道车辆数量（辆）	968
轨道线路长度（km）	114
轨道客运量（万人次/年）	67976
早高峰出行占全天出行比例（%）	24.5

数据来源：《北京市统计年鉴》。

2005 年北京市城八区分等级城市道路长度   表 3-16

项　目	2005 年
城八区城市道路总里程 (km)	4073
其中，城市快速路 (km)	232
城市主干道 (km)	922
城市次干道 (km)	762
城市支路及街坊路 (km)	2157

数据来源：课题组调查整理。

3.3.5　模型有效性验证

以 2005 年北京市城八区相关实际数据作为模型输入，计算其对应的城八区交通状态，以及交通方式分担率。通过模型输出与实际数据对比，进行模型的有效验证（表 3-17）。从数据的对比分析可以看出，主要指标的相对误差均在 10% 以内，模型计算精度符合模拟分析要求。

SD 模型计算结果与 2005 年实际数据对比   表 3-17

项　目	模型计算	实际数据	相对误差（%）
早高峰小汽车平均行程速度 (km/h)	19.1	21.0	-9.05
小汽车出行方式比例（%）	29.3	29.8	-1.67
公共汽（电）车出行方式比例（%）	24.0	24.1	-0.41
轨道交通出行方式比例（%）	5.2	5.7	-8.77
出租车出行方式比例（%）	7.3	7.6	-3.95

第4章
城市交通与区域交通衔接规划

在城镇化快速进程中，随着区域交通网络不断完善，城市间的经济社会联系日趋紧密，交通需求急剧增长。因此，在规划中合理安排城市交通与区域交通的衔接关系，对促进区域社会经济发展和提升城市交通系统效率都具有重要作用。

4.1 基本要求

4.1.1 交通衔接内涵

随着人们在工作、学习、生活中的出行范围不断扩大，交通运输方式呈多元化发展，城市交通与区域交通的衔接关系日趋紧密。城市交通与区域交通衔接是指人们在完成对外与对内交通方式转换的过程中，对所使用的路、线、站等交通基础设施进行综合布设与协调组织管理。城市交通与区域交通衔接涉及面广（图4-1），包括城市内轨道交通、常规公共交通、出租与对外交通铁路、航空、公路、水运等客运方式的合理衔接，城市对外客运枢纽便捷、高效的衔接组织，城市道路网与对外公

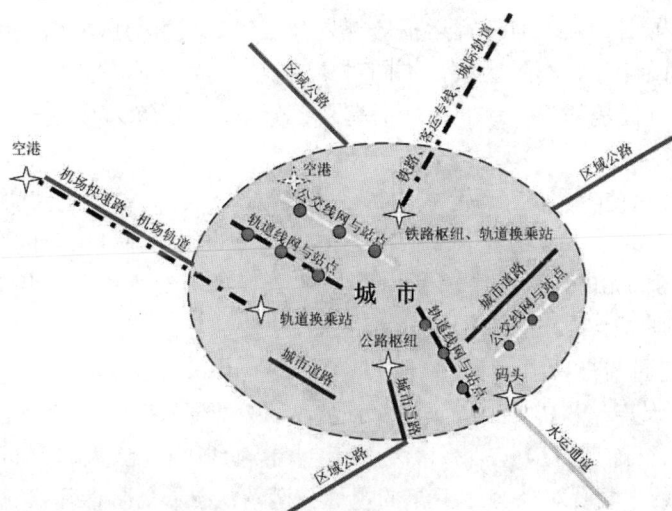

图4-1 城市交通与区域交通衔接示意图

路网络的衔接等 [34,35]。

城市交通与区域交通衔接方式基本上依靠两种途径实现：一是换乘站场（transfer station），即节点，无论是同一种运输方式的不同路线衔接，或是地铁、公路客运、铁路客运等不同种类运输方式的衔接，都要在换乘站场中进行换乘或转驳 [36]；二是链接通道（link way），如区域公路与城市道路的衔接需要修建衔接道路加以过渡，城市的机场、港口等也往往通过专用道路与市内交通建立联系。

4.1.2　规划目标

交通衔接规划是保障城市交通与区域交通分工协作、有机结合、连接贯通、方便出行的前提，其规划目标主要体现在以下几个方面：

（1）与土地利用发展密切结合，引导土地开发与城市布局。

（2）与经济增长相适应，合理分配和使用有限的资金，使每项投资都能充分产生社会和经济效益，适应经济和财政的承受能力。

（3）与环境相协调，使人们在享受便利交通的同时，获得舒适和清洁的交通环境，减少交通对城市环境的负面影响。

（4）与社会进步互相促进，以高标准的交通服务适应市民生活质量的提高，确保社会各阶层都能平等共享有限的交通资源。

（5）实现交通设施的平衡，充分发挥交通设施的整体效益，统筹安排不同线网、枢纽、停车等设施的布局。

（6）实现交通运行的协调，要体现各种运输方式的合理分工，更要建立各种运输方式间的紧密衔接。

4.1.3　规划过程

城市交通与区域交通衔接规划既包括城市对外交通与对内交通的综合交通系统规划、城市对外客运枢纽规划，也包括城市与区域衔接的链接通道的规划设计等。不同层次、不同对象的规划内容与方法不完全相同，但是规划的过程是基本一致的，概括起来，分为以下几个步骤（图 4-2）。

1）总体设计

总体设计主要包括确定规划目标、指导思想、规划年限、研究范围，并编制相应的工作大纲等。需遵循一体化、集约化和综合协调的交通发展思想，结合城市交通与区域交通衔接的特点，有针对性地制定相应的规划目标和原则。

2）交通调查

交通调查的目的是判断城市交通与区域交通衔接的状况及存在的问题。通常，交通调查应包括城市经济社会、土地利用状况、人口分布与出行、机动车出行、城市对外客运枢纽的规划与运营状况、交通管理状况等内容。通过有针对性的调查，对现状城市交通与区域交通衔接系统中各个组成部

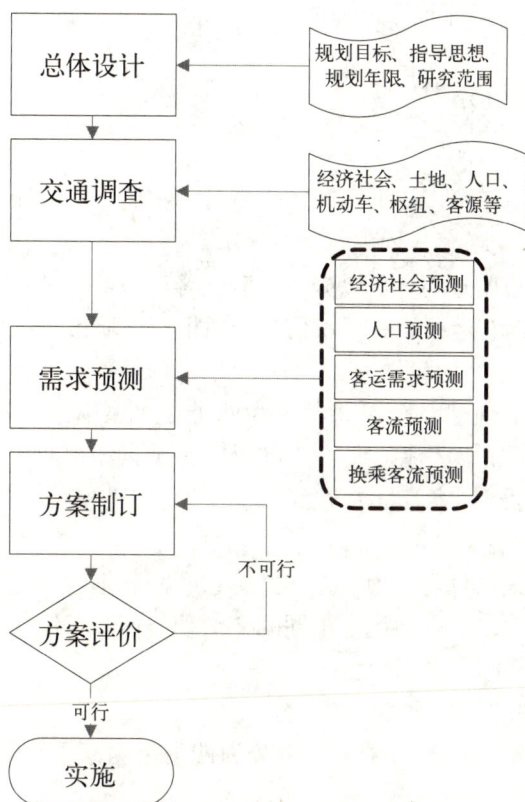

图 4-2　城市交通与区域交通衔接规划过程

分进行分析，发现其中的症结，提出相应对策，为编制规划提供依据。

3）需求预测

在需求预测时，应对经济社会发展指标、城市人口及分布等相关影响因素进行分析预判。在流程上，首先对城市对外交通客流情况及其在周边地区的区位条件进行分析，依据现状和发展趋势预测城市客运枢纽合理的设计客流量；其次，分析交通枢纽内不同交通系统之间的换乘关系，预测未来各种交通方式的换乘需求，合理分配枢纽内各种交通方式的设计客流量[37]。

4）方案制订

根据交通需求预测结果和土地利用条件，确定城市交通与区域交通衔接设施的规模及规划方案，进行城市交通与区域交通衔接系统运量与运力的平衡。并对相应的规划方案提出具体的实施计划、政策与措施建议。

5）方案评价

通过对规划方案的评价，判断方案是否满足社会、经济、环境、资源利用等方面的需求。在方案评价的过程中，要严格控制规划方案与规划目标、指导思想的一致性。若评价结果与规划目标不吻合，则应对规划方案进行调整，重新进行评价直至评价结果可行。

4.2　城市对外客运枢纽规划

4.2.1　枢纽分类

1. 常用分类方法

城市客运枢纽可以依据不同的研究目的按照不同的标准进行归类。

1）按主要交通模式划分

按主要交通模式划分可以分为：航空客运枢纽、铁路客运枢纽、公路客运枢纽、水运客运枢纽、城市公共交通枢纽、城市轨道交通枢纽等。

2）按日集散客流量划分

按日集散客流量划分可将其分为四类：小型枢纽，客流量小于 5000人 / 天；中型枢纽，客流量大于 5000 人 / 天；大型枢纽，客流量大于 3 万人 / 天；特级枢纽，客流量大于 10 万人 / 天。

3）按布设形式划分

按布设形式划分可分为：立体式枢纽和平面枢纽。立体式枢纽利用地下、地面、地上多层空间设置不同的交通功能区，组织交通集散。平面枢纽的客流集散在同一平面内完成。

4）按枢纽功能和服务范围划分

按枢纽功能和服务范围划分可分为四类：国家级、区域级、市域级、区县级（表 4-1）。

城市对外客运枢纽分类　　　　　　　　　　表 4-1

枢纽类型	功能与服务范围
国家级客运枢纽	服务于全国范围的对外客运枢纽，一般位于国家的行政中心或经济中心，功能上主要承担全国范围内的旅客中转、换乘的长距离交通功能
区域级客运枢纽	服务于所在市域的对外客运枢纽，具有统领各级枢纽发展的核心作用，功能上主要承担区域内（包括市域及邻近地区）至区域外长距离交通的功能
市域级客运枢纽	服务于市区的对外客运枢纽，具有统领市域内各级枢纽发展的作用，功能上主要承担市域内至市域以外的中长距离对外交通功能
区县级客运枢纽	服务于市区各分区或各县市的对外客运枢纽，是区域级枢纽与市域级枢纽的补充，功能上主要承担中短距离对外交通功能

5）按枢纽在城市中的相对位置划分

按枢纽在城市中的相对位置可将城市对外客运枢纽分为四种基本类型（表 4-2）。

（1）方向式：以城市出入口为对外客运枢纽布局的基础点，将其设于城市出入口附近，形成了分散在市区周围且可以控制城市主要出入口方向的分散布局。

（2）中心式：在市区的客运集散中心设一个中心枢纽，在城市主要出入口附近设若干枢纽，形成一个中心枢纽与若干个配套枢纽向外辐射的布局。

国内主要城市的对外客运枢纽布局模式分类（1） 表 4-2

布局模式	城 市
方向式	上海、北京、广州、南京、沈阳、杭州、天津、哈尔滨、武汉、长春、太原、郑州、合肥、成都、西安、昆明、兰州
中心式	太原、郑州、合肥、兰州、贵阳
集中式	上海、广州、沈阳、武汉、太原、郑州、昆明、兰州
均衡式	北京、深圳、南京、杭州、天津、哈尔滨、长春、成都、西安

（3）集中式：将对外客运枢纽集中布设在城市中心区，形成集中式布局，适用于中小城市。

（4）均衡式：根据城市客运需求，选择合理的位置均衡设置若干个客运枢纽，既方便旅客就近乘车，也可应对客流分布的不均衡性，适用于大、中型城市。

6）按枢纽布局模式和枢纽间关系划分

按枢纽布局模式和枢纽间关系可将城市对外客运枢纽划分为五种类型（表 4-3、图 4-3）。

国内主要城市的客运枢纽布局模式分类（2） 表 4-3

布局模式	城 市
中心分散加携带型	上海、北京、广州
周边环绕型	南京、成都、昆明、长春、长沙
中心聚集型	沈阳、武汉、哈尔滨、太原、郑州
均等协调型	深圳、天津、西安
松散分布型	杭州、合肥、贵阳、兰州

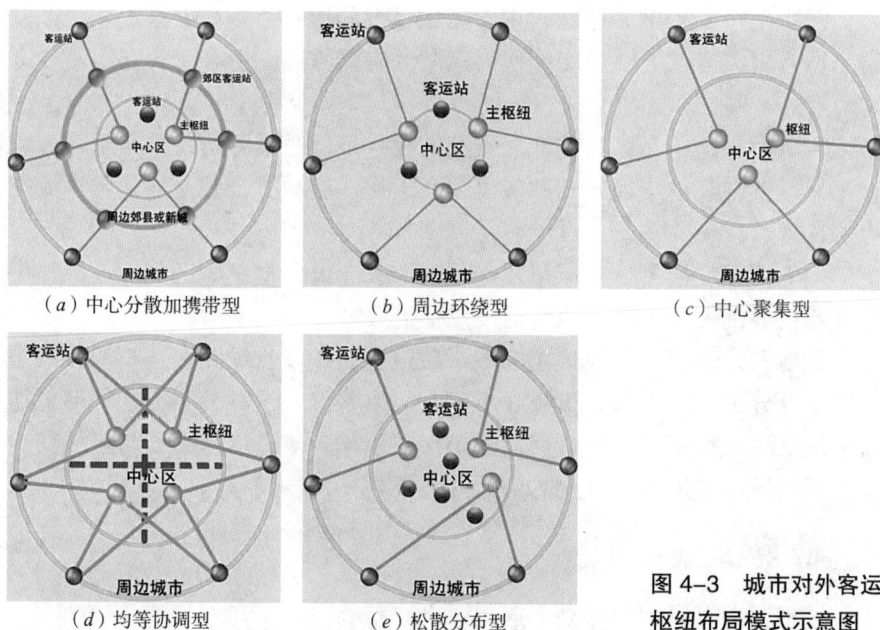

（a）中心分散加携带型　（b）周边环绕型　（c）中心聚集型

（d）均等协调型　（e）松散分布型

图 4-3 城市对外客运枢纽布局模式示意图

（1）中心分散加携带型：除在城市中心区内设有几个大型对外客运枢纽站以外，在城市外围的新城或郊县也设有客运枢纽站。

（2）周边环绕型：城市对外客运枢纽均分布在城市中心区周围对外联系的主通道附近。此外，在中心区外围的其他方向也设有对外客运站，以配合客运枢纽完成旅客的中转换乘。

（3）中心聚集型：城市对外客运枢纽主要集中在城市中心区地带，枢纽布设较为密集，城市对外客运的中转换乘在城市中心区内完成。

（4）均等协调型：城市各主要交通分区均设置对外客运枢纽，城市对外客流的中转换乘在各分区内完成。

（5）松散分布型：按对外客流方向分布特点进行选址布设，具有随机性。

2. 按衔接程度分类

上述各种分类方法难以衡量枢纽在组织城市交通与区域交通中的衔接关系，因此，研究提出了按衔接程度分类的方法，即用对外客运枢纽与城市公共交通站点的距离作为分类的标准。令 d_{gd} 和 d_{gj} 表示枢纽与轨道交通车站和常规公交起、终点站的距离，则可以将城市对外客运枢纽分为三类（表4-4）。

城市对外客运枢纽分类标准　　　　　　　　　表4-4

分类标准	（d_{gd} 和 d_{gj}）≤ 100m	100m ≤（d_{gd} 或 d_{gj}）且（d_{gd} 和 d_{gj}）≤ 500m	d_{gd} 或 d_{gj} ≥ 500m
类　型	衔接紧密型	衔接适中型	衔接松散型

（1）衔接紧密型：往往采用立体化布设的形式，各功能区之间联系紧密，通常由大运量的轨道交通作为集散的主要方式，适合于大城市重要运输节点。

（2）衔接适中型：往往缺乏便利的换乘条件，乘客的换乘步行距离略长，易与换乘其他交通方式的客流相互干扰，制约了公共交通集散客流能力的发挥。

（3）衔接松散型：一般采用平面的形式布设，枢纽内的交通换乘秩序往往比较混乱，与市内交通的衔接效率很低。

选取北京、上海等建成了的城市轨道交通的8座铁路客运枢纽，依照衔接程度分类方法进行分析（表4-5）。可以看出，这种分类方法能够更加清晰地反映城市交通与区域交通的衔接关系，为改进城市交通与区域交通衔接规划设计提供更加直观的判断标准。

4.2.2　规划原则

城市对外客运枢纽规划应遵循以下原则。

我国典型城市对外客运枢纽分类　　　表 4-5

站名	与轨道交通车站距离			与公交起、终点站距离			枢纽类型
	≤ 100m	100m ~ 500m	≥ 500m	≤ 100m	100 ~ 500m	≥ 500m	
北京站		√			√		适中
北京西站			√	√			松散
广州站		√		√			适中
广州东站		√		√			适中
深圳站		√		√			适中
深圳西站			√	√			松散
上海南站	√			√			紧密
上海站		√			√		适中

1）适应性原则

必须与未来国民经济社会和交通运输发展需求相适应，与城市的产业发展相适应，为城市发展乃至区域经济发展提供必要的支撑条件。

2）协调性原则

城市对外客运枢纽站场属城市公共基础设施，其规划是城市总体规划的重要组成部分。因此，客运枢纽规划要以城市定位与总体规划为依据，充分考虑资源优化配置、环境友好等协调性目标，与城市未来空间结构、人口布局，以及商贸、旅游资源分布和发展趋势相协调，统筹安排多种运输方式相互衔接。

3）以人为本原则

应立足于"人便于行"，最大限度地满足人们的出行需求，提高出行效率。

4）规模适当原则

要充分考虑该区域和方向的旅客运输与集散需求，以满足当前的客运需要并符合未来发展需要为基础，确定客运枢纽站场的合理经济规模，保证各类功能区规模与需求的一致性。

5）衔接连续性原则

出行者完成各种交通方式的转换，应该是连续的过程。枢纽规划应为出行者提供方便的、最佳的交通换乘线路的机会。

6）系统性原则

对外客运枢纽的各个功能区具有系统的关联特性，在进行客运枢纽规划设计时，应从系统的角度进行综合考虑，使客运枢纽发挥最大效率。

4.2.3　枢纽集散功能匹配

城市对外客运枢纽集散功能匹配设计是确定枢纽内部各个组成部分，

特别是集散设施的合理规模。

以公路、铁路为主的城市对外客运枢纽的主要功能区包括：候车空间、售票大厅、进出站口、公交发车区、出租车停靠区、社会车辆停放区等[38]。为了在规划中合理确定各功能区的规模，可以采用以下计算模型进行测算。

1）车站聚集人数模型

令 C_i 表示时间段 $[0, t_n]$ 内出发的列车车次，D_i 表示时间段 $[0, t_n]$ 内到站的列车车次，t_{Ci} 表示对应出发车次的发车时间，t_{Di} 表示对应到站车次的到站时间，S_i 表示对应出发车次的乘坐人数，U_i 表示对应到站车次的载运人数，那么时刻 $t_x(t_{Ci} \leqslant t_x \leqslant t_{C(i+1)}, t_{Dj} \leqslant t_x \leqslant t_{D(j+1)})$ 车站的聚集人数为

$$J_{tx} = \sum_{x < i < n-1} \int_{t_{C(i+1)} - t_x}^{+\infty} f_1(x) S_{(i+1)}(1 + \eta) \mathrm{d}x + \sum_{1 \leqslant j < x} [U_j - \int_0^{t_x - t_{Dj}} f_2(x) U_j \mathrm{d}x]$$
$$+ \sum_{1 \leqslant i < x} [S_i \eta - \int_0^{t_x - t_{Ci}} f_1(x) S_i \eta \mathrm{d}x] + \sum_{x < j < n-1} \int_{t_{D(j+1)} - t_x}^{+\infty} f_2(x) U_{j+1}(1 + \mu) \mathrm{d}x \quad (4\text{-}1)$$

式中，η 为送客人数占出行旅客的比例（%）；μ 为接客人数占到站乘客的比例（%）；J_{tx} 为时刻 t_x 车站的聚集人数。

2）公交车发车区面积模型

客运枢纽的高效运转效率依赖于与之匹配的公交系统，公交车站场是规划设计的重点问题。公交车发车区面积 S_{bus} 由车辆停放区面积、乘客候车区面积和步行区面积决定

$$S_{bus} = \frac{N_B(T_d + T_N)A_B}{60} + \frac{(N_B P_B + Q_T)L_p M_s}{60V} + \frac{N_B P_B S_w T_p}{60} + S_{Bd} \quad (4\text{-}2)$$

式中，N_B 为高峰小时公交车的到站数，取发车数与到站数相同；T_d、T_N 分别为公交车在下客区和上客区平均停车时间（min）；A_B 为公交车停车时的平均占地面积（m^2）；P_B 为公共汽车平均载客数；Q_T 为高峰小时内其他方式换乘公交的人数；L_p 为停车场内乘客平均步行距离（m）；M_s 为乘客的平均占有空间（m^2/ 人）；V 为公交场站内乘客平均步行速度（m/min）；S_w 为人均候车面积（m^2/ 人）；T_p 为人均候车时间（min）；S_{Bd} 为公共汽车掉头所需空间的大小（m^2）。

3）出租车候车廊面积模型

出租车候车廊面积 S_{taxi} 由车流、人流线路组织所需的面积决定：

$$S_{taxi} = \frac{2T_s t_{taxi} s_{taxi}}{60} + \frac{2L_p T_s P_{taxi} M_s}{60V} + T_w s_{taxi} + s_d \quad (4\text{-}3)$$

式中，T_s 为高峰时段 10min 内出租车的发车数；T_w 为候车廊内等待乘客的车辆数（辆）；t_{taxi} 为出租车上、下客所需的平均停车时间（s）；s_{taxi} 为每辆出租车停靠所需的平均面积（m^2）；P_{taxi} 为到达或离开的出租车的平均载客量（人 / 辆）；L_p 为上、下车乘客在出租车候车廊内的平均步行距离（m）；s_d 为出租车掉头所需空间的面积（m^2）。

4）社会停车场面积模型

令 N_S 为高峰小时社会车辆接送的人数（人/h），T_s 为每辆车平均停放时间（h），β_s 为社会车辆的平均载客数（人/辆），α 为停车场利用率，A_s 为每辆车停靠所需面积（m²/辆），则社会车辆场站的面积 S_s 可表示为

$$S_s = \frac{N_s T_s}{60 \beta_s \alpha} A_s \tag{4-4}$$

5）售票大厅规模确定

根据排队理论，购票系统的平均排队长度 $\bar{q}$（人）表示为

$$\bar{q} = \frac{[\lambda/(N\mu)]^2}{1-[\lambda/(N\mu)]} \tag{4-5}$$

购票系统中单个购票窗口有 n 个人排队购票的概率 $P(n)$ 为

$$P(n) = \rho^n(1-\rho) = [\lambda/(N\mu)]^n[1-\lambda/(N\mu)] \tag{4-6}$$

根据上述两个模型可综合确定购票系统的排队通道数目及通道长度，进而确定售票大厅的规模。

6）出站口位置优化模型

出站口位置优化模型以乘客总换乘步行时间最小为目标函数[39]

$$\min \frac{\sum_{i=1}^{n} \sqrt{(x_i - x)^2 + (y_i - y)^2 + (z_i - z)^2}}{\bar{v}_i} CP_i \tag{4-7}$$

$$\begin{cases} x \in A \\ y \in B \\ z \in D \\ \sum_{i=1}^{n} p_i = 1 \end{cases} \tag{4-8}$$

式中，x_i、y_i、z_i 为第 i 种换乘方式的换乘点位置坐标；x、y、z 为出站口位置的坐标；$\bar{v}_i$ 为换乘第 i 种换乘方式的平均步行速度；C 为总的换乘量；P_i 为换乘第 i 种交通方式的人数占总换乘人数的百分比；A、B、D 为出站口布设的可行区域。

4.2.4 枢纽集散设施布设

1. 枢纽站房

以公路客运枢纽为例，其站房总体布置形式大致可以分为以下三种。

1）一字形布置

其特点是候车厅、售票厅均沿城市干道呈一字形排列，且两厅的大门朝向一致（图 4-4）。这种布置形式立面雄伟壮观，占据主要街道路段长，立面处理面积大，适用于大中型车站。

2）T 形布置

其特点是售票厅与候车厅呈 T 形排列，临街部分采用高楼建筑，通常

图4-4 我国某城市公路客运枢纽站站房布置效果图

图4-5 洛杉矶火车站站前广场

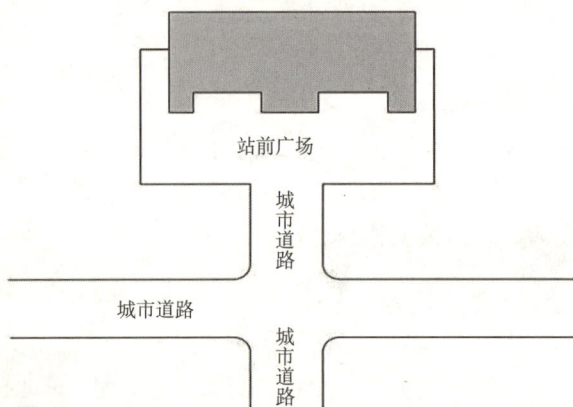
图4-6 尽端式广场

地面层作为售票综合服务厅，二层以上作为办公及生活用房，将公路运输枢纽的候车厅布置在后面，这种布置形式占据临街地段短，建筑立面易于处理。

3）L形布置

其特点是售票厅与候车厅的大门分别面临两条大街，呈L形。这种布置形式适于公路运输枢纽位于城市交叉路口，布置形式比较灵活，但两个临街部分要作立面处理。为了满足城市规划对车站建筑高度的要求，临主要街道部分可作多层处理，临次要街道部分可作为单层的候车大厅。

2. 站前广场

站前广场按其数量以及与城市道路的关系可以分为两类。

1）按数量可分为单广场、多广场和"零"广场

单广场形式的站前广场设计基本对称，各功能组成部分划分简单，客站正前方多为人行广场，专用客车停车场、公交换乘区则布设在站前广场的两侧或外围[40]。对于客流和车流流线不太复杂的客运枢纽推荐采用此种布设方式。

多广场形式多用于位于城市内部的大型铁路客站，为了分散客流，在铁路客站两侧分别设置集散广场。与单广场相比，多广场更有利于交通流线组织。

"零"广场形式是指枢纽没有明显的站前广场，枢纽高度立体化，客流换乘在枢纽内部完成，将大量客流引入地下，弱化站前广场的交通集散作用。这种形式国外较常见，洛杉矶火车站就是典型的例子（图4-5）。

2）按与城市道路的关系分为尽端式广场、侧式广场和辐射式广场

尽端式广场位于城市道路尽端（图4-6），这种广场不受车辆和行人的干扰，便于在广场上组织城市车辆到发与停留、旅客休息和候车等活动。

但由于与枢纽联系的市内交通全部集中在一条城市道路上,集散能力小,建议大型铁路枢纽和综合交通运输枢纽尽量不采用此种布设方式。

侧式广场位于城市干道一侧(图4-7),便于大量客流集散,集散能力较强;但广场上的人流容易与城市干道上的车流发生交叉干扰,在设计时要求广场有一定的进深,以便广场的人流和车流组织与城市车辆分隔开来。

辐射式广场与几条辐射道路相联系(图4-8),集散能力强,但广场交通组织十分复杂,在枢纽规划设计时应尽量避免采取这种形式。

3. 候车空间

候车空间作为客运枢纽的主体构成部分,其布设合理与否直接影响到客运枢纽换成效率的高低。通常,候车空间可采用线侧式或线上式布设方式。

线侧式是指候车空间位于对外交通线路的一侧,乘客通过进站通道进入站台(图4-9)。公路客站和小型铁路客站由于客流规模相对较小,乘客进站流线较短,适合采用此种布设方式。

线上式是指候车空间高架于对外交通线路的上方(图4-10),乘客通过候车空间的进站扶梯进入站台,此种布设方式缩短了从候车空间进入站台的距离,新规划建设的大中型铁路客站多采用此种方式。

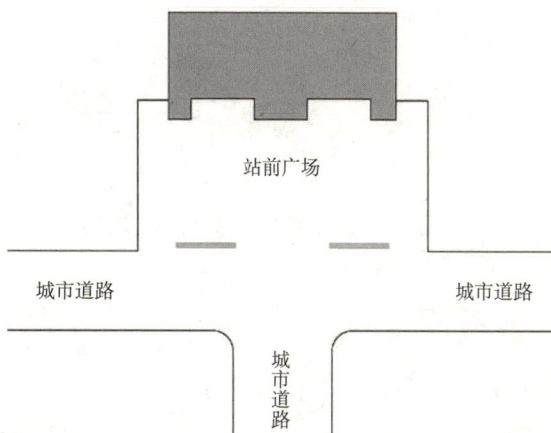

图 4-7 侧式广场

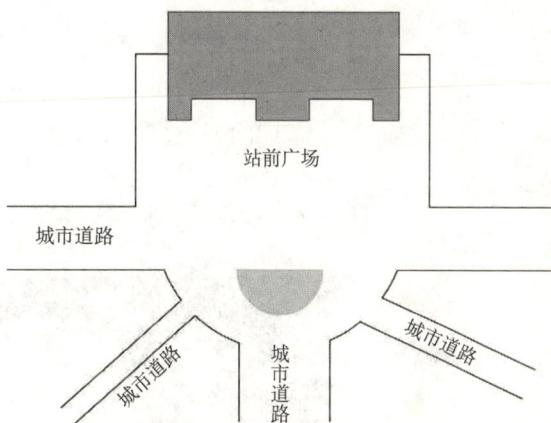

图 4-8 辐射式广场

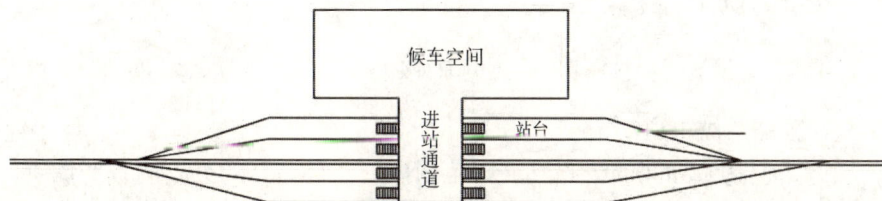

图 4-9 线侧式候车空间

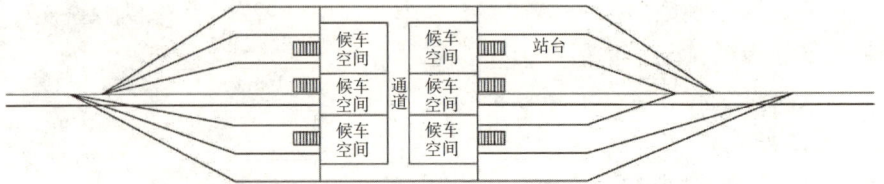

图4-10　线上式候车空间

4.售票大厅

为了缩短由售票大厅到候车空间的步行时间，一般售票大厅紧邻枢纽主站房进行布设：

（1）售票大厅布设于枢纽站房之外。该方式最大缺点是购票乘客步行时间长，且购票客流与进站客流在站前广场相互穿插，加大交通组织难度。

（2）售票大厅布设于枢纽站房之外，且有专门通道与站房相连。该方式虽减少了购票客流与进站客流相互影响，但同样存在购票客流步行时间长的问题。

（3）售票大厅布设于枢纽站房之内。该方式最大优点就是乘客步行时间短，乘客的换乘衔接效率高，但要求枢纽主站房的内部空间尺寸较大。

国内客运枢纽售票大厅布设的方式一般都是采用直线形式（图4-11），往往造成售票大厅购票排队长度过长，如果将售票窗口的布设方式改为圆形（图4-12），则可以有效缩短旅客的排队长度和购票时间。

图4-11　直线布设的售票窗口

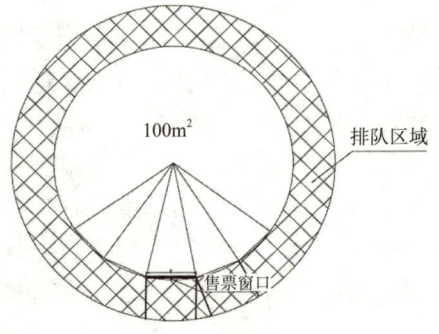

图4-12　环状布设的售票窗口

4.3　城市内外客运交通衔接规划

4.3.1　公路客运与城市交通衔接

1.公路与城市道路衔接

道路包括城际间的公路和城市范围内的城市道路两类，两者的性质、功能有所不同。公路主要承担交通运输功能，城市道路除承担交通功能外，还兼具城市市政走廊和城市用地骨架等作用。按照等级划分，公路分为高速公路、一级公路、二级公路、三级公路、四级公路五个等级，城市道路分为快速路、主干道、次干道、支路四类。

在交通功能上，公路和城市道路没有本质的差别，两者所服务的交通方式相同，可以实现道路本身的相互贯通。但是，不同等级公路、城市道路的技术标准和服务的运输对象差异很大，为了保障交通的效率和安全，正确处理好两者的衔接关系十分重要。

公路是城市对外交通最基本的方式。通常，小城市往往沿公路发展，将公路包围在城市之中，随着城市的不断扩大，这部分公路所兼具的区域运输功能和城市交通组织功能产生冲突，最终重新建设新的公路，把公路运输迁移出去，而原有的公路则转化为城市道路，服务于城市的职能。基于这种演变，公路布局与城市的发展有密切的联系。

在网络布局上，可以归纳为四种衔接类型：

（1）公路不直接与城市相连，往往通过位于城乡结合部地段的连接道路来实现。

（2）公路从城市边缘通过，往往与城市主干道直接相连。

（3）公路从城市内一侧穿过，与很多城市道路直接相连。

（4）公路从城市中心穿过，往往担负起城市主干道的功能。

为了保障公路、城市道路各自的服务功能，在衔接设计上必须遵循一定的规则，即等级相同或相当的公路与城市道路可以衔接（表4-6）。通常，采用过渡性衔接道路保障公路与城市道路交通流的平稳过渡，衔接道路应与公路及城市道路等级相匹配（表4-7）；否则，由于技术标准相差太大，将产生严重的交通安全隐患。

公路与城市道路衔接模式 表4-6

城市道路	高速公路	一级公路	二级公路	三级公路	四级公路
快速道	Y	Y	N	N	N
主干道	O	Y	O	O	N
次干道	N	O	Y	Y	O
支路	N	N	N	O	Y

注：Y代表适宜衔接，N代表不适宜衔接，O代表可以衔接。

衔接道路的匹配模式 表4-7

序号	公路与城市的关系	公路等级	城市道路等级	衔接道路等级	衔接道路服务水平
1	高速公路远离城市	高速公路	快速路	一级公路	一级水平
2	高速公路远离城市	高速公路	主干道	一级公路	二级水平
3	高速公路远离城市	高速公路	次干道	二级公路	二级水平
4	高速公路近邻城市	高速公路	快速路	快速路/主干道	B级
5	高速公路近邻城市	高速公路	主干道	主干道	C级

续表

序号	公路与城市的关系	公路等级	城市道路等级	衔接道路等级	衔接道路服务水平
6	高速公路近邻城市	高速公路	次干道	次干道	D级
7	一级公路远离城市	一级公路	快速路	一级公路	一级水平
8	一级公路远离城市	一级公路	主干道	一级公路	二级水平
9	一级公路远离城市	一级公路	次干道	二级公路	二级水平
10	一级公路近邻城市	一级公路	快速路	主干道	C级
11	一级公路近邻城市	一级公路	主干道	主干道	D级
12	一级公路近邻城市	一级公路	次干道	次干道	D级
13	二级公路远离城市	二级公路	主干道	二级公路	一级水平
14	二级公路远离城市	二级公路	次干道	二级公路	二级水平
15	二级公路近邻城市	二级公路	主干道	主干道	C级
16	二级公路近邻城市	二级公路	次干道	次干道	D级
17	三级公路远离城市	三级公路	主干道	三级公路	一级水平
18	三级公路远离城市	三级公路	次干道	三级公路	二级水平
19	三级公路远离城市	三级公路	支路	四级公路	二级水平
20	三级公路近邻城市	三级公路	主干道	主干道	C级
21	三级公路近邻城市	三级公路	次干道	次干道	D级
22	三级公路近邻城市	三级公路	支路	次干道	D级
23	四级公路远离城市	四级公路	次干道	四级公路	一级水平
24	四级公路远离城市	四级公路	支路	四级公路	二级水平
25	四级公路近邻城市	四级公路	次干道	次干道	D级
26	四级公路近邻城市	四级公路	支路	支路	D级

2.公路客运枢纽的衔接组织

公路客运枢纽的换乘衔接主要包括与常规公共交通、轨道交通、出租车等交通方式的换乘。

1）与城市轨道交通的衔接

从站场布局来看，轨道交通车站与公路客运枢纽的衔接布局应首先保证两种客运方式之间换乘的通达性，避免轨道交通车站出入口与公路客运枢纽分别位于城市快速路或主干道的两侧，否则必须设置专用换乘通道设施横跨主干道或快速路以实现换乘[41]。轨道交通车站与公路客运枢纽衔接模式主要包括以下三种：

（1）轨道交通车站出入口与公路客运枢纽之间有一定的距离，两者之间没有设置专用的换乘通道设施，乘客利用城市中的一般步行设施和过街设施进行换乘。这种模式下乘客换乘非常不方便，尤其轨道交通车站出入口与公路客运枢纽位于城市干道两侧时，换乘的通达性和安全性都很差。目前我国大部分城市轨道交通车站与公路客运枢纽的衔接都采用此种模式。

（2）轨道交通车站出入口与公路客运枢纽之间采用专用换乘通道设施衔接。

（3）轨道交通车站的出口通道直接通至公路客运枢纽的客流集散广场或站房，这是最佳的衔接布局模式。

2）与常规公交的衔接

新建公路客运枢纽应将公共交通设施作为枢纽的组成部分，在枢纽用地范围内统一布局和建设，综合安排长途客运、公共交通的站台，减少换乘流线交叉。

对已建成的公路客运枢纽，如果受用地的限制难以在站前广场安排公交首、末站，则应在站前广场设置通过性公交站点，或开通接驳性短途公交，并在500m范围内规划建设公交首、末站。同时，在公交首、末站与公路客运枢纽之间建设与客流规模相匹配的步行道设施。

3）与出租车的衔接

出租车停车场设计应因地制宜，当公路客运枢纽站的规模有一定保证时，可在枢纽内部直接设置出租车停车泊位，减少乘客的换乘距离和换乘时间，方便乘客换乘。如果用地受到限制，应在站前广场设置出租车临时上、下点和排队等候区，防止在城市道路上换乘，减少对站前道路交通秩序的影响。

4）与社会车辆的衔接

由于社会车辆的平均停车时间较长，一般将社会车辆停车场布设在远离出站口的区域，最大限度地提高站前广场出站口处的用地使用效率。

4.3.2　铁路客运与城市交通衔接

1. 铁路客站与城市轨道交通的衔接

铁路客运站和城市轨道交通系统布局，以及站点的换乘关系直接影响到两者的衔接效率和服务质量。

1）布局衔接

根据铁路客运站在城市相对位置不同，城市轨道交通线网布局可采用不同的形式。

（1）铁路客运站位于城市中心。

放射—集中式，以铁路客运枢纽为中心，城市轨道交通形成中心放射式线网（图4-13）。这种形式对铁路客流的疏散能力强，但对城市其他区域的服务不足，而且由于城市轨道交通线路在铁路客运枢纽周边交叉，工程建设难度大，与铁路客运无关的换乘量过于集中。

途经—分散式，城市轨道交通线网由途经线路组成，站点分散设置在铁路客运枢纽周边，多为中途站（图4-14）。通常，城市轨道交通出入口距客运站有一定距离，换乘距离较长。有条件时，可以通过修建地下换乘

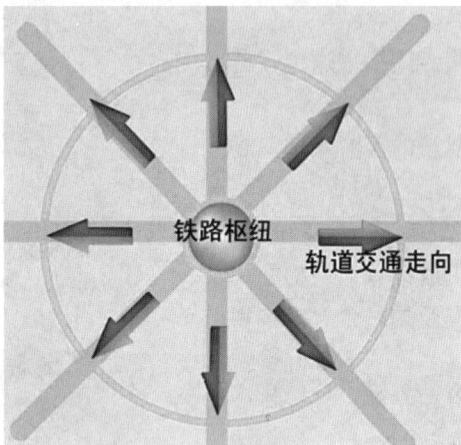

图 4-13　放射—集中式布局

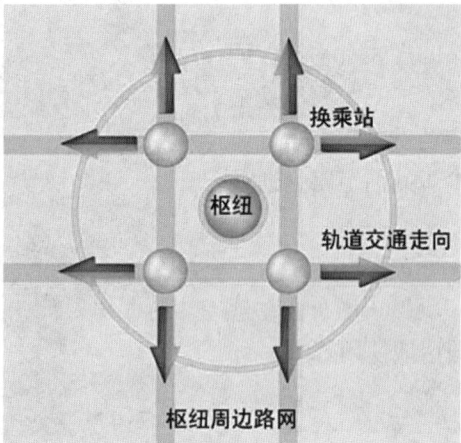

图 4-14　途经—分散式布局

通道与客运站相连。该形式兼顾了对城市的服务，是通常采用的基本模式。

综合布局模式，即上述两种布局模式的复合模式（图 4-15）。城市轨道交通线网由始发线路和途经线路共同组成，且集中布置一个换乘枢纽站并分散布置一些换乘停靠站，适用于规模较大的客运枢纽。

（2）铁路客运站在城市周边。

城市轨道交通在有效衔接城市内部重要交通小区的同时，需要与城市边缘各个方向的铁路车站紧密衔接，形成多线灵活交叉线网（图4-16），方便乘客在铁路与城市轨道交通之间的中转换乘。

2）站点衔接

城市轨道交通车站与铁路客运站的衔接关系通常有两种：

第一种是城市轨道交通出入口位于客运站站前广场，换乘需要步行较远的距离，换乘效率低。由于管理体制的制约，我国大部分城市均采用了此种方式。随着交通需求的增长，此种方式明显不适应未来的发展，需要进行相应的改造。对城市轨道交通车站位于地下的，可以修建地下通道把出入口引到客运站厅。而高架的城市轨道交通站，可以修建与客运站厅相连的高架连廊。

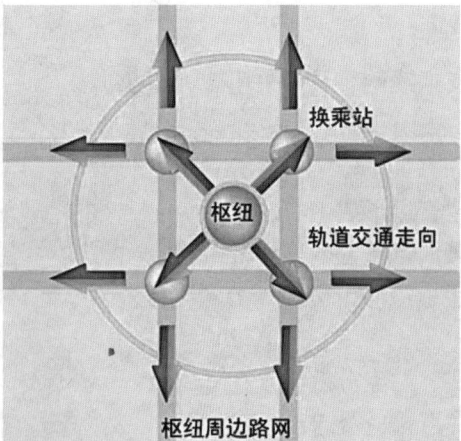

图 4-15　综合式布局模式

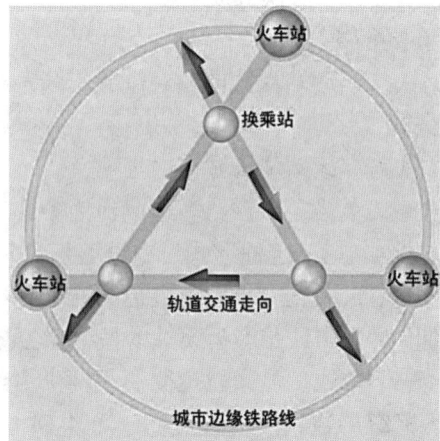

图 4-16　多线灵活交叉式

第二种是城市轨道交通车站位于铁路客运站地下，出入口可以直接设在客运站的站厅。这种方式换乘距离短，能够实现"无缝衔接"，减少了站前广场的交通需求，是铁路客运站与城市轨道交通高效衔接的方向。近年来，我国新建的有城市轨道交通线路连接的高铁站基本上都采用了此种方式，实现了统一规划、统一设计、统一施工。

3）运营衔接

运营衔接包括运能衔接和时间衔接。运能的衔接是指客流高峰期间城市轨道交通的运能要与客运站换乘轨道交通的客流相匹配，即确定客流高峰期间途径和始发的轨道交通线路数。时间上的衔接主要是指对轨道交通的发车间隔作出合理的规划，减少换乘的等候时间。

2. 铁路客站与常规公交的衔接

公交场站与铁路客站衔接可以分为两类：设置公交途经站点，或设置公交始发场站。途经站点相对简单，始发场站对铁路客运站场影响较大，其布设方式一般有三种：

一是公交场站布设在站前广场，旅客通过站前广场步行进入枢纽站房，此种衔接方式旅客的步行距离可以基本控制在 150m 之内，但不能避免客流与车流和其他进出站人流之间的冲突。

二是在铁路客站附近设置专门的公交枢纽站，最大的不足在于当公交场站离枢纽出站口较远时，乘客换乘效率低下；当离进站口较近时，到达客流与出站客流在公交场站相互交织，容易造成公交场站交通秩序混乱。因此，采用这种方式时，公交场站位置布局和换乘流线组织设计是问题关键。

三是在站前广场建高架层与枢纽进站口相连，公交车通过高架匝道上至高架层，将乘客直接载到枢纽候车大厅门口，然后驶向与枢纽出站口相连的公交车候客区域，可有效减少乘客的换乘步行距离和交通冲突。

3. 铁路客站与出租车、社会车辆的衔接

铁路客站与出租车交通的衔接主要有以下三种形式：

一是出租车上、下客区布设在枢纽站前广场前端的城市道路上，此时乘客的换乘步行距离长，上、下车的客流相互冲突，对城市道路交通运行的影响很大。这种衔接方式常见于早期的铁路客运站或到发量小的中途站。

二是出租车停车场布设在站前广场靠近出站口的位置，目前我国大多数铁路客运枢纽采用这种衔接方式。然而大多数的铁路客运枢纽将出租车的下客区也布设在出租车停车场内，造成下车客流与出站上车客流的直接冲突，严重影响换乘效率，对于客流量特别大的铁路或公铁联运枢纽可以考虑将出租车引入枢纽内部，将下客区与枢纽一体化设计（图 4-17）。

三是将出租车引入到枢纽站房之下，这种方式其换乘效率很高，车辆间干扰少（图 4-18）。

铁路客站与社会车辆衔接方式和出租车类似，当在地面设置停车场时，

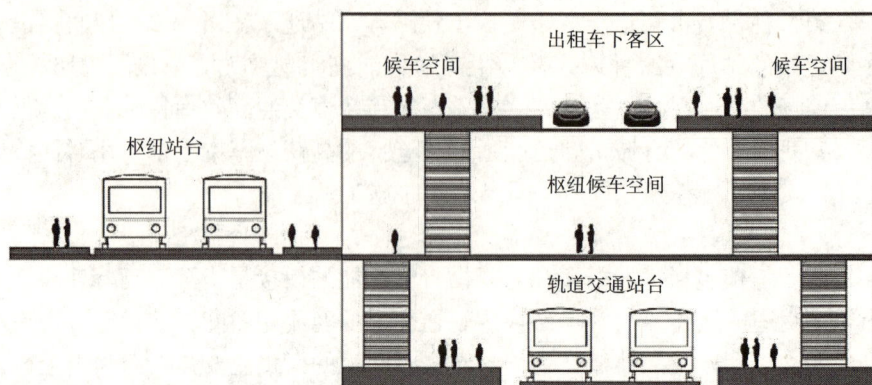

图 4-17   出租车下客区布设示意图

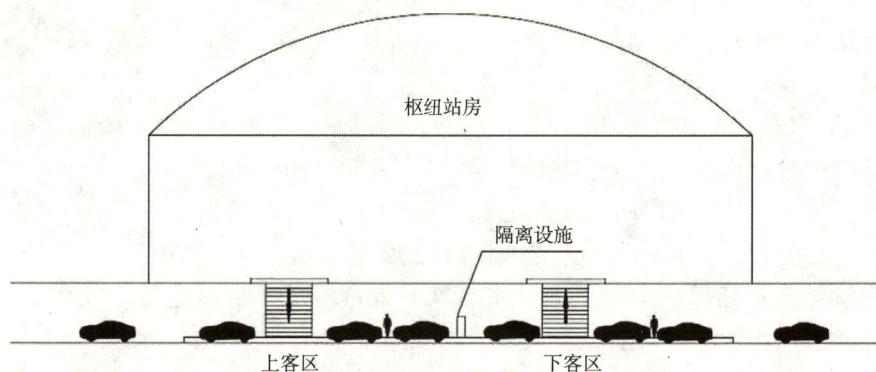

图 4-18   出租车与铁路客站地下衔接示意图

布设在远离出站口的区域,最大限度地提高站前广场出站口处的用地使用效率。有条件的城市,应利用地下空间建设地下停车场。

4. 铁路客站与周边城市道路的衔接

铁路客流的疏散依赖于周边的城市路网,二者相互制约而又相互联系。在铁路客运枢纽的布局阶段,应注意以下几个问题:

(1)应与通往城市主要客流方向的道路相连,方便主要客流方向乘客集散。

(2)考虑周围城市道路的等级、通行能力等指标,保证周边城市路网能够满足客运交通需求,方便乘客集散。

(3)慎重处理集散道路沿线的土地利用性质,在距铁路客站一定范围内尽量避免开设大型商业活动场所等客流、车流集中的设施,减小周边道路的交通压力[42]。

(4)充分考虑铁路客站与周边城市路网的相对位置,根据相连接道路的方向,合理设置其他交通方式的停靠站,避免各个方向交通组织流线相互交叉混行,造成周边交通拥堵、秩序混乱。

4.3.3 航空客运与城市交通衔接

城市的航空枢纽大多分布在城市的郊区或者边缘地带，保障航空港与城区的快速联系是关键所在。分析我国主要航空枢纽与城市交通衔接的基本状况（表 4-8），可以得到如下结论：

（1）航空枢纽一般距离市中心较远。

（2）航空枢纽等级与城市功能和辐射能力有关。

（3）航空枢纽距离市中心超过 10km 通常都配建相应的机场高速公路，以达到及时疏运的目的。

（4）机场巴士、出租车是航空枢纽与城市交通衔接的一种最重要的交通方式。

因此，在航空港和城区之间，建设城市快速路或高速公路，形成快速交通的联系通道，是增强航空港与城市交通衔接的最基本要求。对一些大型的航空枢纽港，由于接送旅客的汽车交通量大，会在快速通道与城市路网的衔接处形成交通拥堵，需要规划建设直达航空港的城市轨道交通系统，或根据沿线具体情况设置少量车站，用准点快速的服务吸引旅客选择轨道交通方式，减少对汽车交通的需求。

我国主要航空枢纽与城市交通衔接概况 表 4-8

排名	机场名称	距中心区距离（km）	等级	交通衔接方式
1	北京 / 首都	25.35	4E/4F	高速公路、轨道交通、出租车、机场巴士
2	广州 / 白云	28	4E	高速公路、轨道交通、机场巴士、出租车
3	上海 / 浦东	30	4E/4F	高速公路、轨道交通、出租车、机场巴士
4	上海 / 虹桥	13	4E	快速路、公交车、轨道交通、机场巴士、出租车
5	深圳 / 宝安	32	4E	高速公路、轨道交通、出租车、机场巴士
6	成都 / 双流	16	4E/4F	高速公路、机场巴士、地面公交车、出租车
7	昆明 / 巫家坝	3	4E	出租车、地面公交车
8	西安 / 咸阳	47	4E	高速公路、出租车、机场巴士
9	杭州 / 萧山	27	4E	高速公路、出租车、机场巴士
10	重庆 / 江北	21	4E	高速公路、出租车、机场巴士、公路长途客车
11	厦门 / 高崎	10	4E	快速路、机场巴士、出租车、地面公交车
12	武汉 / 天河	26	4E	高速公路、机场巴士、出租车
13	长沙 / 黄花	10	4E	高速公路、机场巴士、公交车、出租车、长途大巴
14	南京 / 禄口	35.8	4E	高速公路、机场巴士、出租车
15	青岛 / 流亭	23	4E	高速公路、机场巴士、出租车

排名	机场名称	距中心区距离（km）	等级	交通衔接方式
16	大连 / 周水子	10	4E	出租车、地面公交车、机场巴士
17	海口 / 美兰	15	4E	出租车、地面公交车、机场巴士
18	三亚 / 凤凰	14	4E	出租车、机场巴士
19	沈阳 / 桃仙	20	4E	高速公路、机场巴士、出租车
20	郑州 / 新郑	16	4E	高速公路、机场巴士、出租车

第 5 章
生态型人性化城市交通规划

生态型人性化城市交通系统强调的是一种生态化和人性化的理念，一种和谐共生的关系，核心是提高人的可达性，以人为中心组织交通资源的配置，以最小的资源、环境代价承载人们的交通需求[43]。生态型人性化城市交通规划是对传统规划中以满足交通需求为唯一目标的规划理念和技术方法的改进。

5.1 城市生态交通系统规划

5.1.1 规划要求

1. 规划理念

城市生态交通系统是在满足交通需求的同时，最大限度地降低环境的负载程度，减少土地占用，降低能源消耗[44]。将资源、环境约束与交通需求统筹规划，是生态交通系统规划的基本着眼点（图 5-1），强调的是一种和谐共生的关系。因此，生态交通系统规划理念贯穿于交通系统规划的各个方面。

1）生态型土地利用

土地利用是交通需求的产生根源，合理的土地利用模式能有效地缓解交通压力。生态型土地利用旨在运用规划手段，科学地安排土地利用布局和功能关系，从源头上降低交通需求。混合型城市土地利用模式能够有效降低长距离出行的比例，减少交通出行对机动化交通方式的依赖，对降低城市总体交通负荷和交通设施建设总规模具有重要的基础作用[45,46]。

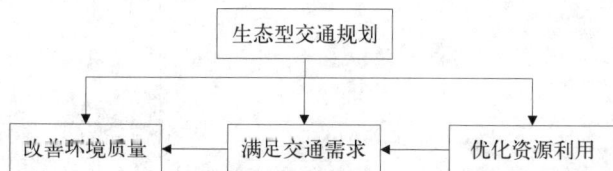

图 5-1 生态交通系统规划目标

2）生态型交通结构优化

各种交通方式对资源利用的要求和对环境的污染是有差别的，交通结构不同会对城市生态产生较大影响（表 5-1）。生态型交通结构优化是指在城市交通基础设施建设水平、环境、能源等各种条件的约束之下，运用规划和政策的引导作用，促进有利于生态保护的主导交通方式发展。

交通方式与生态相关指标　　　　表 5-1

交通方式	运量（p/h）	运输速度（km/h）	道路占用面积（m²/人）	能源消耗（kJ/（人·km））	废气排放量（g/（人·km））
步行	300	4~5	3.00	—	—
自行车	2000	10~15	8.00	—	—
出租车/私家车	3000	20~50	15.00	3500	19.0
常规公交车	8000	20~50	1.50	645	1.0
轻轨	25000	40~60	0.25	500	0.7
地铁	45000	40~60	不占地面用地	322	0.4

3）生态型交通设施

合理的交通设施布局能够提高交通组织效率，减少交通绕行，降低交通排放总量。生态型交通设施规划的理念应该贯穿于各类交通设施的供给结构、规模和布局等方面，通过交通设施的建设，主动引导交通系统向生态型发展。

2. 规划流程

结合经典的城市交通规划方法，引入生态环境约束条件，可以形成生态交通系统规划的基本组成和流程（图 5-2）。

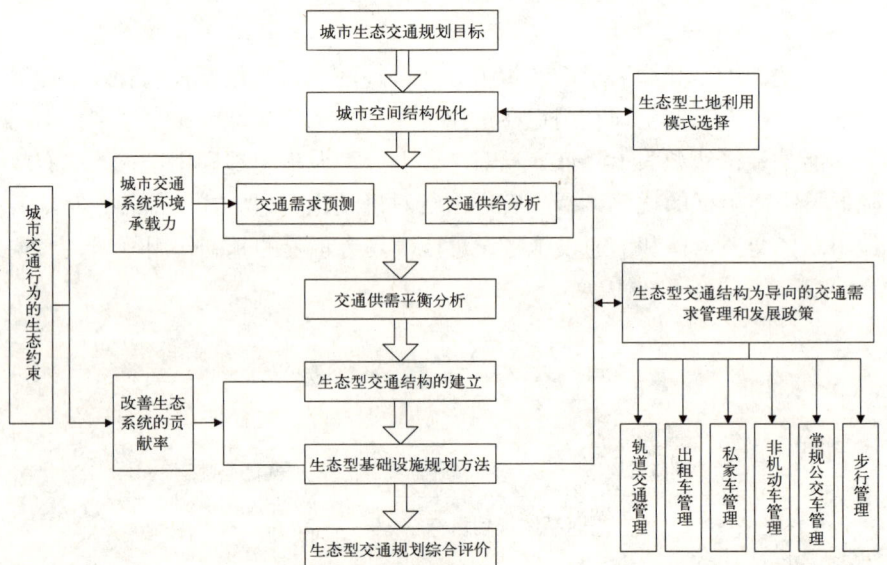

图 5-2　生态交通系统规划基本组成和流程

生态交通系统规划应从城市空间结构优化入手，合理确定土地利用模式。并将交通环境承载力作为一个重要因素，融合到交通分析和规划的全过程，优化交通需求和交通供给结构，实现交通需求与交通供给的"双向调节"。

5.1.2 设施规划

合理的交通设施规划能够有效地缓解交通拥堵，减少出行距离，促进道路交通与生态和谐发展。生态型交通设施规划主要包括道路网、停车、公共交通和客运枢纽四个方面的内容。

1）道路

道路是城市交通的基本载体，同时道路所承载的机动车交通也是大气污染及能源消耗的主要发生源。生态型道路规划通过选择合理的道路网容量、合理的道路网结构和合理的服务水平来改善交通生态状态。

（1）道路网容量。

如果路网容量刚好达到生态约束的上限，会造成交通生态的不稳定，所以有必要对生态约束上限进行折减，乘以生态服务水平系数，从而保证交通系统在生态约束的范围内有序地发展。生态容量计算如公式（5-1）所示

$$\begin{cases} C_\mathrm{P} = \dfrac{\alpha E}{\sum\limits_i X_i L_i e_i} \\[4mm] C_\mathrm{E} = \dfrac{\beta \cdot \mathrm{TQ}}{\sum\limits_i X_i L_i \, \mathrm{ef}_i} \end{cases} \tag{5-1}$$

式中，C_P 为能耗路网容量（辆）；C_E 为环境路网容量（辆）；X_i 为第 i 种交通方式的预测值（%）；L_i 为第 i 种交通方式规划年日平均行驶里程预测值（m）；e_i 为第 i 种交通方式行驶单位里程的能耗（kJ）；ef_i 为第 i 种交通方式行驶单位里程的尾气排放量（g）；E 为能源资源消耗上限（kJ）；TQ 为环境资源上限（g）；α 为能源资源消耗服务水平系数；β 为环境污染服务水平系数。

根据定义可知，道路网的生态容量 C 应取上述两种容量的最小值，即

$$C = \min\,(\,C_\mathrm{E}\,,\ C_\mathrm{P}\,) \tag{5-2}$$

（2）道路网结构。

道路网结构包括道路网拓扑结构与道路网等级结构两方面。道路网的拓扑结构不合理，驾驶员即使在信息诱导的提示下，选择较远的且服务水平较高的出行路径，也会增加机动车的出行距离，恶化交通生态条件。与此相似，道路网等级结构不合理，会导致车辆快慢混行、远近混行，造成道路交通拥堵、生态恶化。

生态型道路网结构规划的关键就是道路网的拓扑结构要与主要交通分

布方向一致，在主要交通方向设置高等级的道路使驾驶员均能选择相对距离较短的路径出行，达到减少出行距离的目的。假设，某区域的交通分布如图 5-3(*a*) 所示，交通小区 1 和交通小区 3 之间、交通小区 2 和交通小区 4 之间是主要的交通分布流向，道路网拓扑结构应与其交通分布的方向保持一致，则道路网系统应选择图 5-3(*b*) 所示拓扑结构适应交通分布流向。

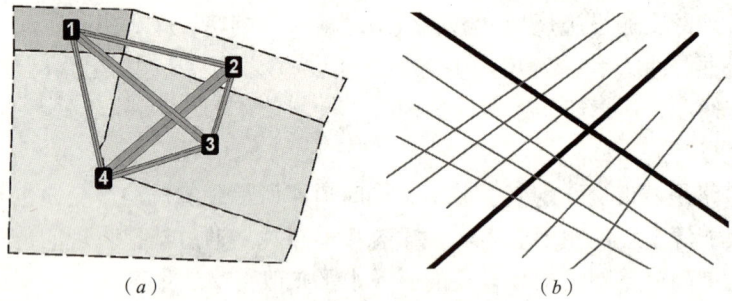

(*a*)   (*b*)

图 5-3   生态型道路网结构示意图

道路网络系统的等级结构在层次上应有合理的组成，分工合作，协调配合，而长期以来，在道路规划建设中许多城市只重视干道、立交，导致我国城市道路等级结构不尽合理。结合国内外生态型城市道路规划案例及道路功能要求，给出生态型道路等级推荐比例，如表 5-2 所示。

道路等级结构推荐比例   表 5-2

道路等级	结构比例（%）	功　能
快速路	3~5	承担非邻近组团间交通或对外交通
主干道	15~25	承担邻近组团间或中心组团间交通
次干道	20~35	承担组团内部跨区交通
支路	45~65	承担组团内部集散交通

（3）道路设计。

在道路设计时可以采取以下方法提高道路的生态服务水平[47,48]。

①采用防滑降噪的透水路面。

该类型路面渗水透气，具有较好的路面防滑和降噪功能，可以增强城市地下水的补给和循环能力。有利于缓解城市"水荒"，改善城市道路铺装导致的"热岛效应"，提高交通安全保障能力，降低交通噪声污染。

②合理布置道路绿化。

提高道路绿化水平可以有效净化交通污染。以三块板的道路为例，可以设置三道绿化屏障。第一道屏障是中央分隔带上设置的绿带，距交通污染源最近，设计时应以种植乔木为主，并宜乔木、灌木、地被植物复层混交，其宽度不小于 2.5m，种植灌木的修剪高度以不影响车辆行驶为度，绿带端部采取通透式栽植；第二道屏障是人行道上设置的绿化，以绿带为好，其配置宜选用常绿灌木结合常绿乔木为主；第三道屏障是路侧绿带或道路红线外侧绿地，应根据道路沿线的用地性质和建筑物要求设置，如沿街建筑后退道路红线 5~7m 加以绿化可降低噪声 15~25dB。

③改进道路横断面设计。

生态要素融入道路横断面设计之中（图 5-4），采用明渠与绿化相结合分隔道路的各功能区，人行道设置高透水性碎石垫层形成渗水带，既增强不同交通方式运行空间的交通安全保障，又能提高道路对雨水的收集能力。明渠的存在并不妨碍乔木、灌木、草皮的种植，仍可达到传统道路的绿化效果。明渠断面根据选定的设计重现期内 24h 暴雨量和道路汇水面积确定。对于无分隔带的单幅路或分隔带较窄的多幅路可以依靠人行道渗水带改善道路生态环境。

图 5-4　生态型城市道路横断面形式示意图

2）停车

在生态交通系统规划建设中，停车设施的安排具有两面性：一是停车设施充足供给会导致汽车交通量的增加，与系统规划建设目标相悖；二是停车设施供给不足，当刚性停车需求较大时，又会加重生态负担（图 5-5）。

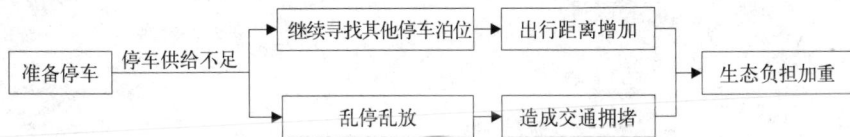

图 5-5　停车供给不足对生态的影响

生态型停车规划是在一定的基本停车需求条件下，通过合理确定停车布局、提高空间利用率和政策导向等技术方法，增强停车设施的科学配置和使用，降低静态交通对动态交通的干扰；从而提高车辆在行驶过程中的安全性，减轻由于低速行驶造成的交通拥堵和环境污染。

（1）停车场位置。

确定停车场位置是对多个可行的停车场位置优化筛选的过程，停车场选址模型可以为这一过程提供决策的科学依据。在此，建立以步行总距离和机动车出行总距离为目标函数的多目标选址优化模型。

设规划区域有 n 个停车需求点，其中第 i 个需求点坐标为 (x_i, y_i)，停车需求量为 d_i。可供选择的停车场数最多有 S_{max} 个。服务于第 i 小区的第 j 个停车场候选位置的坐标 (x_{ij}, y_{ij}) 为已知变量，则选址模型如式（5-3）和式（5-4）所示

$$\begin{cases} \min(T) = \min \sum_{i=1}^{m} \sum_{j=1}^{n} (t_{ij} a_{ij}) \\ \min(D) = \min \sum_{i=1}^{m} \sum_{k=1}^{m} \sum_{j=1}^{n} d_{ijk} a_{ijk} \end{cases} \quad (5\text{-}3)$$

$$\text{s.t.} \begin{cases} \sum_{j=1}^{m} a_{ij} = d_i \\ t_{ij} = \sqrt{(x_{ij} - x_i)^2 + (y_{ij} - y_i)^2} \\ d_{ijk} = \sqrt{(x_{ij} - x_k)^2 + (y_{ij} - y_k)^2} \\ a_{ijk} = a_{ij} \dfrac{A_{ik}}{A_i} \\ 0 \leqslant a_{ij} \leqslant a_{ij\,max} \end{cases} \quad (5\text{-}4)$$

式中，T 为步行距离（m）；D 为停车场距离（m）；t_{ij} 为第 i 个交通小区的第 j 个停车场的步行距离（m）；a_{ij} 为服务于第 i 个交通小区的第 j 个停车场的供给量（辆）；d_{ijk} 为服务于第 i 小区的第 j 个停车场到第 k 小区的距离（m）；a_{ijk} 为服务于第 i 个小区的第 j 个停车场到第 k 小区的供给量（辆）；A_{ik} 为第 i 交通小区到第 k 交通小区的机动车交通分布（辆）；A_i 为第 i 交通小区到第 k 交通小区的机动车出行总量（辆）。

可将多目标规划转换为单目标规划，首先分别求解每个单目标规划 $\min f_i(x)$ 的最优解，设其最优值为 f_i^*，然后构造评价函数，评价函数形式如式（5-5）所示

$$\min(g(x)) = \sqrt{\sum_{i=1}^{n} [f_i(x) - f_i^*]^2} \quad (5\text{-}5)$$

对评价函数进行求解，求出的最优解可认为是原目标函数的最优解。

（2）合理利用城市空间。

对于有限的城市土地资源，应充分利用其他可用空间，如高架道路、立交桥的架空空间和城市地下空间等。在规划中，应结合城市功能布局设置小型和分散的停车场，便于与城市绿化共存。在一定的限制条件下，可以结合道路两侧的用地功能和服务要求，沿生活性次干道、支路设置少量的限时路边停车泊位，交通性次干道和主干道以上等级的道路禁止

设置路边停车泊位。路边停车需要设立完备的停车收费管理设备，如电子计时表等。

（3）停车信息系统。

通过规划建立停车诱导系统，减少寻找停车场而引发的无效交通，提高停车设施利用率（图5-6）。同时，规划建设面向公众的城市停车信息系统，通过现代通信和网络技术，实时向公众发布停车设施使用状况，引导公众的出行。

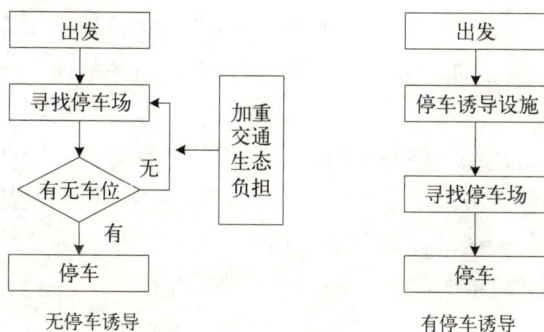

图5-6 停车诱导系统的作用

（4）停车政策导向。

停车问题的解决应注意政策引导与立法保障，积极采取"拥车者自备车位，配建公共化"的政策。在停车设施规划建设中，应始终贯彻"总量有限供给，分区差别对待"的策略导向，将停车政策导向与城市交通结构优化融为一体。

3）公共交通

公共交通是一种人均污染排放少、能耗低的交通方式，公共交通规划目标是赋予公共交通运营车辆优先权，提升公共交通服务水平，增强公共交通吸引力。

（1）公共交通专用道。

设置公交专用道是改善公共交通的运行状况、增强服务能力最有效的规划建设方法，对减少公共汽车与社会车辆之间的干扰、高效使用道路资源、提高公共交通准点率具有显著的作用。公共交通专用道有多种形式，在形式选择上要与公共交通站点统筹规划设计，保障公众无障碍乘车。公共交通专用道布局应与公共交通线网覆盖率和公共交通出行需求相适应。

（2）公共交通信号优先。

统计数据表明，如果路口信号控制不采取公交优先策略，即使有公交优先专用道路，公交车运营时间仅节省5%～10%。因此，实施公共交通信号优化是提高公共交通运营速度的重要保障。

通常，公共交通信号优先策略分为被动式和主动式两种。

①被动策略。

被动控制策略通常采用以下两种方式：

a. 调整绿信比，为公交线路集中的车道增加有效绿灯时间，降低公交车到达时遇红灯的概率，减少公交车辆的等待时间。

b. 公交车所在道路绿灯相位分离，该方式在实现方面类似于缩短周期。其原理是周期长度不变的情况下，将公交车所在道路的绿灯相位分开，采用相交道路相位插入其间的方法。当交叉口有两个相位时（A 相和 B 相），可用其中的一个相位（如 B 相）把另一相位（C 相，即公交车所在相位）的绿灯时间分成两段，分别列在 B 相的前后（这时相位次序成为 A-C1-B-C2）。这样可以在周期不变的情况下，增加公共汽车的通车次数并降低延误时间。

被动控制策略往往会使交叉口的总体运行效率降低，特别是公交车流量比不高时。因此，被动控制策略在一些时候并不适用，尤其是对饱和度较高的交叉口。尽管被动控制策略有很大局限性，但因为这种控制方式不需要有公交专用进口道的配合，所以经常被采用。

②主动策略。

主动优先信号通过适时地、动态地调整信号设置，可以避免被动控制策略中信号损失时间过多的问题。优先信号控制器能够根据公交车辆检测设备反馈的信息作出三种不同响应：绿灯延长、绿灯早启和公交额外相位插入。采用何种响应方式主要取决于公交车在周期内的到达时段（表 5-3）。

公共交通信号优先主动控制策略   表 5-3

公交到达时间	控制策略	图　示
绿灯结束到达	绿灯延长	绿灯时间　红灯时间　绿灯延长时间
红灯接近结束时到达	绿灯早启	绿灯早启时间　绿灯正常开始时间
红灯刚刚开始	公交额外相位插入	红灯时间　红灯时间　额外绿灯时间

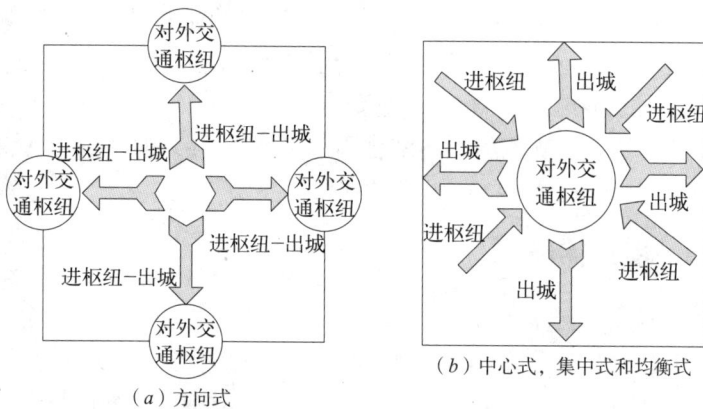

图 5-7 不同枢纽布局的交通集散特征

4）客运枢纽

（1）对外客运交通枢纽。

不同枢纽布局所生成的交通集散分布态势有明显的差别（图 5-7）。中心式、集中式和均衡式枢纽设置在城市内部，对外交通出行者必须先汇集到城市内部，再由城市内部向市外疏散，增加了出行距离，也相应增加了污染物排放和能源消耗。方向式枢纽设于城市出入口附近，尽可能避开市中心以及居民聚集区，形成了分散在市区周围且可以控制城市主要出入口方向的分散布局，把从属于同一方向的乘客都集中在相对应方向的站发车，其他方向的乘客则通过市内交通工具转乘。

方向式对外交通客运枢纽布局降低了对外交通绕行距离，对生态影响最小。在条件允许的情况下，对外交通客运枢纽选址应尽可能选择方向式布局。

（2）公共交通枢纽。

公共交通枢纽规划目标是通过合理布局，高效组织公共交通客流集散，实现公共交通之间以及公共交通与其他交通方式的顺畅衔接，提高公交效率，促进生态交通系统形成。

公共交通枢纽在空间上的布局受到更多因素的制约，在此建立重心法选址模型，对规划选址提供决策支持。根据枢纽的影响范围，将城市划分为若干个交通分区，每个交通分区可设置 1 个交通枢纽，交通枢纽的初始位置可根据每个交通小区的出行生成量来估算，利用出行生成量对各个交通小区的形心坐标加权，得到每个枢纽站的初始位置（式（5-6））。

$$
\begin{cases}
X_i = \dfrac{\sum\limits_{j} t_{ij} x_{ij}}{\sum\limits_{j} t_{ij}} \\[3mm]
Y_i = \dfrac{\sum\limits_{j} t_{ij} y_{ij}}{\sum\limits_{j} t_{ij}}
\end{cases}
\tag{5-6}
$$

式中，X_i、Y_i 为枢纽站在第 i 个交通分区范围内的初始坐标；x_{ij}、y_{ij} 为第 i 个交通分区中第 j 个交通小区的形心坐标；t_{ij} 为第 i 个交通分区中第 j 个交通小区的出行生成量。

枢纽的初始位置确定后，再结合用地条件、道路网络结构、公共交通网络布局等进行优化调整。

5.1.3 规划评价

1. 生态型评价指标体系

根据生态型交通系统规划的特点和规划目标，在满足评价指标确立原则的基础上，从土地利用模式、交通结构、交通设施、生态状态 4 个层面，建立了由 14 项指标构成的评价指标体系（图 5-8）。

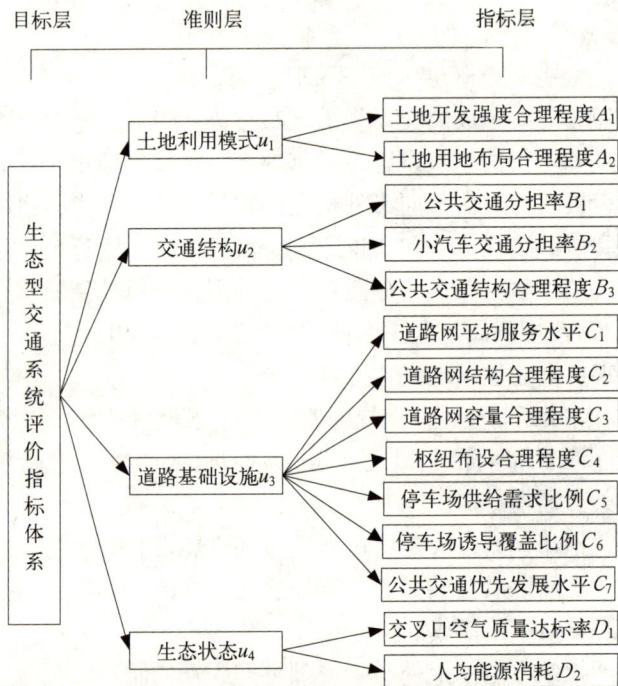

图 5-8 生态型交通系统评价指标体系

确定评价集合如下：

对象集为 O={ 生态型交通系统评价 }。

因素集为 U={U_1，U_2，U_3，U_4}，U_1、U_2、U_3、U_4 分别为土地利用模式、交通结构、交通设施、生态指标四个子集。其中，U_1={A_1，A_2}，U_2={B_1，B_2，B_3}，U_3={C_1，$\cdots$，C_7}，U_4={D_1，D_2}，A_i、B_i、C_i、D_i 表示子集中第 i 个评价指标。

评语集 V={V_1，V_2，V_3}，生态型交通系统中评语集采用"优、中、差"三个评价级别。

2. 模糊评价决策

1）评价隶属函数

隶属函数是指某一指标隶属于某一评语的概率，隶属函数正确与否，直接关系到最终的评价结果。选取 Gaussmf 型函数 $y=\text{Gaussmf}(x, [\delta, c])$ 作为生态指标的隶属函数。Guassmf 函数的形状主要由两个参数来确定，即 δ 和 c，其中 c 决定了函数的中心点，δ 决定函数曲线的宽度。Guassmf 型函数曲线的表达式为

$$y = e^{\frac{(x-c)^2}{2\delta^2}}$$ （5-7）

Gaussmf 曲线的宽度和中心位置随参数 c 和 δ 的变化而变化（图 5-9）。借鉴以往研究成果中对交通规划评价的隶属函数选取方式，以及指标在交通规划中的实际物理意义，得出所选评价指标的隶属度函数，如表 5-4 所示。

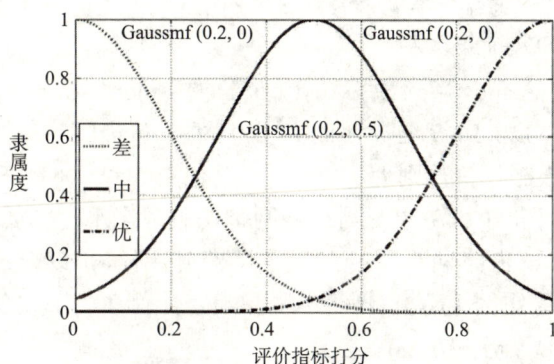

图 5-9 Gaussmf 隶属函数曲线

评价输入指标隶属函数参数 表 5-4

指标	优	中	差
土地开发合理程度 A_1	$P=[0.15, 1]$	$P=[0.15, 0.5]$	$P=[0.15, 0]$
土地用地布局合理程度 A_2	$P=[0.13, 1]$	$P=[0.13, 0.5]$	$P=[0.13, 0]$
公共交通分担率 B_1	$P=[0.15, 1]$	$P=[0.15, 0.5]$	$P=[0.15, 0]$
小汽车交通分担率 B_2	$P=[0.20, 1]$	$P=[0.20, 0.5]$	$P=[0.20, 0]$
公共交通结构合理程度 B_3	$P=[0.13, 1]$	$P=[0.13, 0.5]$	$P=[0.13, 0]$
道路网平均服务水平 C_1	$P=[0.16, 1]$	$P=[0.16, 0.5]$	$P=[0.16, 0]$
道路网结构合理程度 C_2	$P=[0.14, 1]$	$P=[0.14, 0.5]$	$P=[0.14, 0]$
道路网容量合理程度 C_3	$P=[0.16, 1]$	$P=[0.16, 0.5]$	$P=[0.16, 0]$
枢纽布设合理程度 C_4	$P=[0.16, 1]$	$P=[0.16, 0.5]$	$P=[0.16, 0]$
停车场供给需求比例 C_5	$P=[0.15, 1]$	$P=[0.15, 0.5]$	$P=[0.15, 0]$
停车场诱导覆盖比例 C_6	$P=[0.11, 1]$	$P=[0.11, 0.5]$	$P=[0.11, 0]$
公共交通优先发展水平 C_7	$P=[0.10, 1]$	$P=[0.10, 0.5]$	$P=[0.10, 0]$
交叉口空气质量达标率 D_1	$P=[0.17, 1]$	$P=[0.17, 0.5]$	$P=[0.17, 0]$
人均能源消耗 D_2	$P=[0.13, 1]$	$P=[0.13, 0.5]$	$P=[0.13, 0]$

2）模糊评价规则库

模糊评价中，模糊规则的建立非常重要，由于模糊评价的输出是将所有输入按照隶属函数曲线直接映射到模糊规则中，然后将各个规则的输出结果合成，得到最终评价结果，所以模糊评价规则的建立直接关系到模糊评价的精度。

（1）土地利用模式评价规则 U_1。

土地利用模式评价（U_1）主要与土地开发强度（A_1）与土地布局方式（A_2）有关，据此可建立6项评价规则，其中有代表性的两项为：

If（A_1 is 差）and（A_2 is 优）then（U_1 is 中）；

If（A_1 is 中）and（A_2 is 差）then（U_1 is 差）。

（2）交通结构评价规则 U_2。

交通结构评价（U_2）主要与公共交通分担率（B_1）、小汽车交通分担率（B_2）和公共交通结构合理程度（B_3）有关，据此可建立15项评价规则，其中有代表性的两项为：

If（B_1 is 中）and（B_2 is 差）and（B_3 is 差）then（U_2 is 差）；

If（B_1 is 差）and（B_2 is 优）and（B_3 is 中）then（U_2 is 中）。

（3）交通设施评价规则 U_3。

交通设施评价（U_3）主要与道路网平均服务水平（C_1）、道路网结构合理程度（C_2）、道路网容量合理程度（C_3）、枢纽布设合理程度（C_4）、停车场供给需求比例（C_5）、停车场诱导覆盖比例（C_6）和公共交通优先发展水平（C_7）等指标方面有关。

据此可建立30项评价规则，其中有代表性的两项为：

If（C_1 is 差）and（C_2 is 中）and（C_3 is 中）and（C_4 is 差）and（C_5 is 差）and（C_6 is 差）and（C_7 is 中）then（U_3 is 差）；

If（C_1 is 中）and（C_2 is 中）and（C_3 is 中）and（C_4 is 优）and（C_5 is 优）and（C_6 is 差）and（C_7 is 差）then（U_3 is 中）。

（4）生态条件评价规则 U_4。

生态条件评价（U_4）主要与人均能源消耗（D_2）和交叉口空气质量达标率（D_1）有关，据此可建立6项评价规则，其中有代表性的两项为：

If（D_1 is 差）and（D_2 is 优）then（U_4 is 中）；

If（D_1 is 中）and（D_2 is 差）then（U_4 is 差）。

（5）城市客运系统评价规则 O。

城市客运系统评价是第二级评价，最终评价结果（O）与准则层的土地利用模式（U_1）、交通结构（U_2）、交通设施（U_3）和生态条件（U_4）有直接关系。第二级评价包括四项指标，据此可以建立20项评价规则，其中有代表性的两项为：

If（U_1 is 差）and（U_2 is 中）and（U_3 is 中）and（U_4 is 差）then（O is 差）；

If（U_1 is 中）and（U_2 is 中）and（U_3 is 差）and（U_4 is 中）then（O is 中）。

5.2 人性化城市交通系统规划

人性化交通系统是交通发展的趋势，也是城市交通的根基所在。

5.2.1 规划理念

人性化是以人作为设计好坏的量度[49]。根据西方人本主义心理学创始人马斯洛的需求层次理论可知，人的需求可以分为五个层次，即生理、安全、归属与爱、尊重及自我实现，这五个层次的需求是逐级递增的，当低层次的需求满足之后，人类又会追求更高层次的需求（图 5-10）。

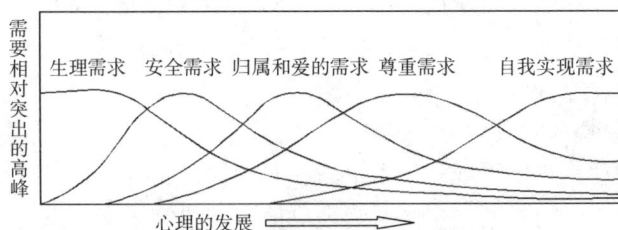

图 5-10 人的需求渐近曲线

人性化城市交通系统从本质上来说应当是以人的基本生活、心理、行为和文化需要为出发点的城市交通系统，是生活场景的再塑造；强调城市交通系统不仅要满足人的主观需求，还要满足人的客观需求；是以人为中心，以维护人的生存和发展的权利为准则，以人幸福的身心生活与城市交通发展的和谐统一为尺度，以提高交通参与者的满足感和满意度为目标的城市交通系统建设和发展过程[50~52]。也可以说，人性化城市交通系统，是使人们在城市中以最小的时间和经济成本、最低的身心消耗、最愉快的参与方式去达到出行目标的交通状态，人性化理念需贯穿于交通系统规划、设计、建设、管理各个阶段，才能实现真正的人性化交通系统（图 5-11）。

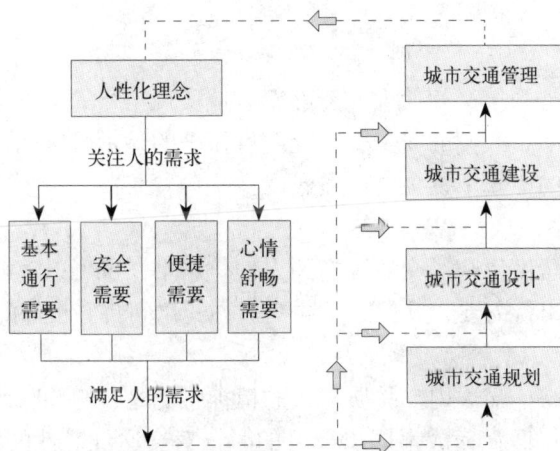

图 5-11 人性化与交通建设流程的关系

1）交通规划阶段

交通规划是对未来城市交通发展的综合安排，在交通发展模式上是以小汽车还是以公共交通为主，将决定城市路网的布置形式、道路横断面的设置形式，乃至城市功能区的布局。在相同交通需求的情况下，小汽车为主的城市交通模式促使城市低密度扩展，所需的道路资源远远高于以公共交通为主导的发展模式，需要占用更多的土地，平均出行距离更长，交通系统非人性化的特征会更加显著。因此，人性化是将"车本位"向"人本位"转化的思想融入规划的全过程，从源头提高城市交通的人性化程度。

2）交通设计和建设阶段

交通设计和建设将从更详细的层面对交通设施进行布置，根据具体的建设条件，从基本通行、安全、便捷、心情舒畅四个层次分析出行者的需求，对交通设施进行改善[53]。

3）交通管理阶段

交通管理是运用法规和技术手段，对交通出行行为进行规范，实现交通系统运行效率的最大化。交通管理价值取向决定了交通系统中不同利益群体的交通资源支配权利，即交通的便利程度。人性化交通系统需要在交通管理层面为行人的出行创造条件，让行人具有更高的优先通行权。

5.2.2　规划原则

人性化交通系统规划原则归结为通行性、安全性、便捷性和舒适性四个方面。

1）通行性

人们对交通空间最基本的要求就是道路能满足行人和车辆通行，即道路规划设计应实现其最基本的交通功能，满足出行者基本的生理特性，如路面平整、路面坡度及附着系数程度适中等。同时，必须兼顾老年人、儿童和残障人等特殊人群生理上的特点，在道路设计和建设中保障他们的无障碍通行需求。

2）安全性

人性化交通系统必须使人们能够安全地实现出行的全过程，在不同的交通设施环境下，人们的安全感知程度有显著的差别。例如，在混合交通环境中，人们的不安全感会更加强烈。

3）便捷性

交通便捷程度反映了交通设施的人性化水平，也可以理解为既能满足居民各种方式出行需要，又保障不同交通方式之间具有很好的衔接。

4）舒适性

舒适性反映了交通内在品质与人的精神感受之间的关联，具有阶段性特点。而且，人们在完成不同出行目的时，对交通舒适性的感受也不同。因此，舒适度是相对的衡量标准。

5.2.3　规划方法

人性化交通系统规划设计应首先明确交通系统的对象，界定规划设计范围；然后从道路使用者出发，讨论设计对象应满足的既定功能；进而依据人性化的思想制订人性化交通系统的初步方案；最后对设计方案进行评价，如果初步设计方案不满足既定需求，对方案重新设计，直至得出最终方案（图 5-12）。

人性化规划设计的技术要点包括机动车、非机动车、步行三类交通方式的交通空间方面。

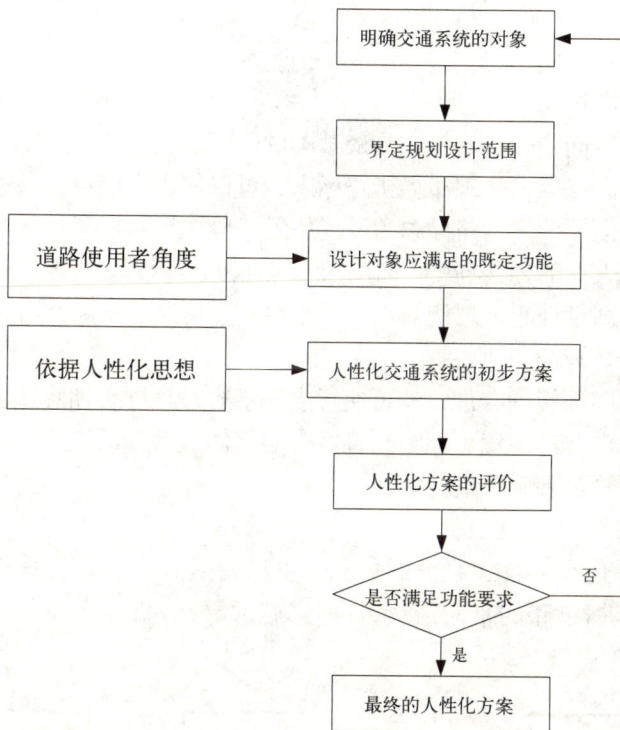

图 5-12　人性化交通系统规划设计流程

1）步行交通空间

步行交通空间规划设计技术要点包括人行道和相应的配套设施等内容。

（1）人行道。

人行道是步行空间的重要组成部分，是实现交通功能的基础。人行道路面材料的选择需充分考虑自然条件、生态环境和城市历史文化等因素，尽可能因地制宜、就地取材。

人行道的有效宽度很大程度上决定了居民出行的便捷性。人行道宽度必须满足行人通行的安全和顺畅，可以由式（5-8）计算确定，并不小于表 5-5 所示的最小宽度。

$$\omega_P = N_W / N_{W1} \tag{5-8}$$

式中，ω_P 为人行道宽度（m）；N_W 为高峰小时行人流量（人/h）；N_{W1} 为 1m 宽度人行道的设计行人通行能力（人/（h·m））。

人行道最小宽度 表5-5

所处区域	人行道最小宽度 (m)	
	大城市	中、小城市
各级道路	3	2
商业或文化中心区以及大型商店或大型公共文化机构集中路段	5	3
火车站、码头附近路段	5	4
长途汽车站	4	4

（2）指路标志。

在步行空间中，指路标志是最基本的配套设施，包括道路路名、方位和重要的标志点等。合理布局指路标志，可以使行人能更容易地找到目的地的行进方向[54,55]。指路标志的设置位置一般选择在交叉口处，以及一些重要的吸引人群的公共场所，如广场、体育馆、学校、公园、公厕等周边。指路标志规划设计应体现认知性、一致性、连续性的布局原则。

（3）步行环境。

步行空间环境的合理设计可使行人在步行过程中更加舒适、心情更加愉悦，同时良好的环境也能够改善城市的整体形象。沿街步行空间环境设计主要包括景观和服务设施两部分。

①景观。

通过绿化和人行道线形的搭配，可以营造宜人的步行景观。人行道形状一般依据道路的平面线形可以分为直线形、折线形和曲线形三种形式（图 5-13）。

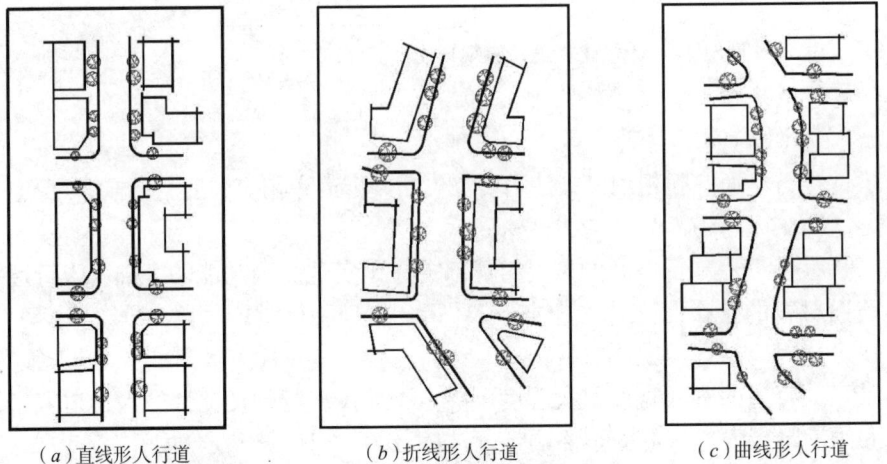

（a）直线形人行道　　　（b）折线形人行道　　　（c）曲线形人行道

图 5-13 不同形状的人行道示意图

直线形：方向性强，连续性较好，使人能感到一种秩序感。但较长的直线形人行道会引起行人的单调和疲乏感，可利用绿化设施在空间形状上的变化影响步行者的视觉感受，通过景观的频繁变化使得步行环境处于一个动态变化的状态，增强步行的乐趣。

折线形：是由若干个直线段呈一定的角度组合而成，能够表现一定的方向性，但增加了空间的围合感。景观设计时，直线段应强调景观环境的变化，营造动态的步行环境。交叉处则利用景观环境的变化增加空间的开放度。

曲线形：呈现出一种流动感，易产生变化的景致，增加人行道空间的趣味性，是一种最生动的形式；但对视野有一定的影响，在线形变化处的绿化植被高度不宜太高，防止遮挡行人的视线。

②服务设施。

人行道服务设施可为行人提供休憩、咨询、观赏、娱乐等功能，使得行人的出行更加舒适。常见的人行道服务设施包括座椅、信息查询设施、沿街小品、用水设施等。

调查表明，步行 400~500m 是正常人群可以接受的距离，而适合儿童、老年人和残障人的步行距离通常要短得多。因此，在一定距离范围内，设置休憩的场所或座椅是必要的。调查发现，人群出行的组成有一定规律性，2 个人一组的占出行人群数的 70%，座椅设置应以 2 或 3 个人的小型条椅为主；行人流较大时可以设置多个座椅，以满足行人的需要。

生活性的人行道，可以结合绿化空间设置反映当地社会文化背景的小品，营造文化氛围和观光娱乐效果；并结合休息场所的布局，适当规划设置报刊点、冷饮站、信息厅等其他服务设施。

（4）路段人行过街设施设计。

人行过街设施应以平面为主，且应符合无障碍通行的要求。合理布局人行过街位置并施划人行横道线，是人行交通空间的重要内容。

通常，人行过街设施间距不宜过长，按照行人、车辆延误时间最小的原则[56]，适宜的间距可以由式（5-9）确定，并满足式（5-10）所示的约束条件。

$$\min D_{\mathrm{L}} = \frac{d}{2v_{\mathrm{p}}}Q_{\mathrm{p}} + Q_{\mathrm{c}}\frac{L}{d}\left(\frac{w}{v_{\mathrm{p}}} + t_{\mathrm{r}}\right) \tag{5-9}$$

$$100 \leqslant d \leqslant 600 \tag{5-10}$$

式中，D_{L} 为行人和车辆延误总和（s）；d 为行人过街设施间隔（m）；v_{p} 为行人步行速度（m/s）；Q_{p} 为行人交通量（人/h）；Q_{c} 为机动车交通量（pcu/h）；L 为路段长度（m）；w 为人行过街设施宽度（m）；t_{r} 为机动车启动时间（s）。

对式（5-9）求解可得出行人过街设施的合理间隔

$$d_0 = \sqrt{\dfrac{2v_p Q_c L\left(\dfrac{w}{v_p}+t_r\right)}{Q_p}} \qquad (5\text{-}11)$$

$$100 \leqslant d_0 \leqslant 600 \qquad (5\text{-}12)$$

式中，d_0 为行人过街设施合理间隔（m），其余参数同上。

可以看出，行人过街设施的合理间隔与路段长度、行人交通量、路段宽度和行人交通量有关。

当无信号控制时，应通过标线和人行横道辅助标志的合理设计来提示车辆注意行人、减慢速度，并在距人行横道一定距离（30~50m）施划人行横道预告标志。彩色人行道标线或立体彩色标线对驾驶员视觉冲击大，可以促使驾驶员在人行横道线前减速或停车对行人进行避让，是一种人性化的处理方式。

当有信号控制时，应通过合理的信号配时减少行人过街延误，行人强行穿越的比例随着延误而增多（表 5-6）。道路的宽度较大时，由于行人清尾时间较长，使得普通的信号周期增加。因此，当道路宽度超过 4 条机动车道时，人行横道应在车行道的中央分隔带或机动车道与非机动车道之间的分隔带上设置行人过街安全岛，并采用行人"二次过街"控制方式。

有信号控制下平均行人过街延误与强行穿越行人所占比例关系　表 5-6

平均行人延误（s）	强行穿越行人所占比例
<10	低
10~20	低
20~30	中
30~40	中
40~60	高
>60	很高

（5）交叉口人行过街设施设计。

通常，在交叉口设置交通岛、渠化岛是保障人行过街安全的重要措施。交通岛的设置需要一定的空间，一般在双向四车道以上的条件下可设置交通岛。交通岛、渠化岛规划设计应结合交叉口的用地范围、交通特性进行，应满足行人通过交叉口时安全等候的要求。

2）非机动车交通空间

（1）非机动车路网规划。

以城市结构、功能分区性质、区片联系紧密程度、地形特征等要素作为非机动车道路网规划的主要依据，并充分利用现有道路或街巷，形成由主要非机动车道、区域非机动车道和小区非机动车道等不同层次路网有机衔接，相对独立的非机动车路网系统（表 5-7）。

各类自行车道密度指标　　　　　　　　　　表 5-7

自行车道路类别	密度指标（km/km²）	道路间距（m）
自行车专用道	1.5~2.0	1000~1200
实物分隔的自行车道	3.0~5.0	400~600
划线分隔的自行车道	10.0~15.0	150~200

（2）非机动车道设计。

应根据非机动车交通的特性设计非机动车道路，道路坡度不应有大的起伏，一般条件下宜控制在2%以内。

非机动车道宽度应按高峰小时非机动车交通量确定。在道路用地受到限制时，非机动车道宽度可灵活变动，但不得低于规定的最小宽度，而且要保证所有平行非机动车道的通行能力大于高峰小时该方向上的非机动车交通量。非机动车道宽度可按下式计算：

$$W=(N_t/N_b)+0.5 \qquad\qquad （5-13）$$

式中，W 为非机动车道宽度（m）；N_t 为单位小时内通过观测面的非机动车数（辆）；N_b 为非机动车道规划通行能力，按 1500 辆 /（h·m）计算。

非机动车道宽度不仅与非机动车交通量大小有关，还与非机动车道两侧用地性质、道路等级、道路功能有关。非机动车道最小宽度应满足基本出行需求，以及安全、便捷、舒适等要求（表5-8）。

不同道路断面非机动车道最小尺寸（m）　　　　表 5-8

道路等级		沿线用地性质					
		居住		商业		工业	
		非机动车流量较大	非机动车流量较小	非机动车流量较大	非机动车流量较小	非机动车流量较大	非机动车流量较小
主干道	交通性	4.5	3.5	3.5	2.5	3.5	2.5
	生活性	4.5	3.5	3.5	2.5	3.5	2.5
次干道	交通性	3.5	2.5	3.5	2.5	3.5	2.5
	生活性	3.5	2.5	3.5	2.5	3.5	2.5

我国机动车路边停车多设于三幅路的非机动车道，或在无隔离的单幅道路上设置在路边，对非机动车行驶造成安全隐患。研究认为，在难以全面禁止路边停车的前提下，调整机动车停车在道路断面上的位置，是改善非机动车道交通状况的有效途径[57]。

例如，当三幅路的非机动车道宽度大于 9m 时，可将路边停车泊位向道路中心方向移动 3m，设置机非护栏，将机动车停车与机动车通行设置在同一空间，避免对非机动车行车产生干扰（图 5-14）。

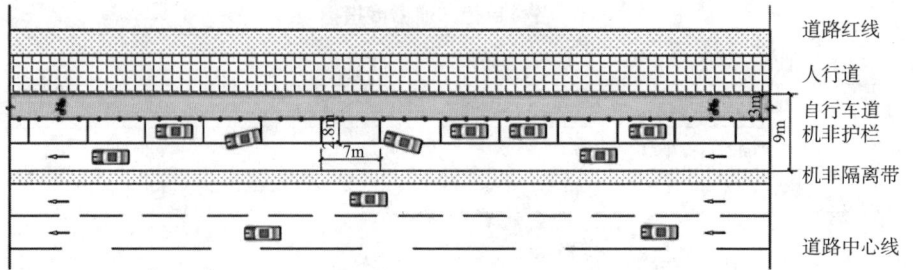

图 5-14 基于路边停车的非机动车道人性化设计（1）

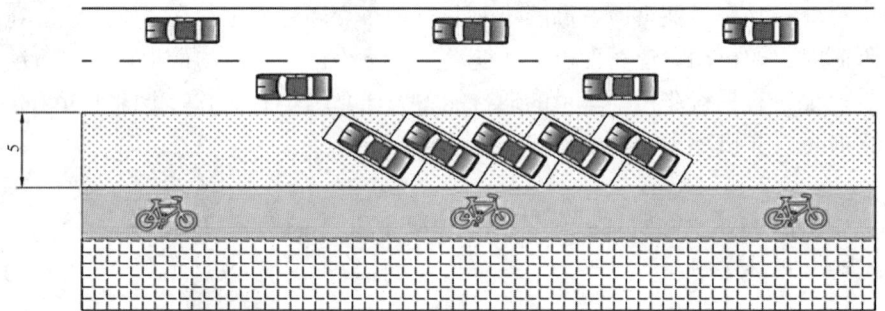

图 5-15 基于路边停车的非机动车道人性化设计（2）

　　或者，当机非隔离带有一定宽度时，可利用隔离带行道树间空隙设置临时停车泊位（图 5-15）。根据具体条件，可采用平行式或斜式停车。该方式消除了路边停车对非机动车交通空间的占用。

　　在混合行驶道路上，公交站点设置与非机动车道存在交通冲突，公交车进、出站前后长时间借用非机动车道，对非机动车交通的干扰和安全威胁较大。同时，非机动车也使公共汽车进、出站不方便。因此，应采用非机动车道外绕模式新建或改造公交站前后一定长度的道路断面（图 5-16）。

图 5-16 外绕式非机动车道设计

（3）非机动车交叉口过街设计

①非机动车右转。

当非机动车右转交通量大时，可通过设置右转专用道或拓宽非机动车进口道等措施，方便非机动车右转（图5-17）。

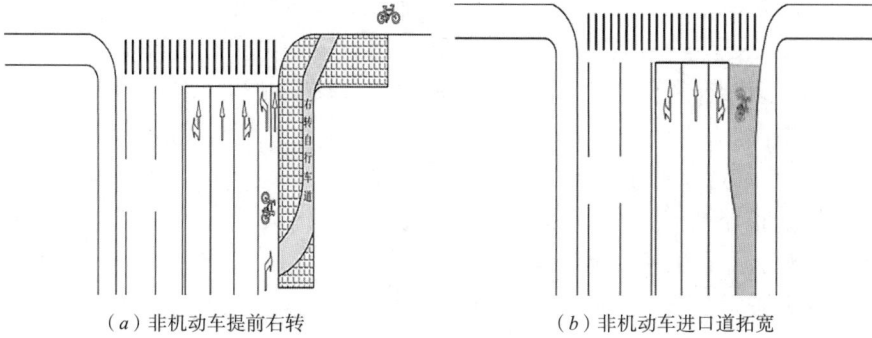

（a）非机动车提前右转　　　　　　　　（b）非机动车进口道拓宽

图5-17　非机动车右转设计示意图

②非机动车左转。

为保障非机动车左转通行安全，推荐采用与左转信号相位相结合的待转区过街方式（图5-18）。

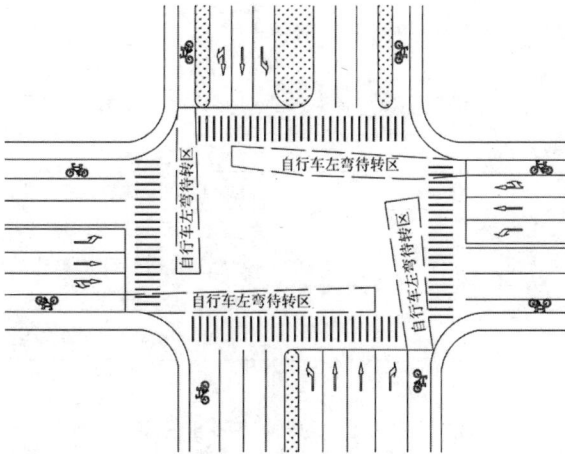

图5-18　非机动车左转过街设计示意

③非机动车直行。

非机动车直行过街通道应单独设置在人行过街横道前进方向的左侧。由实例观测可知，非机动车通过停车线后，横向间距增大。针对这一特征，引入膨胀系数 K_p 表征其空间"膨胀"的客观要求，非机动车过街道宽度可由式（5-14）确定。

$$D_i = \frac{W_{bpi} + W_i}{2} \qquad\qquad (5\text{-}14)$$

$$K_{pi} = \frac{Q_p}{Q_0} \qquad (5\text{-}15)$$

$$W_{bpi} = W_i K_{pi} \qquad (5\text{-}16)$$

式中，D_i 为 i 进口自行车过街横道宽度；K_{pi} 为 i 进口自行车流通过停车线后的膨胀系数；Q_p 为停车线前车道断面宽度内静止的非机动车数；Q_0 为停车线后车道断面宽度内行驶时的非机动车数；W_{bpi} 为 i 进口自行车流通过停车线后的宽度；W_i 为 i 进口路段的自行车道宽度。

3）机动车交通空间

（1）道路几何线形。

良好的平面几何线形，不仅能使车辆顺利通过，还能节省燃料，减少车辆轮胎损耗，提高乘客和驾驶员舒适感。

① 基于横向加速度的行车舒适性。

横向加速度是由于平面曲线存在而产生的，横向加速度超过一定范围会使乘客和驾驶员感到不舒适（表 5-9）。汽车在平面曲线上行驶时横向加速度由式（5-17）确定

$$a_h = \frac{(\frac{V}{3.6})^2 + Rgi_h}{R\sqrt{1 + i_h^2}} \qquad (5\text{-}17)$$

横向加速度值与行车舒适状况的关系   表 5-9

横向加速度 a_h（m^2/s）	舒适状况
< 0.98	感觉不到有曲线存在，很平稳
[0.98, 1.47)	感到有曲线存在，尚平稳
[1.47, 1.96)	已感到有曲线存在，略感到不稳
[1.96, 3.92)	感到有曲线存在，已感到不稳定
≥ 3.92	非常不稳定，站立不住而有倾倒危险

式中，a_h 为横向加速度（m^2/s）；V 为行车瞬时速度（km/h）；i_h 为道路横坡；R 为曲线半径（m）；g 为重力加速度，取 $9.8 m^2/s$。

② 基于竖向加速度的行车舒适性。

竖向加速度是由于纵断面上竖曲线的存在而产生的。汽车在竖曲线上行驶时产生竖向离心力，这个力在凹形竖曲线上为超重，在凸形竖曲线上为失重，当超重与失重达到一定程度时，乘客和驾驶员就有不舒适的感觉（表 5-10）。不同半径的竖曲线有不同的竖向加速度，可由式（5-18）确定

$$a_s = \frac{V^2}{13R_s} \qquad (5\text{-}18)$$

竖向加速度值与行车舒适性的关系　　　　　表 5-10

竖向加速度 a_s（m²/s）	舒适状况
< 0.315	一般值，感觉不到竖曲线的存在，舒适
[0.315，0.63）	能感觉到竖曲线的存在，可忍受
[0.63，1.25）	感觉到竖曲线的存在，不舒适
≥ 1.25	车辆行驶时感到非常不舒适

式中，a_s 为竖向加速度（m²/s）；V 为行车速度（km/h）；R_s 为竖曲线半径（m）。

因此，在交叉口或路段的几何线形规划设计时，要控制横向加速度和竖向加速度在舒适范围内。

（2）交叉口设计。

进口道的布置形式、停车线位置是交叉口人性化设计的关键所在，合理的设计可以提高交叉口通行效率，保障交通安全[58]。

①进口道展宽长度。

通常，交叉口进口道布置有左侧车道展宽和右侧车道展宽两种形式，展宽段由渐变段和展宽段构成。在现行设计中，展宽段长度依据转向车辆排队长度确定，往往由于直行车辆排队长度阻塞转向车辆进入转向车道，降低了转向车道的效率（图5-19）。基于此，建立了综合考虑转向、直行车辆排队长度的进口道展宽长度计算公式（式（5-19））。

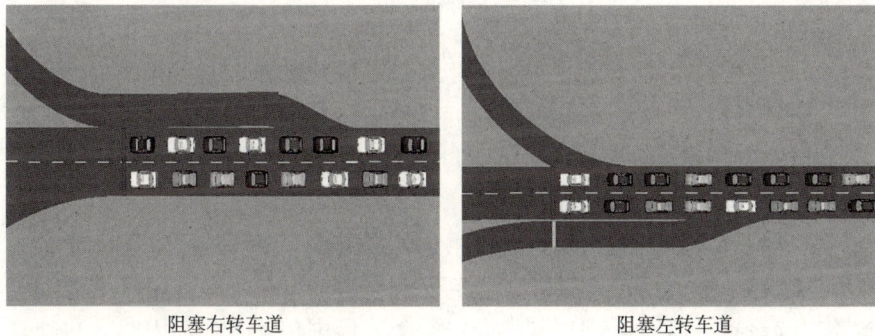

阻塞右转车道　　　　　　　　　　　阻塞左转车道

图 5-19　进口道直行车排队对转向车道影响

$$L=L_d+L_s \qquad (5-19)$$

$$L_d = \frac{v\Delta w}{3} \qquad (5\text{-}20)$$

$$L_s=\max\{L_x; L_z\} \qquad (5-21)$$

式中，L 为进口道长度（m）；L_d 为展宽渐变段长度（m）；L_s 为展宽段长度（m）；L_x 为转向车辆排队长度（m）；L_z 为直行车辆排队长度（m）。

②停车线位置。

交叉口停车线设计决定了交叉口范围的大小，若停车线设计不当将影响整个交叉口的通行效率。停车线位置设计应满足约束条件：尽量减小右转车辆转弯半径，降低右转车辆行车速度，方便过街行人穿越右转车流；相邻人行横道之间的转角距离能确保待行一辆右转车。

以典型的十字交叉口为例，相向进口道中心线在同一条直线上，在满足上述约束条件下，使车辆行驶距离最短，应使下式成立：

$$\min d_1 = w_p + d_h + \frac{b}{\tan\alpha} + \frac{a}{\sin\alpha} + \frac{d_x}{\sin\alpha} \tag{5-22}$$

$$R(\frac{\pi}{2} + \frac{\theta}{180}\pi) \geqslant l \tag{5-23}$$

$$\theta = \arcsin\frac{d_x - R}{R} \tag{5-24}$$

式中，d_1 为停车线到交叉口道路中心线交点的距离（m）；w_p 为人行横道的宽度（m）；d_h 为停车线到人行横道后边缘的距离（m）；b 为本向进口道车行道宽度（m）；a 为相邻进口道车行道宽度（m）；d_x 为相邻道路路缘石到人行横道前边缘的距离（m）；α 为交叉口道路中心线锐角夹角；R 为右转车辆转弯半径（m）；θ 为相邻两条行人横道线之间的弧长对应的圆心角；l 为相邻两条行人横道线之间的弧长（m）。

（3）交通标志、标线。

交通标志、标线是用图形符号、颜色和文字向交通参与者传达确切的道路交通情报，对交通行为有着重要影响。科学设置标志、标线是人性化交通系统的重要组成部分。

设置交通标志应遵循以下基本要求：不应被其他东西干扰或挡住，保证交通参与者在一定的安全距离内可以清晰地看到；信息量应适当，信息不足起不到传递信息的要求，信息过量则会超出交通参与者的视认能力，同一视觉断面上，标志信息不应超过 7 个。

交通标线主要是对车辆行驶提供诱导、分流、提示或限制等作用，用来保证道路上车辆的正常行驶，避免交通事故的发生，并且由于交通标线能够连续设置，所以可以与点状设置的交通标志相互弥补。因此，在施划交通标线时，应符合以下基本要求：与交通标志配合使用，两者的信息应一致，没有歧义；交通标线应连续，颜色符合国家标准；具有良好的抗滑性能等。

第 6 章
信息化条件下交通网络需求分析

伴随着信息技术的发展，人们能够将各种动态交通信息（包括道路交通流拥挤状况、道路设施状况和突发事件等）和路径导航信息相结合，选择效用最大的出行方式、出行目的地和出行路径。在短期内，交通信息化会影响人们的出行行为，而长期将会改变人们的生活方式和出行习惯[59]。

6.1 信息化对出行者行为影响

2009 年，在南京市进行了信息化条件下居民出行调查，研究了信息化条件对交通方式、路径选择、驾驶员出发时间选择、出行目的、个人出行量和分布等多方面的影响。

6.1.1 对出行方式选择行为影响

采用双层关系的思路进行调查和分析，上层关系研究出行者获得的信息与个体特性间的内在关系，下层关系分析出行者获得的信息与信息载体之间的密切联系。向驾驶员提供的信息主要包括可变因素信息：道路舒适性、道路拥挤程度、目的地停车位情况、安全性、天气状况、出行距离和出行费用等多种可变信息。

1）可变信息对交通方式选择的总体影响

按照交通方式选择过程将其分为初步选择和再选择两个阶段，并通过建立各信息因素对该过程的影响得到如图 6-1 所示的结果。

在影响出行者初步选择交通方式的最主要因素中，道路拥挤程度和出行距离所占的比例均在 12.5% 之上，占到平均水平，而交通工具舒适性、道路建设情况、安全性、道路交通事故情况、出行费用和目的地停车设施的可利用情况等影响因素均在 2.5% 以下。在出行者所认为的次要影响因素中天气状况所占的比例最大。可见，天气状况和道路状况是人们进行出行方式选择时所考虑的主要因素，并且可进一步推断出若以上信息内容有较大的变化时，人们会考虑重新选择交通方式。

对比图 6-1（a）与（b）可以看出，道路拥挤程度、道路建设情况、交通事故状况、目的地可利用的停车位状况等影响人们进行交通方式再选

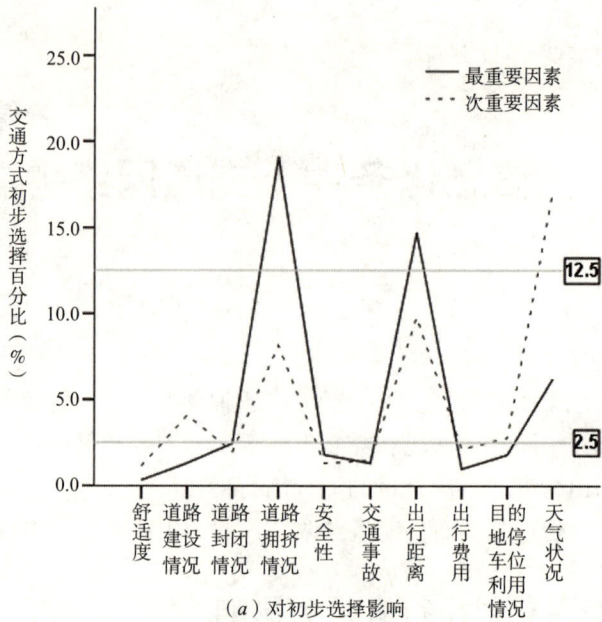

（a）对初步选择影响

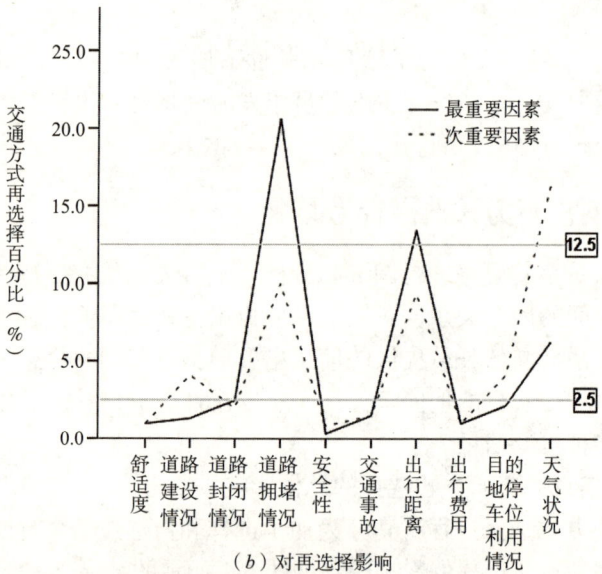

（b）对再选择影响

图 6-1   交通方式选择影响因素

择的比例上升，说明若出行者接收到有关道路交通的新信息时，其改变出行方式的概率较大，道路交通可变信息对人们的出行决策起着非常重要的作用。

2）上层关系：信息和个人特征关系分析

信息和个人属性之间的关系主要采用 SP 调查方法得到，SP 调查中对出行者所获得的信息设置四种情景，如表 6-1 所示。

调查结果如图 6-2 所示，揭示了当接收到信息时，不同特性的出行者重新选择交通方式的概率大小。

SP 调查的情景设置 表 6-1

情景	变 量		
	天气状况	目的地停车位信息	道路拥挤情况
1	好	差	差
2	差	好	差
3	差	差	好
4	差	差	差

注："好"仅限于表示该变量有利于出行者出行，"差"仅限于表示该变量不利于出行者出行。

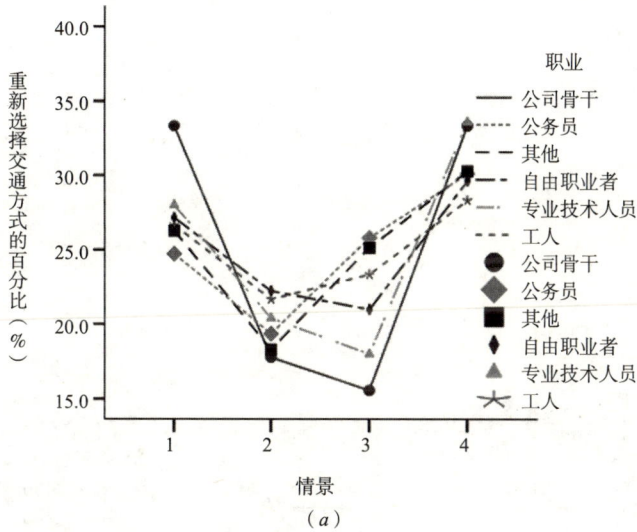

（a）

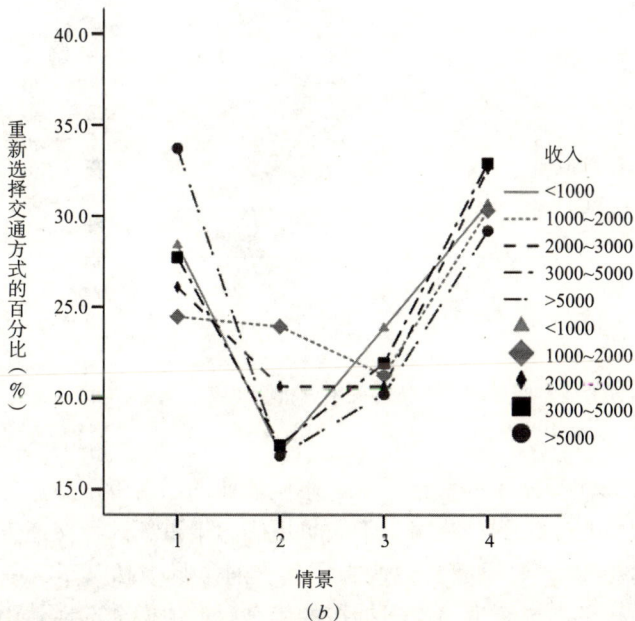

（b）

图 6-2 信息和个人特性关系分析图

重新选择交通方式的百分比（%）

拥有驾照的年限
无
新手
1~5
6~10
11~15
16~20
>20
无
新手
1~5
6~10
11~15
16~20
>20

情景
（c）

重新选择交通方式的百分比（%）

年龄
13~20
21~30
31~40
41~50
51~60
>60
13~20
21~30
31~40
41~50
51~60
>60

情景
（d）

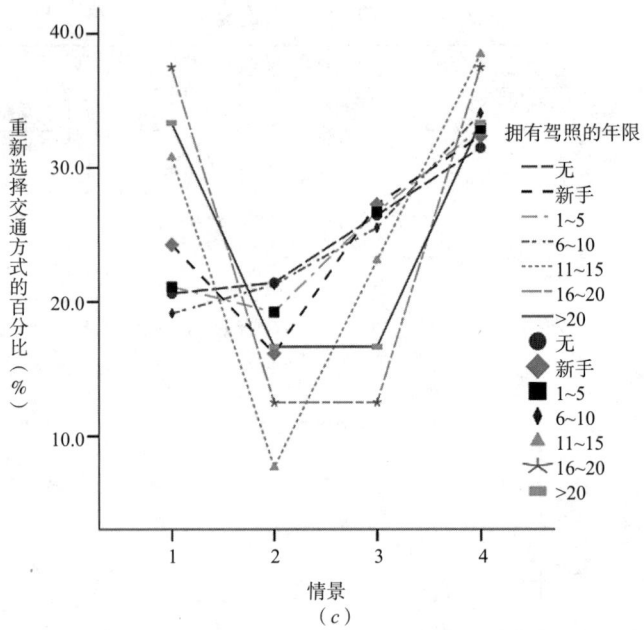

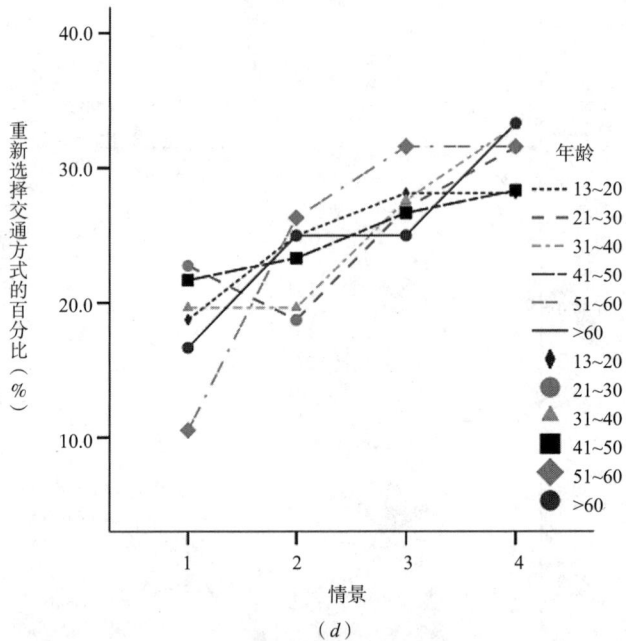

图 6-2　信息和个人特性关系分析图（续）

图 6-2（a）显示了四种情景下，不同职业的出行者重新选择交通方式的概率。以情景 1 为例，公司骨干人员更倾向于重新选择交通方式，其概率达到 35%，其主要原因为他们常用的交通工具为私家车，一旦得知目的地停车位不够多或者道路交通拥挤的信息后，他们会选择效用更大的其他交通方式。

从图 6-2（b）中可看出即使是同一情景，出行者再次选择交通方式的概率会根据他们收入情况有所不同。以情景 2 为例，月收入在 1000~3000 的出行者更倾向于改变出行方式，其概率在 20%~25%，可选择的交通方式有多种，但却不能有足够的经济支撑买车。其他三类被访问者重选交通方式的概率很小，主要原因是收入低难以支持选择更高费用的交通方式，或者原交通方式适合他们的出行。

图 6-2（c）关注信息对驾龄特性的影响。拥有驾照的出行者所关心的主要为目的地停车位的使用情况和道路交通拥堵情况，若目的地的停车位足够多或道路交通不拥堵，他们改变交通方式的概率较小，如情景 2 和情景 3 所示；若情况相反，他们重选交通方式的概率会很大，情景 1 和情景 4 说明了这一点。

图 6-2（d）解释了信息和年龄这一特性之间的关系。通常情况下，交通方式重选概率会随着年龄的增长而增大，但调查显示不同年龄段的出行者的反应大相径庭，以情景 2 为例，其重选交通方式的概率可明显分为两组，一组是 13~20 岁和 51 岁以上的被访问者，另一组的被调查者年龄为 20~51 岁，前者交通方式重选概率较后者大。

分析表明，在得到相关信息后，大多数被调查者倾向于重选出行方式，但并非所有的出行者都会改变，信息和出行者的个人特性会对最终的结果产生综合的影响。

3）下层关系：信息载体和可变影响因素关系分析

图 6-3 展示了调查中人们获取各种信息的主要途径和感兴趣的途径。

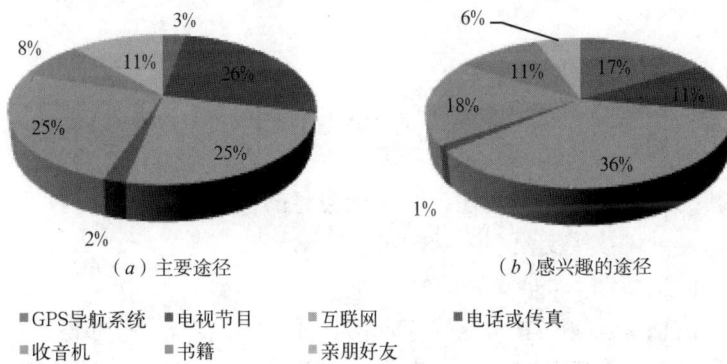

（a）主要途径　　　　　（b）感兴趣的途径

■GPS导航系统　■电视节目　■互联网　■电话或传真
■收音机　■书籍　■亲朋好友

图 6-3　获得信息的途径

互联网、收音机和电视节目是获得信息的主要途径，比例分别占 26%、25%，而在感兴趣的渠道中，GPS 导航增长率最大，达到 14%，互联网的比例上升了 10%，收音机的比例下降 7%，表明出行者希望通过方便的信息载体获得有用的信息。

6.1.2   对驾驶员行为影响

为了解驾驶员对交通信息的使用意向,运用科技接受模型(technology acceptance model,TAM)思想,建立了驾驶员路径交通信息使用意向结构模型。

1)科技接受模型

科技接受模型是 Davis 将理性行为理论应用于信息技术接受领域而首次提出的,认为个体对于某一技术的接受是由使用者对这个技术的使用意向决定的,而使用意向又是由使用者对系统的态度决定的。该模型提出了两个变量:感知有用性(perceived usefulness,PU)和感知易用性(perceived ease of use, PEOU)。用这两个变量解释使用者对技术的态度和使用意向。感知有用性是指潜在使用者主观认为在某一特定组织环境中使用某一特定系统能够提高其工作绩效的可能性,感知易用性是指潜在使用者认为使用某一特性系统的容易程度。意向则是个体打算完成特定行为的强度。

众多研究表明,感知的有用性对用户的行为意向有显著的影响作用,感知的易用性对用户使用态度具有显著的影响,同时也影响了感知的有用性。提供的交通信息越容易使用,用户感知的有用性越强,使用意向也就越浓厚。为此,本研究提出以下假设。

假设一(H1):感知有用性正向显著影响驾驶员使用交通信息的行为意向;

假设二(H2):感知易用性正向显著影响感知的有用性;

假设三(H3):感知易用性正向显著影响驾驶员使用交通信息的行为意向。

2)科技接受模型改进

尽管科技接受模型在多数信息系统采纳研究中运用方便,具有普遍性,但在特定情形下会忽略一些重要问题。因而,本研究结合交通信息服务特征引入新的因子——信息特性、对交通信息的信任度、个体特性和对替代路径认识,对科技接受模型进行改进。

(1)信息特性。

交通信息特性是驾驶员接受交通信息的决定因素之一,如信息可靠性、信息更新速度、信息及时性等属性会影响驾驶员对交通信息的使用。

假设四(H4):信息特性正向显著影响驾驶员使用交通信息的行为意向。

(2)对交通信息的信任度。

驾驶员对于所接收到的交通信息的信任程度与行为选择有直接的关系,当驾驶员认为发布的交通信息比较准确时,才会对信息使用持有正面积极的行为意向。

假设五(H5):驾驶员对交通信息的信任正向显著影响驾驶员使用交通信息的行为意向。

（3）个体特性。

驾驶员作为交通信息的接受主体，驾驶员的性别、年龄、职业、学历水平以及驾驶经历等都会对驾驶员的信息接受意向和行为产生一定的影响，如在本地生活时间较长并且有较长驾龄的驾驶员更相信自己的驾驶经验。

假设六（H6）：驾驶员的个体特性正向或负向显著影响驾驶员使用交通信息的行为意向。

（4）对替代路径认识。

当交通事件发生后，可能会造成主路上的交通拥堵，此时交通信息可能涉及替代路的信息。驾驶员对替代路径的熟悉程度和对替代路径的态度都会影响到其对交通信息的接受意向。

假设七（H7）：驾驶员对替代路径认识正向显著影响驾驶员使用交通信息的行为意向。

依据信息感知的特点，基于以上假设，构建驾驶员路径交通信息使用意向的结构模型，如图6-4所示。

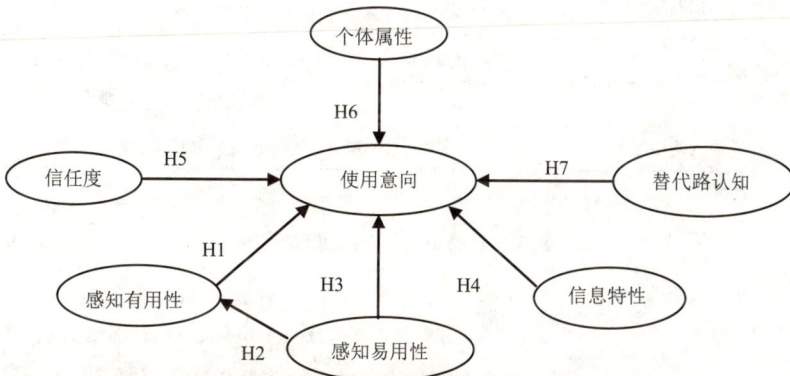

图6-4　驾驶员交通信息使用意向的结构模型图

3）变量构造

结构模型中的信息特性、对交通信息的信任度、个体特性、对替代路径认识等变量均为潜在变量，不能直接测量，必须建立多维的可测变量对其进行估计。由于在交通信息与驾驶员行为方面的研究还没有成熟的量表，为了确保所选测量变量的合理性，结合上述假设和相关研究建立了各变量的测度表（表6-2）。

根据测量变量构造，设计了用于观测变量调查的主观感知调查（表6-3），并在南京市进行了相应调查。共取得247份有效问卷，其中15%为女性驾驶员，85%为男性驾驶员，男性和女性驾驶员的比例接近实际情况。驾驶员的平均年龄为37.22岁，平均驾龄为8.14年，平均在南京工作时间长度为12.35年。

测量变量构造   表 6-2

潜在变量	观测变量
个体特性（SD）	性别 (gender)
	年龄 (age)
	驾龄 (driveage)
	在本地工作年限 (workage)
	职业 (occupation)
	学历水平 (education)
信息特性（IA）	Q1：广播里报道的交通情况，内容描述得详细
	Q2：广播里报道的交通情况，内容更新速度快
感知有用性（PU）	Q3：开车在路上，收听广播报道有帮助
	Q4：只要一开车，就收听广播了解路况
对替代路径的认识（COAR）	Q5：我熟悉至少 2 条从家到单位的路线
	Q6：愿意去尝试新的路线避免迟到
对交通信息的信任度（TI）	Q7：交通广播提供的信息无关紧要
	Q8：比起交通广播我更相信自己的判断
感知易用性（PEOU）	Q9：堵车时，利用广播去了解如何选择替代路线很麻烦
	Q10：堵车时改行替代路线反而会花费更多时间
交通信息使用意向（AI）	Q11：堵车时愿意接受广播中替代路线的建议

驾驶员交通信息主观感知调查问卷表   表 6-3

性别：①男②女	年龄（ ）	驾龄（ ）	在本地工作年限（ ）		
职业	①公务员或事业单位；②教师；③工人；④自由职业；⑤其他				
学历水平	①初中及以下；②高中；③本科及本科同学历；④硕士及以上				
调查问题	非常同意	同意	一般	不同意	非常不同意
广播里报道的交通情况，内容描述得详细					
广播里报道的交通情况，内容更新速度快					
开车在路上，收听广播报道有帮助					
只要一开车，就收听广播了解路况					
我熟悉至少 2 条从家到单位的路线					
愿意去尝试新的路线避免迟到					
交通广播提供的信息无关紧要					
比起交通广播我更相信自己的判断					
堵车时听广播去了解如何选择替代路线很麻烦					
堵车时改行替代路线反而会花费更多时间					
堵车时愿意接受广播中替代路线的建议					

4）结构方程模型分析及假设检验

基于上述分析和测量变量构造，得到如图 6-5 所示的整体模型结构。

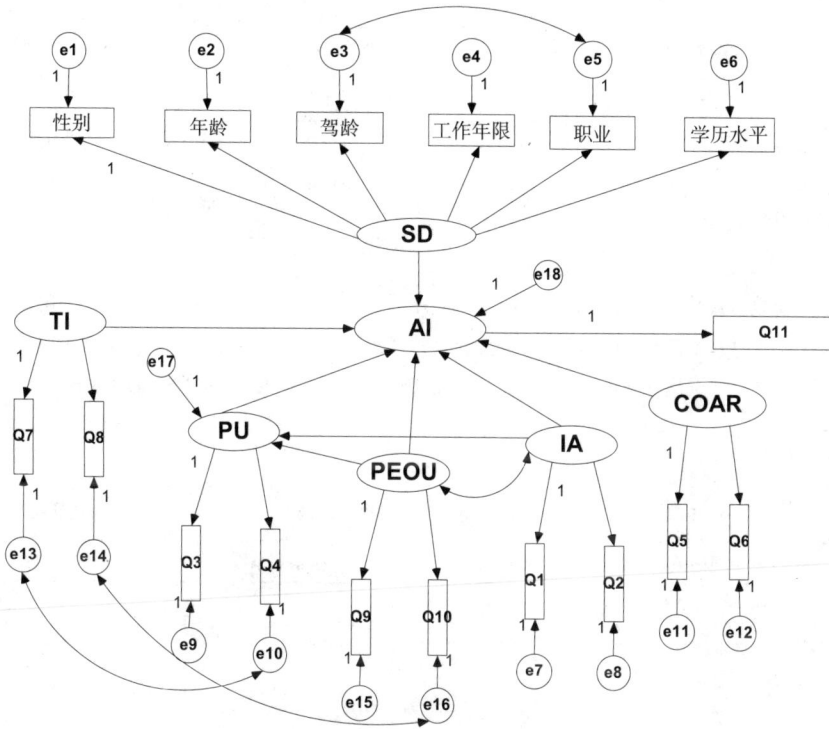

图 6-5　交通信息使用意向的结构模型整体结构图

　　图 6-5 中椭圆表示潜在变量，方框表示测量变量；单向箭头表示一个变量对另一变量的依赖程度，用系数 β 表示各潜在变量之间的回归系数；双向箭头表示两个变量相关。规定模型中每个潜在变量对应的测量指标中有一个系数为 1，相当于规定潜在变量的度量单位与对应度量指标的单位相同。模型中的 Q1~Q11 为测量变量，e1~e6 为个体特性的 6 个测量变量的测量误差，e7~e16 为测量变量的 Q1~Q10 的测量误差，e17、e18 为内生潜在变量感知有用性和交通信息使用意向的误差。运用调查数据对模型进行回归检验，前述假设中 4 个假设得到显著性支持（表 6-4）。

研究假设与验证　　　　　　　　　　　表 6-4

假　设	标准系数	P 值	验证结果
假设一 (H1)：感知的有用性正向显著影响驾驶员使用交通信息的行为意向	$\beta_1=0.199$	$P_1=0.079$	假设显著
假设二 (H2)：感知的易用性正向显著影响感知的有用性	$\beta_2=0.377$	$P_2=0.001$	假设显著
假设三 (H3)：感知的易用性正向显著影响驾驶员使用交通信息的行为意向	$\beta_3=0.477$	$P_3=0.001$	假设显著

续表

假　设	标准系数	P 值	验证结果
假设四 (H4)：信息特性正向显著影响驾驶员使用交通信息的行为意向	$\beta_4=0.016$	$P_4=0.873$	假设 不显著
假设五 (H5)：驾驶员对交通信息的信任正向显著影响驾驶员使用交通信息的行为意向	$\beta_5=0.348$	$P_5=0.02$	假设 显著
假设六 (H6)：驾驶员的个体特性正向或负向显著影响驾驶员使用交通信息的行为意向	$\beta_6=0.039$	$P_6=0.502$	假设 不显著
假设七 (H7)：驾驶员对替代路径认识正向显著影响驾驶员使用交通信息的行为意向	$\beta_7=0.118$	$P_7=0.342$	假设 不显著

按照 Bollen(1989) 的建议，研究者可以通过检查潜在变量之间的直接影响系数和总影响系数来估计每一个因果路径的关系强度。回归系数反映了潜在变量之间的直接影响，但潜变量之间还存在着间接的影响（表 6-5）。

潜在变量之间的影响系数 表 6-5

潜在变量间的关系	直接影响系数	间接影响系数	总影响系数
有用性→行为意向	0.199*	—	0.199
替代路径认识→行为意向	0.118	—	0.118
易用性→行为意向	0.477***	0.075*	0.552***
信息特性→行为意向	0.016	0.079*	0.079*
信任→行为意向	0.348**	—	0.348
个体特性→行为意向	0.039	—	0.039
易用性→有用性	0.377***	—	0.377
信息特性→有用性	0.395***	—	0.395

注："***"表示 $p<0.001$，"**"表示 $p<0.01$，"*"表示 $p<0.1$。

5）研究结论

通过分析，可以得到如下结论：

（1）感知易用性驾驶员对交通信息接受意向的影响最大，而且这种影响在 0.001 水平下显著。可见交通信息的感知易用性对交通信息接受意向起到了关键作用，如果交通信息系统提供的交通信息难以快速理解，或者不方便本次出行，那么驾驶员对交通信息自然会持负向态度，放弃对交通信息的使用。

（2）驾驶员对交通信息的信任程度影响交通信息的接受，当交通信息不准确而使驾驶员对交通信息的可靠性产生怀疑时，驾驶员更加相信自身对交通路况的认识。

（3）信息特性本身并不直接影响驾驶员对交通信息的接受，而是间接地通过影响驾驶员对交通信息的感知有用性来影响驾驶员对交通信息的接受。

（4）感知易用性和感知有用性得到了证实。如果驾驶员在使用交通信息时感觉很困难，那么驾驶员可能不会觉得其有用；如果驾驶员觉得交通信息对出行帮助不大，自然会放弃对交通信息的使用。

（5）在个体属性中，驾驶员的年龄、驾龄、在本地的工作时间与信息接受呈现负向关系，说明随着年龄、驾龄、在本地工作时间的增加，驾驶员对本地路况越来越熟悉，从而降低了对交通信息的使用意向。女性驾驶员相对于男性更倾向于接受交通信息，学历高的人更容易接受交通信息。

（6）替代路径认识与交通信息使用意向之间没有明显的正向或负向关系。

6.2　信息化条件下交通分布模型修正

常用的交通分布模型可分为增长系数法和重力模型两种，由于交通分布受到交通阻抗的影响较大，因此相对于增长系数法，重力模型能够很好地弥补这一缺陷。基于信息化条件下的交通分布模型，较早提出的是Kullback 的信息理论模型（ITM）和 Fotheringham 的目的地竞争力分布模型（CDM），但两者不能系统地反映出在信息化条件下信息对交通分布的影响。在此，采用最大熵原理，从交通行为角度对模型进行修正。

6.2.1　基础模型

1. CDM

CDM 是对重力模型的修正，其基本形式为

$$T_{ij}=A_iO_iB_jD_j(S_{ij})^{\rho}\mathrm{e}\text{-}\beta C_{ij} \tag{6-1}$$

$$A_i = \frac{1}{\sum_j B_jD_j(S_{ij})^{\rho}\mathrm{e}^{-\beta C_{ij}}}, \qquad B_j = \frac{1}{\sum_i A_iO_i(S_{ij})^{\rho}\mathrm{e}^{-\beta C_{ij}}} \tag{6-2}$$

式中，T_{ij} 为 i、j 小区之间的交通分布；A_i、B_j 为模型参数；O_i 为 i 小区的交通发生量；D_j 为 j 小区的交通吸引量；C_{ij} 为 i、j 小区之间的出行费用；β 为出行费用参数；S_{ij} 为表示 j 小区相对于其他各个小区对 i 区的吸引强度，定义为

$$S_{ij} = \sum_{\substack{k=1 \\ k\neq i, k\neq j}}^{\omega} D_k\mathrm{e}^{-C_{jk}} \qquad 或 \qquad S_{ij} = \sum_{\substack{k=1 \\ k\neq i, k\neq i}}^{\omega} D_k(C_{jk})^{-1} \tag{6-3}$$

式（6-2）中 ρ 的标定分以下两种情况：

（1）当两小区之间的阻抗增大时，其出行分布量会减小，称这一特性为阻抗函数的凝聚性，此时 $\rho>0$。

（2）当出行者的愿意出行距离增大时，其可选的目的地增多，因此具有较高的出行满意度，称这一特性为阻抗函数的竞争性，此时 $\rho < 0$。

式（6-1）可通过解决以下最大熵多目标优化问题得到：

$$\min_{\{T_{ij}\}} Z_1 = \sum_{ij} T_{ij}\, C_{ij} \tag{6-4}$$

$$\min_{\{T_{ij}\}} Z_2 = \sum_{ij} T_{ij}(\ln T_{ij} - 1) \tag{6-5}$$

$$\max_{\{T_{ij}\}} Z_3 = \sum_{ij} T_{ij} \ln(S_{ij}) \tag{6-6}$$

$$\text{s.t.} \quad \sum_{j} T_{ij} = O_i \qquad \forall i(\mu_i) \tag{6-7}$$

$$\sum_{i} T_{ij} = O_j \qquad \forall j(\gamma_j) \tag{6-8}$$

与双约束重力模型相比，CDM 增加了 S_{ij} 这一参量，优化目标函数通过增加式（6-6），从 i、j 小区之间可达性的角度间接表达了出行者行为对交通分布的影响。但却有两个重要的缺陷：其一，式（6-3）只从宏观考虑了出行阻抗对 i、j 两小区间可达程度的影响，从微观个体角度看，不够全面；其二，从式（6-1）~ 式（6-3）可以看出，出行者接收到信息时的不同反应对分布的影响没有得到体现。

2. ITM

ITM 是基于 Fratar 法发展的重要模型之一，表达了信息对出行分布的影响。Kullback 作了以下定义：

$$I(p,q) = \sum_{ij} p_{ij} \ln(p_{ij}/q_{ij}) \tag{6-9}$$

式中，$I(p,q)$ 表示在提供信息的条件下各小区之间的出行分布概率；q_{ij} 表示 i、j 小区间的先验交通分布概率；p_{ij} 表示在提供新信息的条件下，位于 i 区的出行者选择 j 区的概率，又称为后验概率，并且服从以下约束条件：

$$p_{ij} = q_{ij} a_i o_i b_j d_j \tag{6-10}$$

其中，$o_i = O_i/T$，$b_j = D_j/T$，a_i、b_j 为模型参数，采用以下两个公式表示：

$$(a_i)^{-1} = \sum_{j} q_{ij} b_j d_j \tag{6-11}$$

$$(b_j)^{-1} = \sum_{i} q_{ij} a_i o_i \tag{6-12}$$

该模型认为出行者接收到新信息后对交通分布的选择概率受到先验概率和后验概率共同的影响，与 Fratar 法相比，模型得到的结果更贴近实际情况，但同时也继承了增长系数法的缺陷，即忽略了小区之间的交通阻抗这个非常重要的参数，当阻抗变化较大时，得出的出行分布概率误差较大。

6.2.2 模型修正

1. 模型修正思路

依据是否考虑出行目的，从两个角度对模型进行修正。

1）考虑出行目的

出行目的对出行分布起着重要的作用，设：

（1）用以同一弹性出行目的的小区有 N（$\geqslant 2$）个可供出行者 n 选择。

（2）出行者在出行过程中不会改变目的地。

（3）提供给出行者的信息指出行前信息。

基于上述假定条件，对两种情景进行分析。

情景1：在没有提供信息的情况下出行者的交通分布规律。此时出行者 n 根据其出行目的和起讫点 i、j 的交通阻抗综合选择目的地。引入 j 小区对出行者的强迫度参量 λ_m 作为另一主要影响因素，并且定义 λ_m 由出行目的决定（表6-6）。

不同出行目的 λ_m 的取值   表6-6

出行目的	λ_m 取值
上班	1
弹性	t_{ij}

注：式（6-1）中的交通阻抗对出行分布的影响为指数形式，其最大值为1，针对非弹性出行目的对出行者的强迫度大、弹性出行目的的强迫度适中的特点，取 λ_m 为与交通阻抗有比较性的值。

情景2：当居民接收到新的信息后，该信息会对出行者作出的原目的地选择决定产生影响，设其影响程度用 λ_n 表示，并根据信息的不同种类，分别令 $\lambda_n=1$（提供的信息不利于出行者到达该目的地），$\lambda_n=0$（提供的信息有利于出行者到达该目的地），在 t_{ij}、λ_m、λ_n 综合影响下，出行者 n 会作出最终目的地选择决定。

2）不考虑出行目的地

考虑以下两个情景。

情景1：若提供信息后，位于 i 区的出行者1，2，…，n 选择 j 区作为目的地的概率总和达到最大，认为此时 i、j 小区的交通分布是合适的。同理，在整个研究范围内，若每两个小区之间的分布概率和最大，则认为该分布是合理的。

情景2：若不予分析信息以及不同出行者对交通分布的具体影响，而仅着重于信息影响所产生的最终交通分布，则可建立分布概率与交通分布的关系。

基于最大熵理论，可以建立修正模型的优化问题。从情景1可得出该优化问题的一个目标函数式（6-13）。

$$\max_{\{T_{ij}\}} Z_3 = \sum_{ij} p_{ij} \ln(p_{ij}/q_{ij}) \tag{6-13}$$

式中，q_{ij} 为交通分布的先验概率，依据往年的交通分布 OD 情况确定。

基于情景 2 可得出式（6-13）中 p_{ij} 的表达式（6-14）。

$$p_{ij}=T_{ij}/T \tag{6-14}$$

式中，T_{ij} 表示当出行者接收到信息后 i、j 小区间的最终交通分布；T 表示交通分布总量。

将式（6-14）代入式（6-13），得到该目标函数式

$$\max_{\{T_{ij}\}} Z_3 = \frac{1}{T}\sum_{ij} T_{ij}\ln\frac{T_{ij}}{Tq_{ij}} \Leftrightarrow \max_{\{T_{ij}\}} Z_3 = \sum_{ij} T_{ij}\ln\frac{T_{ij}}{Tq_{ij}} \tag{6-15}$$

为方便公式推导，利用式（6-16）对式（6-15）进行简化，得到该目标函数的最终形式（6-17）

$$\ln(x) = \left(\frac{x-1}{x}\right) + \frac{1}{2}\left(\frac{x-1}{x}\right)^2 + \frac{1}{3}\left(\frac{x-1}{x}\right)^3 + \cdots \tag{6-16}$$

$$\max_{\{T_{ij}\}} Z_3 = \sum_{ij} \frac{1}{Tq_{ij}}(T_{ij}-Tq_{ij})^2 \tag{6-17}$$

2. 模型推导

1）考虑出行目的

将 t_{ij}、λ_{m}、λ_n 对出行者 n 的目的地选择影响采用指数分布的形式，则选择 j 小区对所有出行者的吸引度 ω_{ij} 可采用 Hansen 定义表达如下：

$$\omega_{ij} = \sum_{j=1}^{w} D_j \mathrm{e}^{-t_{ij}}\mathrm{e}^{\lambda_{\mathrm{m}}}\mathrm{e}^{\lambda_n} = \sum_{j=1}^{w} D_j \mathrm{e}^{-t_{ij}+\lambda_{\mathrm{m}}+\lambda_n} \tag{6-18}$$

将式（6-6）更换为式（6-19），解由式（6-4）、式（6-5）、式（6-19）构成的目标函数在式（6-7）、式（6-8）所组成的约束条件下的多目标优化问题，得到考虑出行目的的交通分布模型式（6-20）。

$$\max_{\{T_{ij}\}} Z_3 = \sum_{ij} T_{ij}\ln(\omega_{ij}) \tag{6-19}$$

$$T_{ij} = A_i O_i B_j D_j (\omega_{ij})^{\rho}\mathrm{e}^{-\beta t_{ij}}$$
$$A_i = \frac{1}{\sum\limits_{j} B_j D_j (\omega_{ij})^{\rho}\mathrm{e}^{-\beta t_{ij}}}, \qquad B_j = \frac{1}{\sum\limits_{i} A_i O_i (\omega_{ij})^{\rho}\mathrm{e}^{-\beta t_{ij}}} \tag{6-20}$$

比较式（6-3）与式（6-18）可以看出，式（6-3）中 S_{ij} 着重强调 i、j 小区之间的交通分布与其他各个小区之间的分布都有关系，并且这种相关性主要通过交通阻抗体现。而式（6-18）中 ω_{ij} 主要由 j 区的吸引量决定，并且受到交通阻抗、出行目的和信息的综合影响。当居民进行某一目的的出行时，根据其经验已经存在一个目的地，并非从所有小区中作比较选择，因此式（6-18）更符合实际情况。

从式（6-20）可以看出，当 $\rho=0$ 时，CDM 修正模型转变成双约束模型一般式，体现了当 j 小区对 i 小区的吸引度为 0 时，两小区之间的交通分布主要受到交通阻抗的影响；而当 $\rho \neq 0$ 时，交通阻抗并非影响小区交

通分布的唯一因素，这与在实际出行过程中出行者考虑影响因素的过程也是相符的。

2）不考虑出行目的

将式（6-4）中 C_{ij} 更换为 t_{ij}，并综合式（6-5）、式（6-17）、式（6-7）、式（6-8）可得到 ITM 修正模型的多目标优化函数。

$$\begin{cases} \min\limits_{\{T_{ij}\}} Z_1 = \sum_{ij} T_{ij} t_{ij} \\ \min\limits_{\{T_{ij}\}} Z_2 = \sum_{ij} T_{ij}(\ln T_{ij} - 1) \\ \max\limits_{\{T_{ij}\}} Z_3 = \sum_{ij} \frac{1}{Tq_{ij}}(T_{ij} - Tq_{ij})^2 \\ \text{s.t.} \quad \sum_j T_{ij} = O_i \quad \forall i(\mu_i) \\ \quad\quad \sum_i T_{ij} = O_j \quad \forall j(\gamma_j) \end{cases} \quad （6\text{-}21）$$

根据多目标优化理论，式（6-21）可简化为单目标优化函数，即

$$\begin{cases} \min Z = \alpha \sum_{ij} T_{ij} t_{ij} + \beta \sum_{ij} T_{ij}(\ln T_{ij} - 1) - \gamma \sum_{ij} \frac{1}{Tq_{ij}}(T_{ij} - Tq_{ij})^2 \\ \text{s.t.} \quad \sum_j T_{ij} = O_i \quad \forall i(\mu_i) \\ \quad\quad \sum_i T_{ij} = O_j \quad \forall j(\gamma_j) \end{cases} \quad （6\text{-}22）$$

式中，α、β、γ 分别为各多目标函数的参数，且有 $\alpha+\beta+\gamma=1$。由式（6-22）可得到其拉格朗日函数

$$L = Z + \sum_i \varepsilon_i(O_i - \sum_j T_{ij}) + \sum_j \eta_j(D_j - \sum_i T_{ij}) \quad （6\text{-}23）$$

式中，ε_i、η_j 为约束条件的拉格朗日系数。将式（6-23）对 T_{ij} 求偏导数，并令其为零，有

$$\frac{\partial L}{\partial T_{ij}} = \alpha t_{ij} + \beta \ln T_{ij} - \frac{2\gamma}{Tq_{ij}}(T_{ij} - Tq_{ij}) - \varepsilon_i - \eta_j = 0 \quad （6\text{-}24）$$

求解，得

$$T_{ij} = e^{\varepsilon_i/\beta} e^{\eta_j/\beta} e^{2\gamma T_{ij}/Tq_{ij}\beta} e^{-2\gamma/\beta} e^{-\alpha t_{ij}/\beta} \quad （6\text{-}25）$$

令　$A_i = \dfrac{e^{\varepsilon_i/\beta}}{O_i}, B_j = \dfrac{e^{\eta_j/\beta}}{D_j} e^{-2\gamma/\beta}$，并利用 $\alpha+\beta+\gamma=1$ 这一条件，式（6-25）可转换为

$$T_{ij} = A_i O_i B_j D_j e^{\frac{\beta+\gamma-1}{\beta} t_{ij} + \frac{2\gamma}{\beta Tq_{ij}} T_{ij}},$$

$$A_i = \frac{1}{\sum_j B_j D_j e^{\frac{\beta+\gamma-1}{\beta} t_{ij} + \frac{2\gamma}{\beta Tq_{ij}} T_{ij}}}, \quad B_j = \frac{1}{\sum_i A_i O_i e^{\frac{\beta+\gamma-1}{\beta} t_{ij} + \frac{2\gamma}{\beta Tq_{ij}} T_{ij}}} \quad （6\text{-}26）$$

式（6-26）即为不考虑出行目的的信息条件下交通分布模型公式，该式与一般的双约束重力模型形式相似，所不同的是 T_{ij} 包含在指数分布中，式中 T_{ij}/T_{qij} 表示出行者接收到信息后相对于先验出行分布的出行分布选择概率。模型的合理性需要对式中 t_{ij} 和 T_{ij}/T_{qij} 的参数 $(\beta+\gamma-1)/\beta$ 与 $2\gamma/\beta$ 进行验证。当公式中的其余各个参量确定后，求解 T_{ij} 实际上是求解非线性方程的过程。

6.2.3 修正模型验证

1. 参数估计

利用最大似然法对考虑出行目的分布模型中的 β、ρ，以及不考虑出行目的分布模型中的 β、γ 进行估计。设出行者接收信息后出行分布概率如式（6-27）所示

$$P_{ij} = \frac{T_{ij}}{\sum_{ij} T_{ij}} \qquad (6\text{-}27)$$

建立式（6-27）的似然函数，得到

$$\ln L = \ln \frac{\prod_{ij} T_{ij}}{(\sum_{ij} T_{ij})^{ij}} = \sum_{ij} \ln T_{ij} - ij \ln(\sum_{ij} T_{ij}) \qquad (6\text{-}28)$$

$$= \sum_{ij} \ln T_{ij} - ij \ln T$$

分别将式（6-11）和式（6-26）代入式（6-28），并进一步简化得到 CDM 修正模型中 β、ρ，以及 ITM 修正模型中 β、γ 的似然函数

$$\ln L = \sum_{ij} (\ln A_i + \ln O_i + \ln B_j + \ln D_j + \rho \ln \omega_{ij} - \beta t_{ij}) - ij \ln T \qquad (6\text{-}29)$$

$$\ln L = \sum_{ij} \left(\ln A_i + \ln O_i + \ln B_j + \ln D_j + \frac{\beta+\gamma-1}{\beta} t_{ij} + \frac{2\gamma}{\beta T q_{ij}} T_{ij} \right) - ij \ln T \qquad (6\text{-}30)$$

对上述公式分别求相关参数的偏导数，当各参量已知时，求解由各参数所组成的非线性方程，可解得修正模型中的参数。从式（6-30）中可以看出，需要 ITM 修正模型进行反复迭代同时求得参数和 T_{ij}。

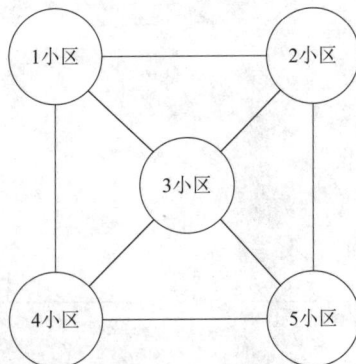

图 6-6 计算示例图

交通小区现状发生吸引量及 OD 分布　　　　　　表 6-7

交通小区	1	2	3	4	5	O_i
1	441002	57081	78680	115385	6985	699133
2	186726	317051	143662	119935	14626	782000
3	152874	63620	295735	153052	5972	671253
4	94044	28628	62803	439790	25734	650999
5	33942	2238	11420	15076	99173	161849
P_j	908588	468618	592300	843238	152490	2965234

交通小区现状上班出行发生吸引量及 OD 分布　　　　表 6-8

交通小区	1	2	3	4	5	O_i
1	102373	34115	33619	4290	19663	194060
2	33070	119491	36624	6092	17999	213276
3	35354	29623	119107	7468	10954	202506
4	8024	15374	2400	144588	3931	174317
5	14984	14465	10427	12741	38945	91562
P_j	193805	213068	202177	175179	91492	875721

交通小区现状弹性出行发生吸引量及 OD 分布　　　　表 6-9

交通小区	1	2	3	4	5	O_i
1	128702	16049	20069	23112	735	188667
2	48120	78717	32358	21214	1359	181768
3	43475	17431	73507	29874	612	164899
4	24973	7324	14576	80156	2464	129493
5	24973	1591	7365	7635	26382	67946
P_j	270243	121112	147875	161991	31552	732773

2. 计算实例

设出行起讫点分布在 5 个交通小区内（图 6-6），小区间现状交通发生吸引量、OD 分布及分目的 OD 分布如表 6-7~ 表 6-9 所示。采用双约束重力模型分别与不考虑出行目的的交通分布模型、考虑出行目的的交通分布模型进行交通分布拟合。

根据各小区的道路特性得出 t_{ij}，采用各参数的似然值求得 CDM 修正模型中的 $\beta=0.376$，$\rho=0.414$。基于现状年 OD 矩阵，代入式（6-30）迭代收敛计算 ITM 修正模型中参数，得到 ITM 修正模型中 $\beta=0.645$，$\gamma=0.271$。采用修正模型和双约束重力模型对交通分布进行拟合，并计算拟合误差（图 6-7~ 图 6-9）。

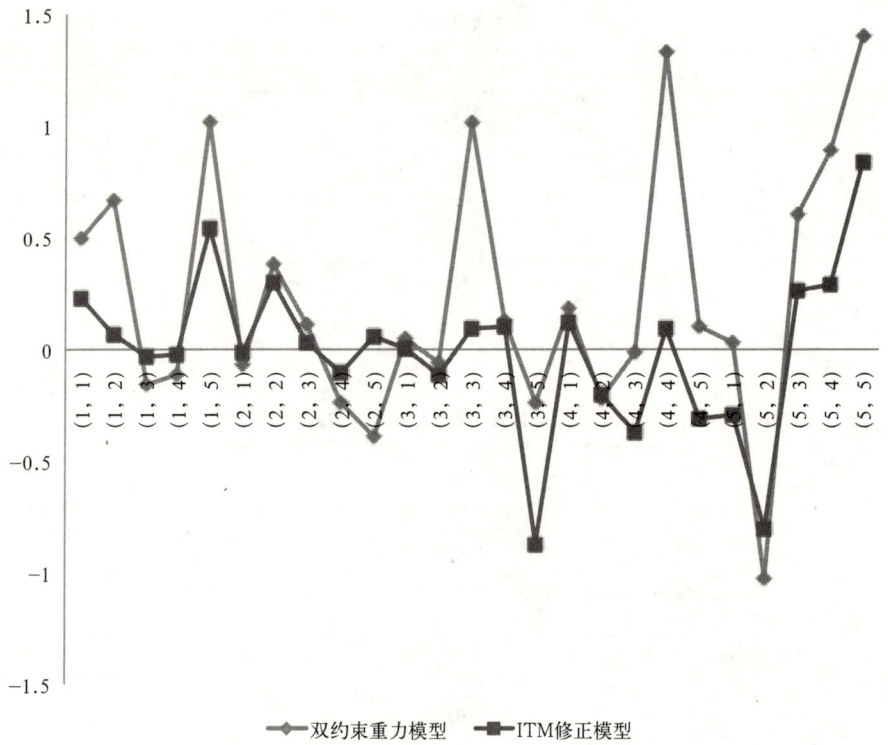

图 6-7   不考虑出行目的的交通分布误差分析

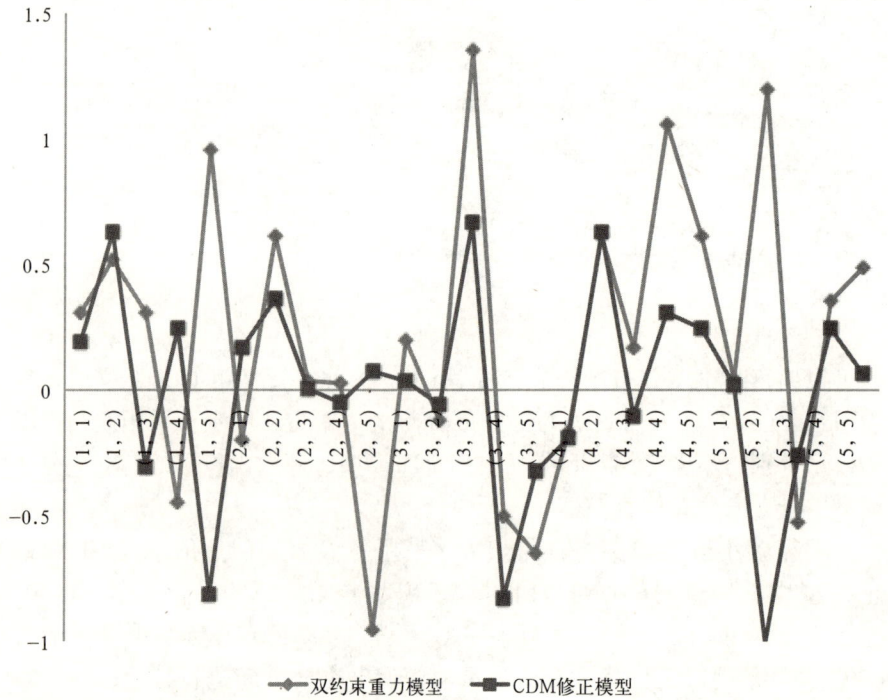

图 6-8   上班目的出行交通分布误差分析

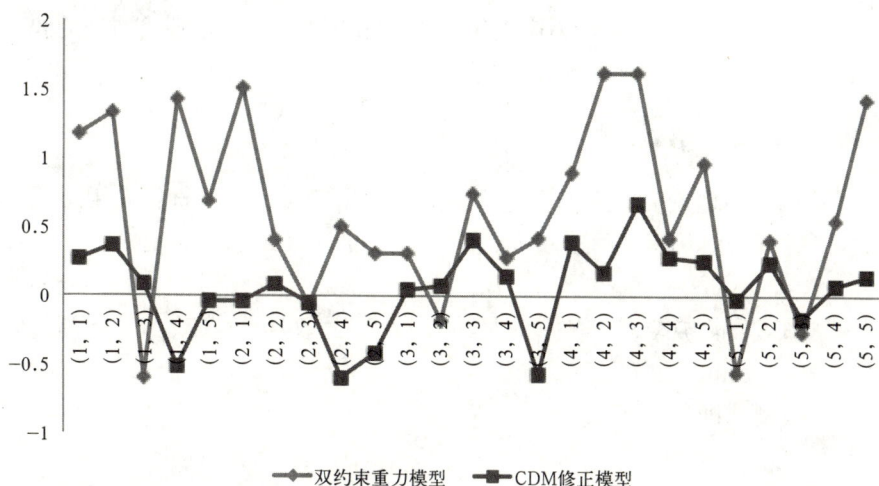

双约束重力模型　CDM修正模型

图6-9　弹性目的出行交通分布误差分析

综合比较，可以发现双约束重力模型和修正模型对现状的交通分布拟合误差均控制在2%以内，拟合结果较好。总体上，修正模型拟合结果明显优于双约束重力模型，尤其体现在对总体和以弹性出行为目的的交通分布拟合上。而且，双约束重力模型对小区内交通分布拟合误差都很大，且误差值为正，说明双约束重力模型在预测小区内出行时，结果偏大现象显著。修正模型对小区内交通预测结果优于双约束重力模型。

双约束重力模型对以上班为出行目的的交通分布拟合误差明显小于以弹性出行为目的的交通分布拟合误差，说明出行目的在交通分布中起到了非常重要的作用。

当出行者有条件获得相关信息时，其交通分布与仅有交通阻抗时的交通分布相比，会产生重大变化，这种影响度可以通过比较图6-9两种模型误差差值得出。

不考虑出行目的的分布模型拟合精度高于考虑出行目的的分布模型，其原因是不考虑出行目的分布模型的基础是增长系数法，对近期或现状的出行分布预测精度较高；但考虑出行目的的分布模型能够拟合不同出行目的的出行分布量，有较广的实际意义。

6.3　信息化条件下交通方式划分模型修正

基于随机效用理论的 Logit 模型是比较成熟的交通方式划分模型，在交通需求分析方面应用广泛。该模型存在两个缺陷[60~63]：其一为 Logit 模型的 IIA 特性，即两种交通方式之间的选择只与这两类方式的特性有关，与其他方式的特性无关；其二为方式选择的概率由方式之间的效用差值所决定，与效用本身无关。但在信息化条件下，效用变量会受到信息的辐射影响,并对出行方式选择行为产生作用。因此,需要对 Logit 模型进行修正,使其更加贴近实际的出行方式选择行为。

6.3.1　Logit 模型

随机效用理论认为人们在选择交通方式出行时,总是选择效用(U_{in})最大者,其中效用函数可表示为

$$U_{in}=V_{in}+\varepsilon_{in} \qquad (6\text{-}31)$$

式中, V_{in} 表示方式 i 的实际效用项; ε_{in} 表示效用误差项。当 ε_{in} 服从 IIA Gumbel 分布时,可推导出出行者 n 选择交通方式 i 的 Logit 模型,即

$$P_{in}=\frac{\mathrm{e}^{V_{in}}}{\sum\limits_{j=1}^{J_m}\mathrm{e}^{V_{jn}}}=\frac{\mathrm{e}^{\sum\limits_{p=1}^{P_m}\theta_p X_{pin}}}{\sum\limits_{j=1}^{J_m}\mathrm{e}^{\sum\limits_{p=1}^{P_m}\theta_p X_{pjn}}} \qquad (6\text{-}32)$$

式中, X_{pin} 为影响出行者 n 对第 i 种交通工具选择的第 p 个因素; θ_p 为 X_{pin} 的参数值。

6.3.2　模型修正

1. 分析思路

分析基于两个假设:

(1)对于 OD 点对 n ,都有 $i>1$, $i\in N^+$ 。

(2)仅针对出行前的交通方式选择,且认为出行后的交通工具不会改变,所提供的信息仅指出行前的信息。

由此,出行者的交通工具选择行为可用图 6-10 表示。

在信息化条件下,居民对交通工具的选择可分为两个阶段。

第一阶段:未接收信息之前的交通工具选择。居民在实际选择交通方式之前,都会根据自己最近一阶段的交通出行经历和以往的经验形成最大效用工具 i ,该效用函数即式(6-31),同图 6-10 中的 stage I。

第二阶段:接收信息后的交通工具选择。出行者接收到的信息和其他因素对出行工具 i 产生综合效用 $U_{in}^{(\lambda p)}$,如图 6-10 中 stage II 所示公式,其中 λ_p 表示第 p 个效用变量的信息影响度。

假设出行者在第一阶段所产生的最大效用交通方式是 i ,称为经验最大效用方式,即 $\max(U_{jn})=U_{in}$,则在第二阶段会首先考虑收到的信息对交通方式 i 的效用所产生的影响,并将这种影响分别记作“贬低”($U_{in}^{(\lambda p)}>U_{in}$)和“提高”($U_{in}^{(\lambda p)}\geqslant U_{in}$)。若该信息对第 i 种交通方式的效用有“提高”的影响,则一定选择方式 i ;反之,若有“贬低”的影响,则由于个体的差异,其中一部分人仍选择方式 i ,设该修正因子为 α ,另一部分人在剩余的 m-1 种交通方式中选择,其中第 a 种方式被选中的概率

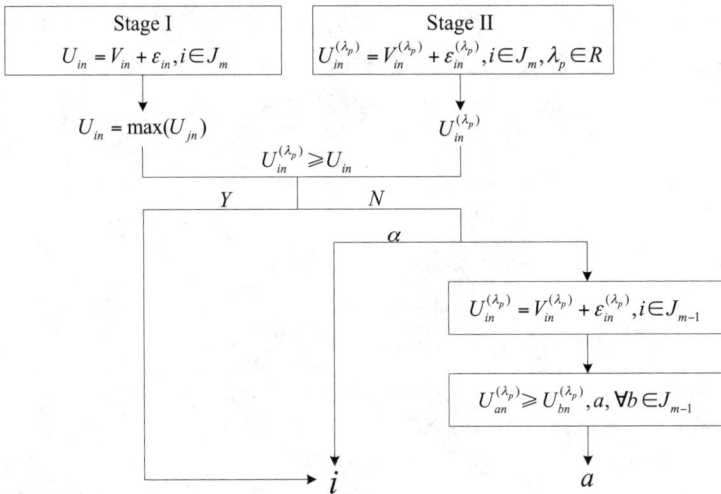

图 6-10　信息化条件下居民出行选择行为

遵循最大效用原则，即 $U_{an}^{(\lambda p)} \geqslant U_{bn}^{(\lambda p)}$。

2. 模型推导

基于上述分析，当出现以下两种情况时，方式 i 被选择。

（1）当 i 为经验最大效用工具时，令 $i=1$，则方式 1 被选中为以下两种情况的合并：

$$\left\{U_{1n}^{(\lambda_p)} \geqslant U_{1n}\right\} \cup \left\{\alpha(U_{1n}^{(\lambda_p)} < U_{1n})\right\} \qquad (6-33)$$

式中

$$U_{1n}=\max(U_{jn})$$

交通方式 1 被选中的概率为

$$
\begin{aligned}
P_{1n} &= P\left\{\left\{U_{1n}^{(\lambda_p)} \geqslant U_{1n}\right\} \cup \left\{\alpha(U_{1n}^{(\lambda_p)} < U_{1n})\right\}\right\} \\
&= P\left\{U_{1n}^{(\lambda_p)} \geqslant U_{1n}\right\} + P\left\{\alpha(U_{1n}^{(\lambda_p)} < U_{1n})\right\} \\
&= P\left\{U_{1n}^{(\lambda_p)} \geqslant \max(U_{jn})\right\} + \alpha P\left\{U_{1n}^{(\lambda_p)} < \max(U_{jn})\right\} \\
&= P\left\{V_{1n}^{(\lambda_p)} + \varepsilon_{1n}^{(\lambda_p)} \geqslant \max(V_{jn} + \varepsilon_{jn})\right\} + \alpha P\left\{V_{1n}^{(\lambda_p)} + \varepsilon_{1n}^{(\lambda_p)} < \max(V_{jn} + \varepsilon_{jn})\right\}
\end{aligned} \qquad (6-34)
$$

$$(0 \leqslant \alpha < 1)$$

同 Logit 模型，仍设 ε_{jn}~IIA Gumbel(η, ω) 分布，由 Gumbel 分布的性质可知

$$
\begin{cases}
U_{1n} \sim G(\eta_{1n} + V_{1n}, \omega) \\
U_{1n}^{(\lambda_p)} \sim G(\eta_{1n} + V_{1n}^{(\lambda_p)}, \omega) \\
\max(U_{jn}) \sim G\left(\dfrac{1}{\omega}\ln\displaystyle\sum_{j=1}^{J_m} e^{\omega(\eta_{jn}+V_{jn})}, \omega\right)
\end{cases} \qquad (6-35)
$$

由两 Gumbel 分布之差的后勤分布特性，推出 $|U_{1n}^{(\lambda p)}>\max(U_{jn})|$ 的分布，结合式（6-32），得到式（6-34）的推导结果为

$$P_{1n} = \frac{e^{V_{1n}^{(\lambda_p)}}}{e^{V_{1n}^{(\lambda_p)}} + \sum_{j=2}^{J_m}(e^{V_{jn}})} + \alpha \frac{\sum_{j=2}^{J_m}(e^{V_{jn}})}{e^{V_{1n}^{(\lambda_p)}} + \sum_{j=2}^{J_m}(e^{V_{jn}})} \qquad (6\text{-}36)$$

$$= \frac{e^{\sum_{p=1}^{P_m}\theta_p X_{p1n}^{(\lambda_p)}}}{e^{\sum_{p=1}^{P_m}\theta_p X_{p1n}^{(\lambda_p)}} + \sum_{j=2}^{J_m}(e^{\sum_{p=1}^{P_m}\theta_p X_{p1n}})} + \alpha \frac{\sum_{j=2}^{J_m}(e^{\sum_{p=1}^{P_m}\theta_p X_{p1n}})}{e^{\sum_{p=1}^{P_m}\theta_p X_{p1n}^{(\lambda_p)}} + \sum_{j=2}^{J_m}(e^{\sum_{p=1}^{P_m}\theta_p X_{p1n}})}$$

（2）当 i 为非经验最大效用工具时，令 $i=1$，将除经验最大效用工具以外的 m-1 种工具组成一个新的选择集，若对于 $\forall b\in J_{m-1}$，都有 $U_{1n}^{(\lambda p)} \geqslant U_{bn}^{(\lambda p)}$，则方式 1 被选择，其概率为

$$P_{1n} = \frac{e^{V_{1n}^{(\lambda_p)}}}{\sum_{j=1}^{J_{m-1}}(e^{V_{jn}^{(\lambda_p)}})} = \frac{e^{\frac{V_{1n}^{(\lambda_p)}}{\sum_{j=1}^{J_{m-1}}(e^{V_{jn}^{(\lambda_p)}})}}}{\sum_{j=1}^{J_{m-1}}(e^{\frac{V_{1n}^{(\lambda_p)}}{\sum_{j=1}^{J_{m-1}}(e^{V_{jn}^{(\lambda_p)}})}})} \qquad (6\text{-}37)$$

3. $X_{pin}^{(\lambda p)}$ 的 Box-Cox 修正及理论证明

在式（6-36）和式（6-37）中，需要确定 $X_{pin}^{(\lambda p)}$ 和 X_{pin} 的形式，则有 Box-Cox 模型转换（式（6-38））[64]。

$$X_{pin}^{(\lambda_p)} = \begin{cases} \dfrac{X_{pin}^{\lambda_p} - 1}{\lambda_p} & (\lambda_p \neq 0) \\ \ln X_{pin} & (\lambda_p = 0) \end{cases} \quad (X_{pin} > 0) \qquad (6\text{-}38)$$

该变换克服了 Logit 模型的第二类缺陷。但在信息化条件下式（6-38）存在一个很大的缺点，令 λ_p 为信息影响度，当 $\lambda_p=1$ 时，$X_{pin}^{(\lambda p)}=X_{pin}^{(\lambda p)}$-1，转化为无信息影响的效用变量，在实际中这种情况应在 $\lambda_p=0$ 时出现。故对 Box-Cox 公式作如下修正并将其作为 $X_{pin}^{(\lambda p)}$ 的一般式。

$$X_{pin}^{(\lambda_p)} = \begin{cases} \dfrac{X_{pin}^{\lambda_p+1} - 1}{\lambda_p + 1} & (\lambda_p \neq -1) \\ \ln X_{pin} & (\lambda_p = -1) \end{cases} \quad (X_{pin} > 0) \qquad (6\text{-}39)$$

式（6-39）符合信息化条件下的信息化影响度 λ_p 对效用函数的作用。当 $\lambda_p \neq -1$ 时，将 $X_{pin}^{(\lambda p)}$ 对 λ_p 求偏导，有

$$\frac{\partial X_{pin}^{(\lambda_p)}}{\partial \lambda_p} = \frac{(\lambda_p+1)X_{pin}^{\lambda_p+1}\ln X_{pin}-(X_{pin}^{\lambda_p+1}-1)}{(\lambda_p+1)^2} \quad （6\text{-}40）$$

令 $Z(\lambda_p)=(\lambda_p+1)X_{pin}^{\lambda_{p+1}}\ln X_{pin}-(X_{pin}^{\lambda_{p+1}}-1)$，则有

$$\frac{\partial Z(\lambda_p)}{\partial \lambda_p}=(\lambda_p+1)X_{pin}^{\lambda_p+1}(\ln X_{pin})^2 \quad （6\text{-}41）$$

可以看出：

当 $\lambda_p>-1$ 时，$\dfrac{\partial Z(\lambda_p)}{\partial \lambda_p}>0$，$Z(\lambda_p)$ 为 λ_p 的增函数，且 $Z(\lambda_p)>Z(\lambda_p=-1)=0$，

将该式代入式（6-40），有 $\dfrac{\partial X_{pin}^{(\lambda_p)}}{\partial \lambda_p}=\dfrac{Z(\lambda_p)}{(\lambda_p+1)^2}>0$，故 $X_{pin}^{(\lambda_p)}$ 为 λ_p 的增函数，

令变量 p 对交通方式 i 产生的效用以 V_{pin} 表示，则有 $V_{pin}=\theta_p X_{pin}^{\lambda_p}$，设 $\theta_p>0$，则 V_{pin} 是 λ_p 的增函数，上述过程的交通含义是，随着信息对第 p 个变量的有益影响度的增大，该变量的效用也会增大。

当 $\lambda_p<-1$ 时，V_{pin} 也是 λ_p 的增函数，即随着信息对第 p 个变量的有害影响度的增大，该变量的效用会减小，以上两种情况与实际情况一致。

通过引入参数 α，修正后的 Logit 模型能够体现出个体差异，通过对 $X_{pin}^{(\lambda_p)}$ 的 Box-Cox 修正，反映出信息化程度对效用的影响，并且避免了 Logit 模型的缺陷。

6.3.3 修正模型验证

基于南京市居民出行方式调查数据，分别采用 Logit 模型和 Logit 修正模型进行拟合，以检验修正模型的实用性。

1）试验变量

以公交车、自行车和私家车三种交通方式的特性为分析目标，选取个人特性和出行特性为效用影响变量（表 6-10）。

效用影响变量选取表 表 6-10

效用影响变量参数	对应的实际含义		
	模型变量		取值
θ_0	常数变量	CONST	实际效用函数常量
θ_1	个人特性变量	Gender	性别（哑元变量，男取 1，女取 0）
θ_2		Age	出行者的实际年龄
θ_3		Driving	出行者的驾龄（年）
θ_4		Income	出行者的收入（元）
θ_5	出行特性变量	Time	选择该出行工具到达目的地所需要的出行时间
θ_6		Fee	选择该出行工具到达目的地所需要的出行费用
θ_7		Comfort	该交通方式的舒适度（以满分 10 分打分，只取整数）
θ_8		Security	该交通方式的安全性（以满分 10 分打分，只取整数）

2）参数 λ 及 α 的标定

信息影响度 λ 以信息化条件对出行特征变量的改变率表示，其中个人特性变量的信息影响度取与其相对应的出行特性变量的信息影响度的平均值。对上述出行特性变量进行统计分析，得到的分布如图 6-11 所示，求得 λ_1~λ_8 依次为：0，0，0，0，-4.2，1.7，-2.6，5.1。

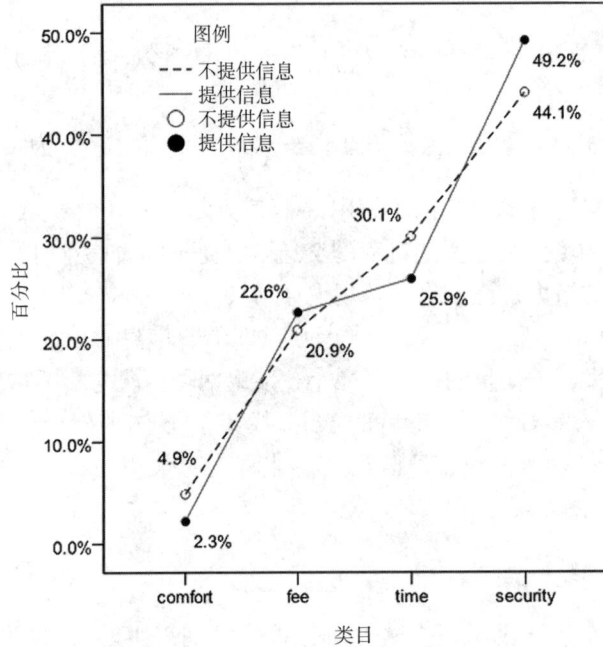

图 6-11   效用影响变量的信息影响度分析图

参数 α 以在"贬低"信息化条件下人们仍然选择经验最大效用方式的概率表示，其标定采用 SP 调查法（表 6-1），得到居民是否选择经验最大效用工具的分布（图 6-12），可推出 α=0.22。

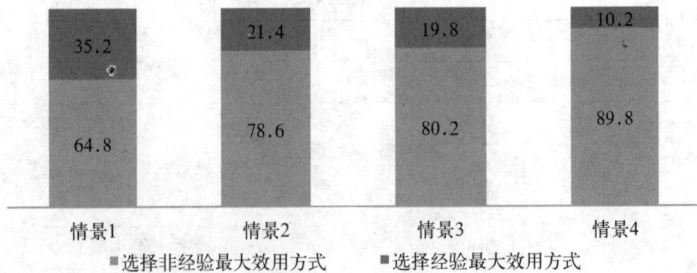

图 6-12   居民出行方式选择 SP 调查分布图

3）模型拟合结果

采用最大似然法对效用影响变量参数 θ_p 进行标定（表 6-11）。从标定的结果看，在修正后的 Logit 模型中，θ_5、θ_6 的系数为正，θ_7、θ_8 的系数

效用影响变量参数标定结果 表 6-11

	Logit 修正模型						Logit 模型				
参数	标定值	标准误差	DF	T	$P_r > \mid t \mid$	参数	标定值	标准误差	DF	T	$P_r > \mid t \mid$
θ_0	0.5412	0.0099	1	2.67	0.0025	θ_0	0.2451	0.0101	1	1.81	0.0177
θ_1	-1.1053	0.0314	1	-1.91	0.0370	θ_1	-1.1053	0.0414	1	-2.56	0.0054
θ_2	-3.3207	0.0920	1	4.31	0.0032	θ_2	-3.3207	0.0210	1	3.12	0.0055
θ_3	0.7653	0.0869	1	-2.95	0.0153	θ_3	0.7653	0.0569	1	-5.11	0.0240
θ_4	2.5931	0.0365	1	3.17	0.0098	θ_4	2.5931	0.0458	1	4.01	0.0151
θ_5	5.2441	0.0058	1	-4.42	0.0090	θ_5	-4.2651	0.0021	1	-1.98	0.0310
θ_6	3.4311	0.0125	1	2.09	0.0210	θ_6	-5.0140	0.0201	1	2.09	0.0415
θ_7	-0.1162	0.0315	1	3.54	0.0365	θ_7	0.0099	0.0125	1	4.31	0.0514
θ_8	-5.9579	0.0060	1	6.78	0.0159	θ_8	5.4014	0.0354	1	2.14	0.0149

为负，与前面的理论分析结果一致。所有参数的 t 检验值均在 [-1,1] 区间之外，并且达到了 95% 以上的置信水平，参数标定效果显著。

对调查结果按照 i 是否为经验最大效用方式进行分类，并将已经标定完成的参数 λ_p、α 和 θ_p 分别代入式（6-36）、式（6-37）、式（6-39），得到三种交通方式的拟合结果，如表 6-12 所示。

南京市居民出行方式拟合结果 表 6-12

出行工具	基于 2007 年的预测	Logit 修正模型的预测	误差	Logit 模型预测	误差
公交车	20.1%	19.6%	0.025	18.9%	0.060
私家车	6.8%	6.2%	0.088	5.9%	0.132
自行车	48.5%	51.9%	0.070	53.6%	0.105

以上结果显示，Logit 修正模型的预测精度整体上比 Logit 模型要高，说明出行者在选择出行方式时并不完全依据自己的经验，有效的信息对出行者的出行方式选择影响较大。

第 7 章
道路功能诊断与评价

近年来，随着道路网络的逐步完善和道路交通需求量的持续增长，与交通突发事件无关的常发性交通拥堵越来越严重，交通高峰期持续时间不断延长，拥堵路段数量不断增加，对道路功能造成了严重影响。结合我国的实际情况，研究常发性的多方式饱和流状态下信号交叉口、路段交通拥堵演化的规律，研究道路功能等级优化配置，是制订缓解交通拥堵对策和方案的前提。

7.1 信号交叉口交通拥堵状态分析

设置交通信号灯是从时间上分离交通冲突点的主要方式，也是均衡路网交通负荷的重要手段。现有信号控制主要分为固定配时信号控制和自适应信号控制两种方式。固定配时信号控制是最早出现的一种交通信号控制方式，根据人工观测的交通需求状况设置配时方案，对道路上的交通流进行预案控制。其配时方案确定后，在较长的时间内不会改变，适于交通流量稳定、交通流运行状态变化不大的交通状况。而自适应信号控制则是在一个特定时间长度内按照一定的顺序，根据检测到的交通量实时地为各相位分配一定的时间，只不过每次分配的时间不同而已。由于各相位有最小绿灯时间、最大绿灯时间限制和最大信号周期时长限制，当各相位交通需求增加到一定程度后，绿灯时间可调空间将逐渐减小，最终这种自适应信号控制方式将变成一种固定配时信号控制方式。

因此，不论是固定配时信号控制或者自适应信号控制，不恰当地设置信号控制交叉口或者信号配时方案不合理，以及配时方案不能适应实际交通流状况时，会产生不必要的停车与延误，增加拥堵发生的可能性。

7.1.1 单个信号交叉口拥堵状态

1. 交通波动理论概述

假设道路上有两个相邻的不同交通流密度区域（ k_A 和 k_B ），如图 7-1 所示，用垂直线 S 分割这两种密度，称 S 为波阵面，在时间 t 内通过界面 S 的车辆数为 N ，波阵面 S 车流密度为 k_A ，速度为 u_A ，传过后车流密度变

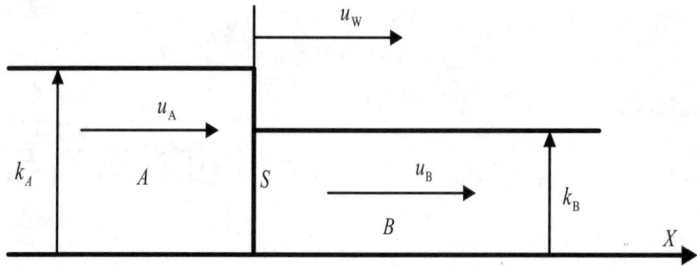

图 7-1　交通波动示意图

为 k_B，速度变为 u_B，设 S 的速度为 u_W，并规定交通流按图中 x 轴正方向运行。

假设车道为单车道，根据交通流量守恒可知，在稳定传播的条件下，时间 t 内波阵面右侧流入车辆数应等于从左侧流出车辆数，得

$$(u_A-u_W)k_A=(u_B-u_W)k_B \tag{7-1}$$

由交通流三参数基本关系，即流量 = 车流密度 × 速度，则有

$$u_W = \frac{q_B - q_A}{k_B - k_A} = \frac{\Delta q}{\Delta k} \tag{7-2}$$

若 $u_W>0$，则为前进波，表明波面的运动方向和交通流的运动方向一致；若 $u_W=0$，则为静止波；若 $u_W<0$，则为后退波，表明波面的运动方向和交通流的运动方向相反。

1）停车波

假定车队以区间平均速度 u_1 行驶，密度为 k_1，标准化密度为 η_1，在交叉口停车线处遇到红灯停车。此时，$k_2= k_j$，即 $\eta_2=1$，根据传统交通波速方程有

$$u_W=u_f[1-(\eta_1+1)]=-u_f\eta_1 \tag{7-3}$$

表明由于停车而产生的波以 $u_f\eta_1$ 的速度向后方传播。经过 t 秒以后，将形成一列长度为 $u_f\eta_1 t$ 的排队车队。

2）启动波

当车辆启动时，$k_1=k_j$，即 $\eta_1=1$，因为 $u_2=u_f(1-\eta_2)$，即有 $\eta_2 = 1-(\dfrac{u_2}{u_f})$，代入传统交通波速方程式，有 $u_W=u_f[1-(1+\eta_2)]$，得到

$$u_W=-u_f\eta_2=-(u_f-u_2) \tag{7-4}$$

由于 u_2 是刚刚启动时很小的车速，同 u_f 相比可以忽略不计，因此这列排队车辆从一开始启动就产生了启动波，该波以接近 u_f 的速度向后传播。

2. 拥堵状态变化过程

道路交通拥堵的扩散过程往往表现为首先在单个路段的瓶颈点或交叉口形成拥堵排队，继而向上游扩散，影响到上游的若干交叉口。为描述城市道路拥堵状态变化过程，将其划分为拥堵形成、拥堵扩散、拥堵消散和拥堵消失四个阶段。

1）拥堵形成阶段

交通拥堵本质上是由于存在交通瓶颈，交通瓶颈可以分为固定交通瓶颈与随机交通瓶颈。固定交通瓶颈多是由交叉口固有的设施条件所决定；而随机交通瓶颈则由交通事件所产生，如交通事故、车辆抛锚、货物散落、路桥坍塌、道路养护、大型活动等。在交通需求小于或等于瓶颈处通行能力时，交通流依然可以保持通畅；而当交通需求超过瓶颈处通行能力时，车辆无法正常通过而导致车速下降、出现车辆排队的现象，交通拥堵开始形成。

2）拥堵扩散阶段

拥堵形成后，根据交通波动理论，车队中的第一辆车在停车线后停下来，后面的车都逐渐减速，于是便有一个从前向后的停车波在车队中传播，拥堵开始向后扩散。如果排队车辆在信号放行时不能全部通过，则会形成排队累积。当排队长度超过了路段长度，拥堵将在相互关联的路段上蔓延扩散。

3）拥堵消散阶段

当信号交叉口绿灯亮起时，停车线后排队的车辆依次启动，此时形成一列启动波，不断向后传播。在拥堵消散阶段，后车由于前车启动或者缓慢加速而相应移动，车队中的车辆获得了一个与波的传播方向相反的附加速度，同时车队的排队长度减小。

4）拥堵消失阶段

拥堵扩散阶段和拥堵消散阶段并不是严格分开进行的，当后方车辆由于前方车辆排队而减速或者停车时，即停车波在向后传播时，前方车辆很可能由于信号交叉口绿灯亮起或者其他原因已开始启动，这样启动波也在向后传递中，启动波和停车波两个后退波会在某一个时刻相遇，并且最终启动波追上停车波，达到一个相对平衡状态，所有车辆通过停车线，拥堵消散完毕。

3. 交通拥堵扩散

设有一两相位信号交叉口 d（图 7-2）出现了交通拥堵现象，车队中的第一辆车在停车线后停下来，后车开始减速排队。在此，选取衡量交通拥堵最直观的排队长度指标进行拥堵状态变化的描述。

设车流的编号为 $f(d)$，$p(d)$ 为车流所在的相位编号，$t_r(p(d))$ 为第 $p(d)$ 个相位的红灯时长，$t_g(p(d))$ 为第 $p(d)$ 个相位的绿灯时长。则当交叉口

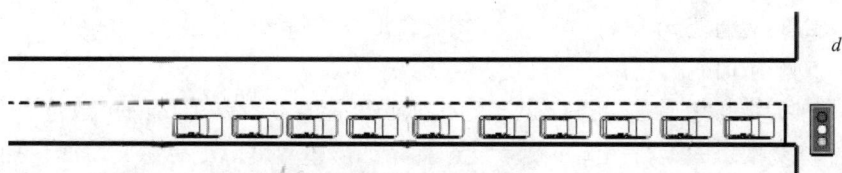

图 7-2　单个信号交叉口交通拥堵排队图

d 的第 $f(d)$ 车流遇到红灯时，车队在停车线形成停车波 S_1，而已经驶出停车线的车辆继续以原有速度 u_0 行驶，在 $t=t_r(p(d))$ 时刻，一列长度为 $u_f\eta_1 t_r(p(d))$ 的车队停在停车线后。

图 7-3 为信号交叉口的波形时距图，上述过程在该图的前半段得以体现。从时间 t_0 到时间 t_1，信号灯为绿色，交通流状态为状态 I，在 t_1 时刻，由于信号变成红色，到达车辆开始停车，状态 I 变成了状态 I、状态 II 和状态 IV。其中，原有速度为 u_0，状态 I 和状态 II 之间形成停车波 S_1，在 t_2 时刻，即红灯结束时刻，长度为 $u_f\eta_1 t_r(p(d))$ 的车队已经形成。

设车辆均匀到达信号交叉口 d，交叉口的信号周期为 50s，其中红灯时长为 20s（$t_r(p(d))$=20s）。初始时刻红灯亮起，车队自由流速度 u_f 为 60km/h，车队的平均行驶速度 u_0 为 40km/h，初始密度 k_0 为 30 辆 /km，阻塞密度 k_j 为 80 辆 /km，则当 t=20s 时，排队长度 l=16.7×30/80×20=125m。

4. 交通拥堵消散

在图 7-3 中可以看出，在 t_2 时刻，由于信号又变成绿色，等候的车辆开始启动并通过交叉口，于是形成了新的状态 III，形成启动波 S_2，启动波 S_2 以速度 u_f 向后传播，波传过后车队密度为 k_1，排队车辆以速度 u 通过交叉口。启动波和停车波两个后退波在 t_3 时刻相遇，形成了一个新的前进波 u_1，到了 t_4 时刻，u_1 通过停车线，可以认为消散完毕。即只有当启动波追赶上停车波后排队车辆才完全消散，启动波追赶上停车波的位置即为排队最远点，排队最远点至停车线的距离要大于红灯期间车辆的排队长度。

设 $t_d(p(d))$ 为第 $p(d)$ 车流排队车辆在一个周期内的完全消散时间即为拥堵消散时间，则有

$$u_f\eta_1(t_d(p(d))+t_r(p(d)))=u_f t_d(p(d)) \qquad (7\text{-}5)$$

化简得到

$$t_d(p(d))=t_r(p(d))\eta_1/(1-\eta_1) \qquad (7\text{-}6)$$

如果 $t_d(p(d))$ 大于绿灯时间，排队车辆在一个周期内将无法完全消散，此时完全消散时间为

$$t_d'(p(d))=\frac{u_f\eta_1(t_d(p(d))+t_r(p(d)))}{u} \qquad (7\text{-}7)$$

此时，若 $t_d'(p(d))<t_g(p(d))$，排队车辆在一个周期内可完全消散，否则会形成二次排队。该周期内可以通过的车辆数为 $k_1 u t_g(p(d))$，滞留车辆为 $k_j u_f\eta_1 t_r(p(d))-k_1 u t_g(p(d))$，需在下个周期内通过交叉口。

随着时间的推移，在 t_5 时刻红灯亮起时，新的信号周期开始，此时下游产生的交通波 u_2 在 t_6 时刻与 u_1 相交，形成了新的交通波 u_3。

5. 消散时间

在拥堵扩散阶段，进口道车辆排队长度能直观反映拥堵的扩散范围，对评价交叉口的运行状况、衡量交通拥堵的严重程度等更有意义。而在拥堵消散阶段，消散时间作为衡量拥堵持续时间的重要参数，是交通参与者

更为关心的。在此对消散时间作进一步研究，探讨其实际意义。

将图 7-3 中的Ⅰ、Ⅱ、Ⅲ、Ⅳ状态分别标记为 A、B、C、D，设交叉口 d 入口交通量为 q_A，密度为 k_A。由以上分析可知，开始遇红色信号灯时，车流密度达到最大阻塞密度 k_j，停车波向后传播，其波速等于图 7-4 中弦 AB 的斜率。波速和交叉口的排队长度为

$$\omega_{AB} = \frac{q_B - q_A}{k_B - k_A} = -\frac{q_A}{k_j - k_A} \tag{7-8}$$

$$L = |\omega_{AB}| t_r(p(d)) = \frac{q_A}{k_j - k_A} t_r(p(d)) \tag{7-9}$$

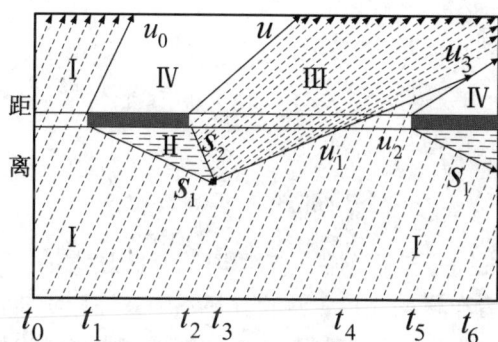

图 7-3　信号交叉口交通波时距图

在 t_2 时刻，由于信号又变成绿色，等候的车辆开始启动并通过交叉口，车流量由零增加至最大流量（通行能力）q_m，其相应的密度为 k_m，速度为 V_m，于是形成了新的状态Ⅲ，形成启动波 S_2，启动波 S_2 以速度 u_f 向后传播，在图 7-4 中，S_2 即为斜率 ω_{BC}。

$$\omega_{BC} = \frac{q_C - q_A}{k_C - k_A} = -\frac{q_m}{k_j - k_m} \tag{7-10}$$

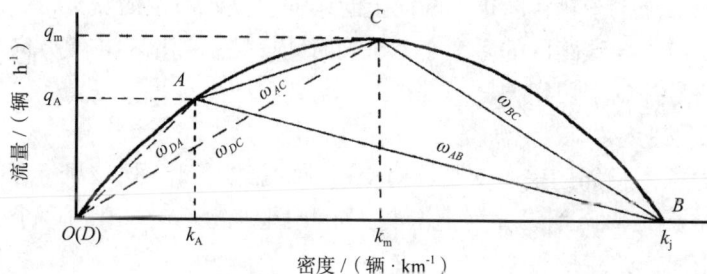

图 7-4　流量与密度关系曲线

启动波和停车波两个后退波在 t_3 时刻相遇，形成了一个新的前进波 u_1，反映在图 7-4 中即是波 ω_{BC} 追上 ω_{AB} 产生新的前进波 ω_{AC}。

由上述分析知，车队消散的时间为

$$t_d^{'}\,(p(d))=t_4-t_2=(t_4-t_3)+(t_3-t_2)=\left|\frac{t_r(p(d))\omega_{AB}}{\omega_{BC}-\omega_{AB}}\right|+\left|\frac{t_r(p(d))\omega_{AB}\omega_{BC}}{(\omega_{BC}-\omega_{AB})\omega_{AC}}\right| \quad （7\text{-}11）$$

将 ω_{BC}、ω_{AB}、ω_{AC} 等代入式（7-11）有

$$t_d^{'}\,(p(d))=\frac{t_r(p(d))\omega_{AB}}{\omega_{BC}-\omega_{AB}}\left[1+\left|\frac{\omega_{BC}}{\omega_{AC}}\right|\right]=\frac{\dfrac{t_r(p(d))q_A}{k_j-k_A}}{\dfrac{q_m}{k_j-k_m}-\dfrac{q_A}{k_j-k_A}}\left[1+\dfrac{\dfrac{q_m}{k_j-k_m}}{\dfrac{q_m-q_A}{k_m-k_A}}\right] \quad （7\text{-}12）$$

$$=\frac{q_A}{q_m-q_A}t_r(p(d))$$

令入口车辆到达流量为

$$q_A=pq_m \quad (0\leqslant p\leqslant1) \quad （7\text{-}13）$$

则式（7-11）变成

$$t_d^{'}\,(p(d))=\frac{p}{1-p}t_r(p(d)) \quad （7\text{-}14）$$

式（7-14）说明，排队车辆的消散时间与波速无关，仅与红灯时间及车辆到达率（或者车辆的流量）有关。显然当 $p=1$ 时，即交叉口的入口交通量达到最大时，理论上消散时间 $t_d^{'}(p(d))$ 为无穷大，说明将造成堵车现象。

拥堵的消散时间与红灯时间及车辆的流量有关，这具有较强的现实意义。红灯时间过短或车流量过大不易及时消散拥堵。因此，采用合理的信号配时和疏导交通流量是避免交叉口及路段常发性拥堵的有效手段。

7.1.2　多个信号交叉口拥堵状态

如果在某一信号相位内，绿灯时间小于排队车辆完全消散所需的时间，那么排队现象在一个信号周期内不能完全消散，对上游车流造成一定程度的阻滞。当这种阻滞在连续多个信号周期内出现时，每个周期滞留的车辆数会不断累加，车辆排队也不断向上游延伸直至超过上游交叉口，从而形成连锁反应，导致路网的多个交叉口长时间拥堵，拥堵的扩散方向和持续时间与信号控制密切相关。

1）下游交叉口对上游交叉口的拥堵影响

考虑两个相邻的信号交叉口对交通流的影响。将图 7-2 所示交叉口 d 设为下游交叉口，增设 u 为上游交叉口（图 7-5），$l(u,\,d)$ 为两个交叉口之间的距离，设绿信比相同。

由前述分析可知，在 $0<t<t_r(p(d))$ 时刻，停车波 S_1 以速度 $u_f\eta_1$ 沿交叉口 d 从前向后传播；在 $t_r(p(d))<t<t_C$ 时刻，启动波 S_2 以速度 u_f 沿交叉口 d 从前向后传播；因 $\eta_1<1$，停车波速小于启动波速，即启动波在某一时刻追上停车波，此时即为该交叉口处排队车辆消散时刻 $t_r(p(d))+t_d(p(d))$，显然，若 $l(u,\,d)<u_f\eta_1t_d(p(d))$，且上游交叉口 u 在此方向上也为绿灯，则在车辆

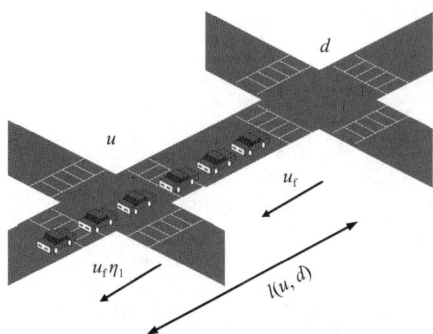

图 7-5　下游交叉口对上游交叉口构成的
拥堵网络

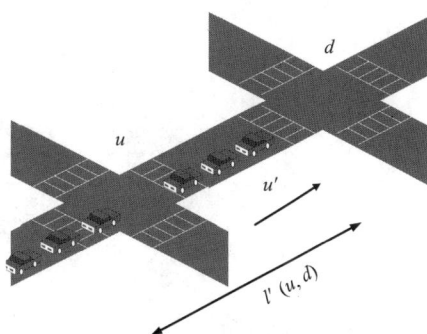

图 7-6　上游交叉口对下游交叉口构成的
拥堵网络

消散时刻到来之前，停车波已经延伸到上游交叉口，导致交叉口 u 也出现排队现象，形成拥堵。

2）上游交叉口对下游交叉口的拥堵影响

设 $l'(u, d)$ 为两个交叉口之间的距离（图 7-6）。在 $0<t<t_g(p(u))$ 时刻，交叉口 d 信号相位为绿灯，此时设驶出交叉口 u 停车线的车辆以速度 u_0 驶向下游交叉口 d；当 $t_g(p(u))<t<t_g(p(u))+t_t(p(u))$ 时刻，交叉口 d 信号变为红灯。

若 $l'(u, d)< u_0 t_g(p(u))$，则已驶出交叉口 u 的车辆可顺利通过下游交叉口 d，不形成排队；若 $l'(u, d) \geq u_0 t_g(p(u))$，则驶出交叉口 u 的车辆在下游交叉口 d 处形成长度为 $[l'(u, d)- u_0 t_g(p(u))]k_0/k_j$ 的排队。

此时，设 $t_d(p(u))$ 为交叉口 d 排队的车辆消散时间，则有

$$\frac{[l'(u,d)-u_0t_g(p(u))]k_0}{k_j}=u_f t_d(p(u)) \tag{7-15}$$

得到

$$t_d(p(u))=\frac{[l'(u,d)-u_0t_g(p(u))]k_0}{k_j u_f} \tag{7-16}$$

在交叉口 u 停车线处排队的车辆在绿灯启亮后以 u' 的速度通过交叉口 u 追赶前面的车辆，若 $l'(u, d)< u_0 t_g(p(u))$，则前方车辆已驶出下游交叉口 d，所以将无法追上；另外，设 L 为下游交叉口 d 处排队车辆完全通过该交叉口追赶上游车辆的行驶距离，则有

$$L=\frac{[l'(u,d)-u_0t_g(p(u))]k_0}{k_j}+u'(t_d(p(u))+t_g(p(u))) \tag{7-17}$$

若 $l'(u, d) \leq L$，则在交叉口 d 处排队车辆全部通过该交叉口之前，交叉口 u 上一周期所释放的车辆可以追上排队车辆的尾车；若 $l'(u, d)>L$，则在交叉口 u 释放车辆到达下游交叉口 d 之前，在 d 处排队的车辆已经释放完毕，无法追上。

3）上、下游交叉口拥堵消散分析

为了更具一般性，以消散时间作为研究对象探寻拥堵效应，仍以交叉口 u 和 d 为例（图 7-7），设 $l(u, d)$ 表示两者之间的间距，$T_d(p(d))$ 表示下

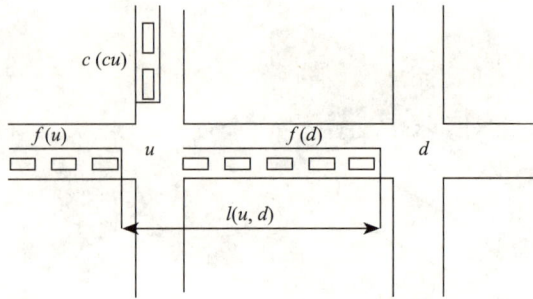

图 7-7　上、下游交叉口构成的交通拥堵网络

游交叉口 d 第 $p(d)$ 个相位第 $f(d)$ 车流完全消散的时刻，$f(u)$ 表示下游交叉口 d 的 $f(d)$ 车流延伸到上游后相应的编号，$p(u)$ 表示 $f(u)$ 车流所在的相位编号，$t_{gs}(p(u))$ 表示上游交叉口 u 第 $p(u)$ 个相位的绿灯开始时刻，$t_{ge}(p(u))$ 表示上游交叉口 u 第 $p(u)$ 个相位的绿灯结束时刻，$c(u)$ 表示上游交叉口 u 中与 $f(u)$ 车流冲突的车流编号，$q(u)$ 表示 $c(u)$ 车流所在的相位编号，$t_{gs}(q(u))$ 表示上游交叉口 u 第 $q(u)$ 个相位的绿灯开始时刻，$t_{ge}(q(u))$ 表示上游交叉口 u 第 $q(u)$ 个相位的绿灯结束时刻，$t_b(f(u), g(u))$ 表示上游交叉口与 $f(u)$ 车流相冲突的 $c(u)$ 车流被阻滞的时间。

消散时间决定了车流排队是否能在一个绿灯时间内消散，根据绿灯时长与该时间之间的大小关系分为以下状态：

（1）当 $t_g(p(d)) \geqslant t_d(p(d))$ 时，下游交叉口 d 红灯期间的排队车辆在绿灯期间能够完全消散，此种状态不会产生大面积拥堵效应。其中，$t_g(p(d))=t_d(p(d))$ 是一个临界状态，即下游交叉口 d 红灯期间的排队车辆在绿灯结束时恰好完全消散。

（2）当 $t_g(p(d))<t_d(p(d))$ 时，下游交叉口 d 红灯期间的排队车辆在绿灯期间不能完全消散，此种状态可能产生大面积拥堵。

4）拥堵状态变化时间转移模型

基于上述分析，建立了交通拥堵状态变化时间转移模型（图 7-8），主要从信号控制交叉口的相位出发，以绿灯时间和消散时间为判断标准，再现以时间为条件要素的交通拥堵转移变化过程。

该模型表明，通过对上、下游信号控制策略的调整，可以从时间角度影响拥堵状态转移过程，降低或消除拥堵的累积和扩散。在道路拥堵路段或者路口的上游，通过变更信号控制方案，实现交通流在上游的"截流"，在时间分布上要做到"削峰填谷"，保证各个路口流量的均分，减小交通流积累的速度。同时，在道路拥堵路段或者路口的下游，实施绿波带信号控制，加速交通流的卸载。这样可以有效地减小拥堵状态的传播时间和范围、避免损失。

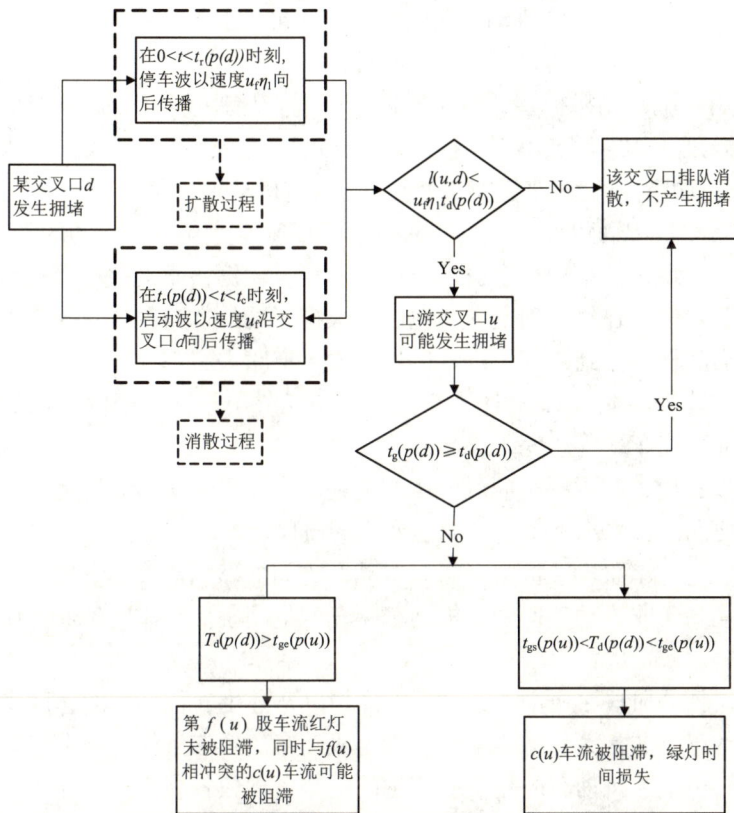

图 7-8　交通拥堵状态变化时间转移模型流程图

7.2　路段交通拥堵状态分析

7.2.1　机非混行路段拥堵状态

1. 机非混行路段交通拥堵判定指标

通常，用于道路交通拥堵的判定指标主要有 V/C 比、车速、密度或排队长度等，但这些指标对于机非混行路段的交通拥堵判定存在一定的局限性。

混行交通路段中，主要交通构成是机动车与非机动车，两者在空间体积上、行驶特性和速度上都具有非常大的差异。尤其是在没有机非隔离带的情况下，机动车与非机动车之间的干扰非常严重。现场观测可以发现，当机动车车流的速度接近非机动车速度时，机动车希望进行超越，非机动车希望进行穿越，然而当交通条件并不满足超越或穿越需求时，交通流呈现明显的混乱状态。因此，机动车与非机动车之间的速度差异性可以用来对机非混行交通流的运行状态进行评价。

在此，以路段上机动车平均速度和非机动车平均速度的差异性的大小来定义路段混行交通拥堵状态

$$速度差 =（平均非机动车速度 - 平均机动车速度）\times 100\% \qquad （7\text{-}18）$$

2. 路段混行交通拥堵速度特性分析

采用元胞自动机模型，对路段混行交通拥堵速度特性进行仿真分析。令车道长度为 1000 个元胞，宽度为 1 个元胞，非机动车最大速度为 2 个元胞，小型机动车最大速度为 5 个元胞，大型机动车最大速度为 4 个元胞。仿真开始时，车辆随机分布在路网当中，且速度是 $0 \sim V_{max}$ 之间的随机值。仿真中的小型机动车和大型机动车按同一混合比例，非机动车的道路占有率采用固定值，在每一确定混合比例下根据不同的道路占有率计算出车辆数，然后随机分布到路网中，然后逐步增大道路占有率，直到道路的占有率为 1。图 7-9~ 图 7-13 描述了双向两车道条件下不同车辆混合比例的机动车与非机动车平均速度曲线。

可以看出，在同一车辆混合比例的条件下，机动车与非机动车平均运行速度之间的关系出现了三个明显变化的阶段。

（1）非拥堵阶段：机动车与非机动车之间的影响比较小，机动车平均速度明显高于非机动车速度，机动车超车的空间条件与速度条件都比较容易满足。

（2）拥堵阶段：机动车速度低于非机动车速度，机动车的速度受到非机动车的影响非常大，道路空间不满足机动车的超车条件，基本上处于跟驰状态。由于非机动车的超车或穿越的空间条件较容易满足，导致非机动车的速度略高于机动车的速度。

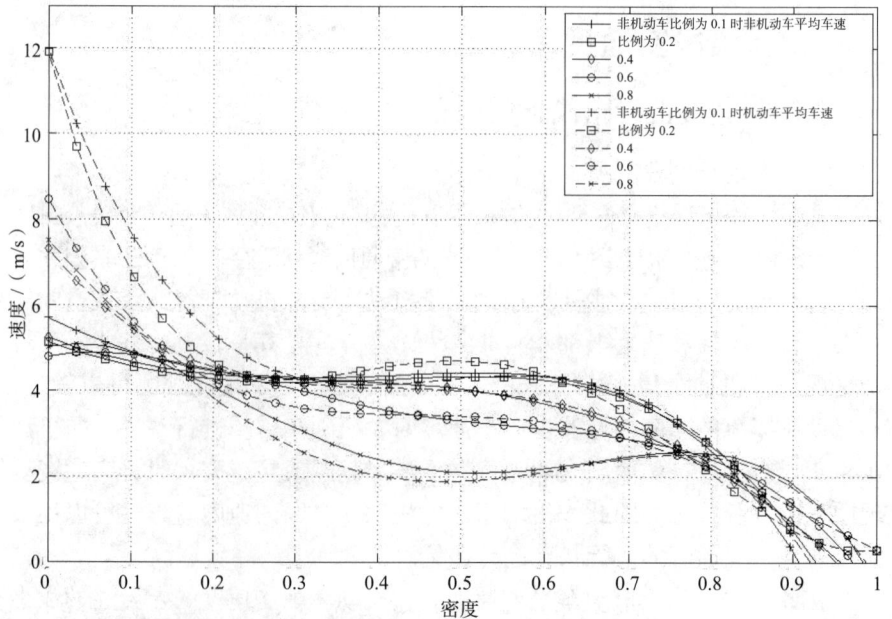

图 7-9　大、小型机动车 3:1 条件下机非平均速度曲线图

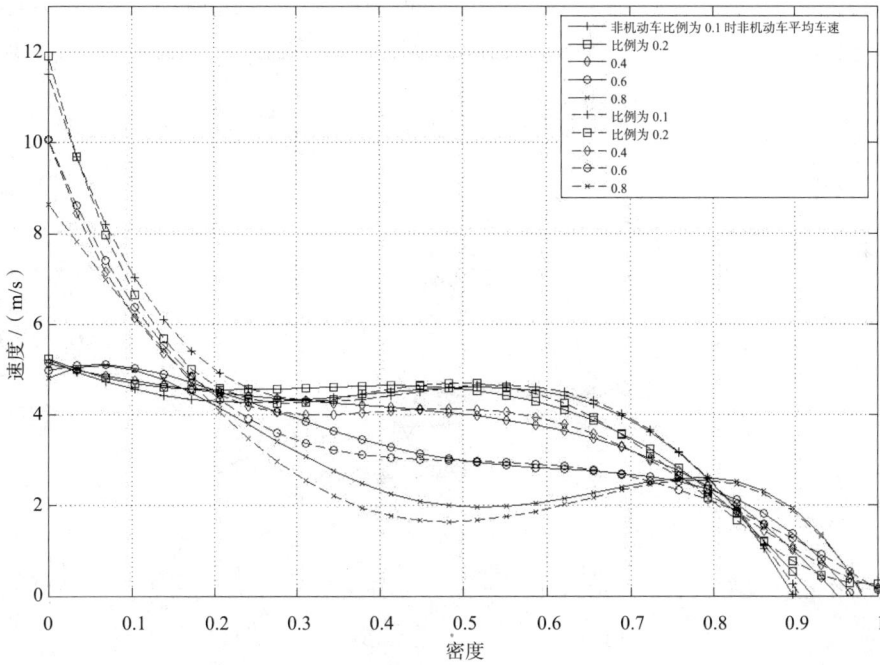

图 7-10 大、小型机动车 2:1 条件下机非平均速度曲线图

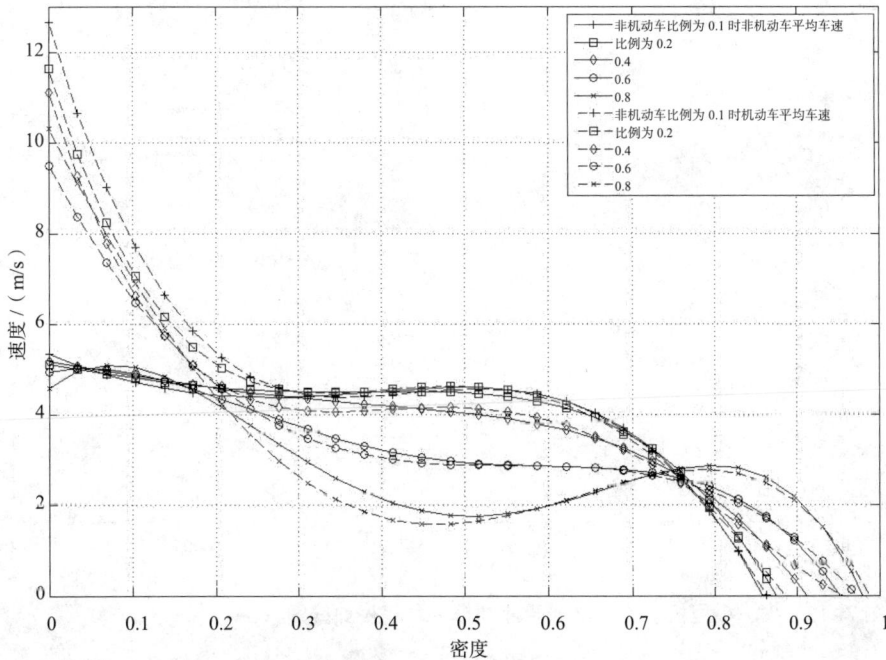

图 7-11 大、小型机动车 1:1 条件下机非平均速度曲线图

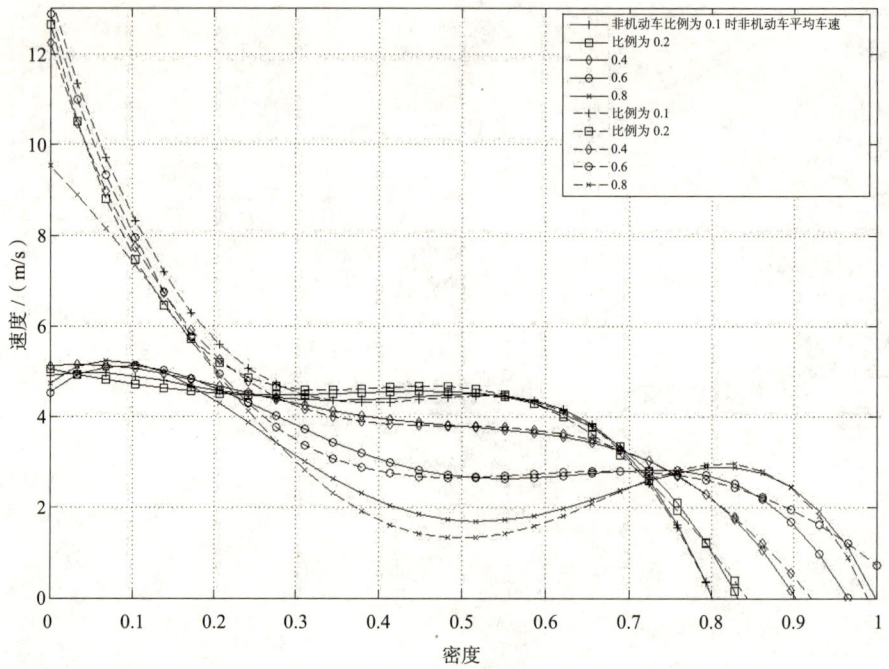

图 7-12　大、小型机动车 1:2 条件下机非平均速度曲线图

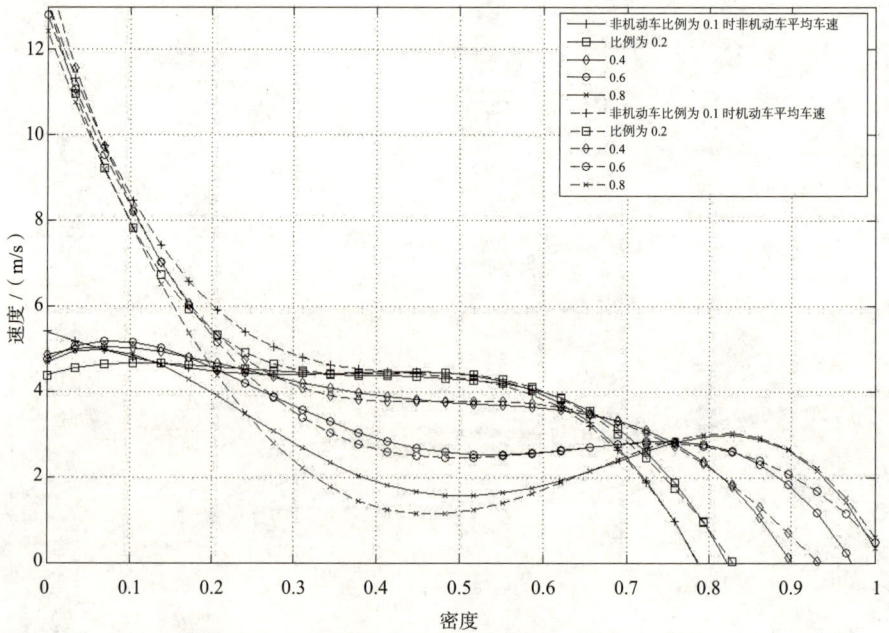

图 7-13　大、小型机动车 1:3 条件下机非平均速度曲线图

（3）非常拥堵阶段：道路空间已经饱和，机动车与非机动车之间、机动车与机动车之间、非机动车与非机动车之间相互作用很强，车辆的运行速度都很低，无论是机动车、非机动车的超车或者非机动车的穿越空间条件都难以满足，所有车辆都保持同一速度行驶。

根据以上分析，通过速度差将路段交通拥堵分为以下三个等级：非拥堵状态、拥堵状态、非常拥堵状态。

3. 速度差模型

1）初始模型

为了简化模型的初始设定，选择线性模型作为回归的初始模型，定义速度差模型的基本形式为

$$y=u+x \tag{7-19}$$

式中，y 为速度差；u 为截距；x 为各个变量的影响。

2）确定相关自变量

在双向交通和单向交通仿真分析中，速度差与影响因素密度间出现了明显的线性关系，因此将自变量密度（K）变形为密度中间变量（K^*）并通过了检验（表 7-1）。

速度差模型中间变量统计回归指标和 F 检验　　表 7-1

	判定系数 R^2	F 统计值	显著性
双向交通	0.778	637.710	0.000
单向交通	0.764	687.587	0.000

双向交通密度变形

$$K_{双}^*=27.288K^3-56.641K^2+35.241K-6.345 \tag{7-20}$$

单向交通密度变形

$$K_{单}^*=59.645K^3-98.49K^2+50.986K-8.153 \tag{7-21}$$

3）Pearson 偏相关分析

速度差与大型机动车和小型机动车比例、非机动车比例以及中间密度变量的统计检验相伴概率均小于 0.01（表 7-2、表 7-3），说明三因素在显著性水平 0.01 上与速度差显著相关。因此，可以确定速度差的主要影响因素为道路空间密度中间变量（K^*）、大型机动车与小型机动车比例（p_{mobile}）、非机动车比例（$p_{non-mobile}$）。

双向交通影响因素与速度差的偏相关分析结果　　表 7-2

影响因素	偏相关系数	相伴概率	自由度
道路空间密度中间变量（K^*）	0.556	0.000	0.771
大型机动车与小型机动车比例（p_{mobile}）	-0.272	0.000	0.771
非机动车比例（$p_{non-mobile}$）	-0.065	0.000	0.771

单向交通影响因素与速度差的偏相关分析结果　　　　表 7-3

影响因素	偏相关系数	相伴概率	自由度
道路空间密度中间变量（K^*）	0.475	0.000	0.771
大型机动车与小型机动车比例（p_{mobile}）	-0.322	0.000	0.771
非机动车比例（$p_{non\text{-}mobile}$）	-0.067	0.000	0.771

4）模型标定

在保证模型精度的基础上，考虑到模型的实用性，确定速度差模型如下：

$$\text{SDIFFER}=\alpha_1 K^*+\alpha_2 p_{mobile}+\alpha_3 p_{non\text{-}mobile}+u \tag{7-22}$$

式中，SDIFFER 为速度差；K^* 为道路空间密度，表示单位空间中车辆占有面积；p_{mobile} 为大型机动车与小型机动车的比例；$p_{non\text{-}mobile}$ 为道路空间中非机动车的比例；u 为截距；α_1、α_2、α_3 为模型系数。

采用多元逐步回归分析标定模型参数（表 7-4~表 7-6）。

双向交通速度差回归模型参数标定结果　　　　表 7-4

模型系数	系数值	t 统计值	相伴概率
u	-8.153	8.717	0.000
α_1	2.499	2.589	0.032
α_2	0.097	-2.145	0.000
α_3	0.999	-3.441	0.000

单向交通速度差回归模型参数标定结果　　　　表 7-5

模型系数	系数值	t 统计值	相伴概率
u	-0.166	16.919	0.000
α_1	0.997	1.985	0.049
α_2	-0.217	-2.828	0.006
α_3	0.093	-5.744	0.000

速度差模型统计回归指标和 F 检验　　　　表 7-6

	判定系数 R^2	F 统计值	显著性
双向交通	0.751	627.840	0.000
单向交通	0.712	677.336	0.000

基于以上分析，得到：

（1）双向交通速度差模型

$$\text{SDIFFER}_{双}=68.193k^3-141.546k^2+88.087k+0.999p_{non\text{-}mobile}-0.097p_{mobile}-16.02 \tag{7-23}$$

（2）单向交通速度差模型

$$\text{SDIFFER}_{单}=59.645k^3-98.145k^2+50.833k+0.093p_{non\text{-}mobile}-0.217p_{mobile}-8.128 \tag{7-24}$$

4. 量化分级标准

根据式（7-23）和式（7-24）的计算结果，可以把路段交通拥堵分为以下三个量化分级。

（1）非拥堵状态：SDIFFER<0，$0<K<K_1^*$。

（2）拥堵状态：SDIFFER>0，$K_1^*<K<K_2^*$。

（3）非常拥堵状态：SDIFFER>0，$K_2^*<K<1$。

7.2.2　公交车与社会车辆混行路段拥堵状态

1. 公交车与社会车辆混行路段交通拥堵判定指标

社会车辆与公交车辆在空间体积、加减速、灵活性、制动距离等方面有很大的差异，社会车辆的平均速度往往要高于公交车辆。根据现场观测发现，当交通流饱和度较小时，社会车辆速度明显大于公交车，有足够的空间超车。随着饱和度的增加，速度差异不断减小，在饱和度达到一定条件时，社会车辆基本处于跟驰状态。因此，研究认为，可以采用社会车辆与公交车之间的速度差异性对运行状态进行评价。

2. 公交车与社会车辆混行拥堵特性分析

利用 BRP 模型，分析三车道和两车道路段公交车与社会车辆的速度特性，得到三车道和两车道路段时公交车与社会车辆在不同的公交比例下速度随饱和度变化曲线（图 7-14、图 7-15）。

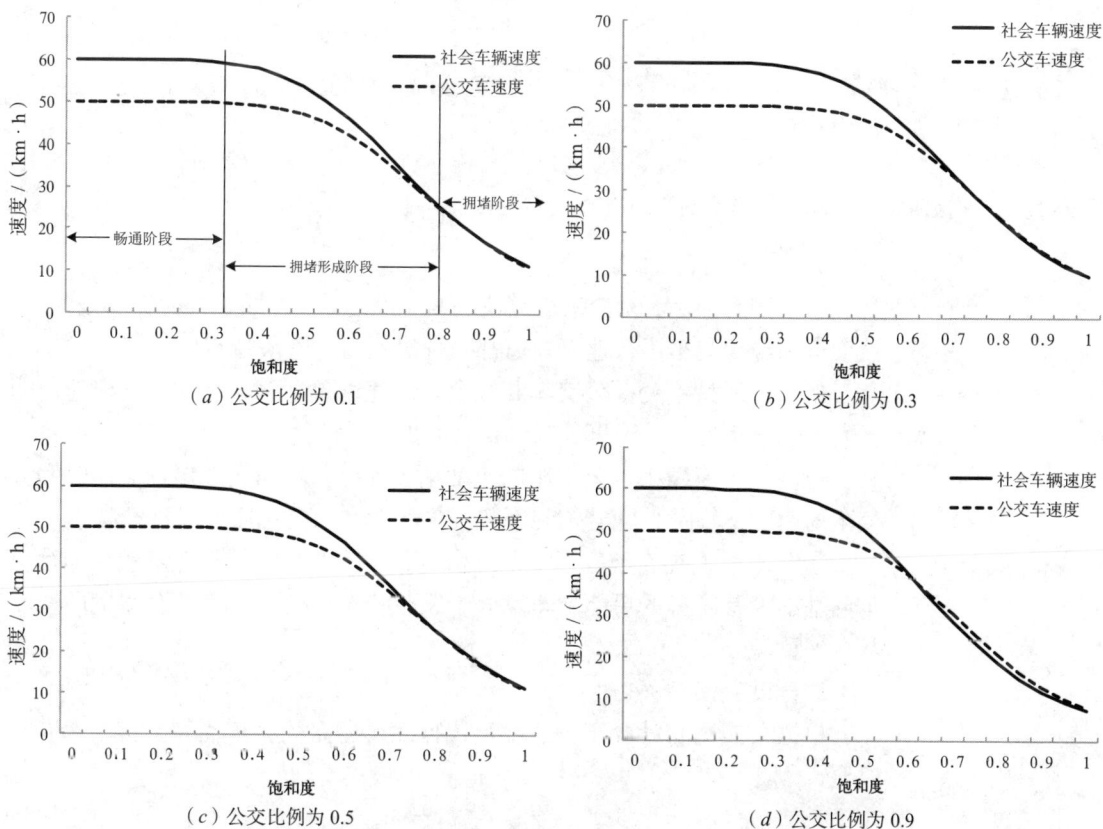

（a）公交比例为 0.1

（b）公交比例为 0.3

（c）公交比例为 0.5

（d）公交比例为 0.9

图 7-14　三车道路段公交车和社会车辆速度与饱和度关系图

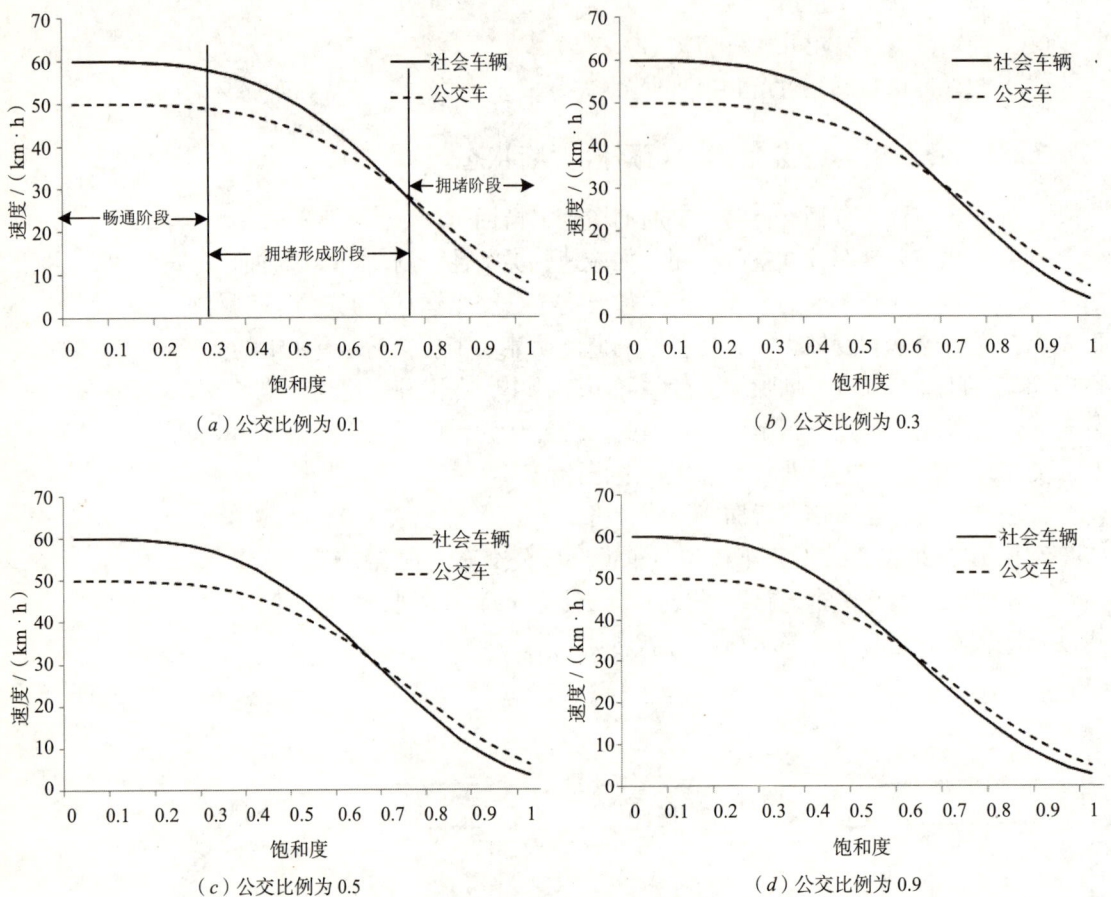

图 7-15　两车道路段公交车和社会车辆速度与饱和度关系图

分析结果显示，无论三车道还是两车道道路，在同一公交比例条件下，社会车辆与公交车运行速度差值都呈现出明显的阶段特点。

速度差维持不变：公交车和社会车辆速度差别明显，社会车辆速度明显大于公交车速度，速度差异随饱和度的波动不大。

速度差快速缩小：公交车的速度小于社会车辆速度，但社会车辆和公交车的速度不稳定，随着饱和度的增加两者之间的速度差异逐渐减小。

速度差小于或等于零：随着道路饱和度的增加，行驶速度较快的社会车辆基本没有超车的可能，车辆处于跟驰状态，公交车和社会车辆的速度基本一致。

3. 速度差模型

根据公交车和社会车辆速度运行特性，建立社会车辆和公交车速度差模型

$$\Delta v = v_s - v_g \qquad (7\text{-}25)$$

式中，Δv 为社会车辆与公交车速度差；v_s 为社会车辆速度；v_g 为公交车速度。

1）单向三车道路段社会车辆与公交车混行交通流速度差模型

$$\begin{cases} \Delta v_3 = v_s^3 - v_g^3 \\[2mm] v_s^3 = \dfrac{v_{s0}^3}{1 + (4.016 + 3.515\eta)\ (q/c)^{5.141}} \\[4mm] v_g^3 = \dfrac{v_{g0}^3}{1 + (3.646 + 2.134\eta)\ (q/c)^{4.782}} \end{cases} \tag{7-26}$$

式中，Δv_3 为单向三车道路段社会车辆与公交车速度差；v_s^3 为流量为 q、公交比例为 η 时社会车辆行驶速度；v_{s0}^3 为零流量时社会车辆行驶速度；v_g^3 为流量为 q、公交比例为 η 时公交车行驶速度；v_{g0}^3 为零流量时公交车行驶速度；c 为路段通行能力；η 为混行交通流公交比例。

2）单向两车道社会车辆与公交车混行交通流速度差模型

$$\begin{cases} \Delta v_2 = v_s^2 - v_g^2 \\[2mm] v_s^2 = \dfrac{v_{s0}^2}{1 + (4.624 + 3.721\eta)\ (q/c)^{5.134}} \\[4mm] v_g^2 = \dfrac{v_{g0}^2}{1 + (3.861 + 2.342\eta)\ (q/c)^{4.934}} \end{cases} \tag{7-27}$$

式中，Δv_2 为单向两车道路段社会车辆与公交车速度差；v_s^2 为流量为 q、公交比例为 η 时社会车辆行驶速度；v_{s0}^2 为零流量时社会车辆行驶速度；v_g^2 为流量为 q、公交比例为 η 时公交车行驶速度；v_{g0}^2 为零流量时公交车行驶速度；c 为路段通行能力；η 为混行交通流公交比例。

4. 量化分级标准

每个路段的车辆速度有一定差异，社会车辆与公交车的速度差值在不同路段也有差异，为了统一不同路段速度差变化程度，以路段社会车辆和公交车自由流速度差乘以系数 k 即 $k(v_{s0}-v_{b0})$ 为标准衡量速度差。取 $k=0.8$ 为畅通阶段与拥堵形成阶段之间的界限，$k=0$ 为拥堵形成阶段与拥堵阶段之间的界限。根据式（7-26）和式（7-27）的计算结果，可以判定公交车和社会车辆混行路段的交通运行状态级别。

（1）畅通阶段：$\Delta v > k(v_{s0}-v_{b0})$。公交车和社会车辆相互影响较小，社会车辆的速度明显高于公交车的速度，且随着饱和度的增加社会车辆速度与公交车速度的差异变化不大。

（2）拥堵形成阶段：$0 < \Delta v < k(v_{s0}-v_{b0})$。社会车辆之间、社会车辆和公交车之间的干扰逐渐增大，由于空间条件逐渐不能满足机动车超车条件，社会车辆处于跟驰状态，公交车和社会车辆的速度差异随着饱和度的增加逐渐减小。

（3）拥堵阶段：$\Delta v < 0$。公交车和社会车辆之间相互作用很强，社会车辆超车基本无法实现，只能处于跟驰状态，路段交通流的速度基本由行驶速度较慢的公交车决定，公交车和社会车辆速度基本没有差异。

7.2.3　行人与自行车混行路段拥堵状态

行人与自行车混行是指不存在物理分隔或高差的行人与自行车道路，其交通组成主要有电动自行车、自行车和行人。

1）交通冲突和冲突强度概念

设行人、自行车、电动自行车为独立的交通实体，分别用 ped、cb、eb 表示。在混行路段上，如果两个或多个交通实体在同一时间、空间上相互逼近，迫使至少一方必须采取回避措施，则形成了交通冲突。在此，将路段交通冲突定义为：在给定混行道路上，单位时间内单位路段长度内发生的交通冲突的次数，其单位为次 /（s·m）或次 /（h·km）。

按照冲突发生的本质可以把交通冲突分为超越（Pass）和相遇（Meet）两种，假设行人不能超越行人，则路段交通冲突类型如下。

（1）基于自行车的交通冲突：自行车超越自行车 (cb/cb)、自行车超过行人 (cb/ped)、自行车被电动自行车超越 (eb/cb)、自行车相遇自行车 (cb-cb)、自行车相遇行人 (cb-ped) 和自行车相遇电动自行车 (cb-eb)。

（2）基于行人的交通冲突：行人被自行车超越 (cb/ped)、行人被电动自行车超越 (eb/ped)、行人相遇行人 (ped-ped)、行人相遇自行车 (ped-cb) 和行人相遇电动自行车 (ped-eb)。

（3）基于电动自行车的交通冲突：电动自行车超越电动自行车 (eb/eb)、电动自行车超越自行车 (eb/cb)、电动自行车超越行人 (eb/ped)、电动自行车相遇电动自行车 (eb-eb)、电动自行车相遇自行车 (eb-cb) 和电动自行车相遇行人 (eb-ped)。

由于混行道路宽度不同时其交通冲突数不具备可比性，因此引入道路宽度对交通冲突的影响，提出混行道路交通冲突强度 (traffic conficts strength，TCS) 的概念，并定义为：在单位时间内单位面积内发生交通冲突的次数（式（7-28）），其值等于交通冲突除以道路宽度，单位为次 /（s·m²）或（次 /h·km²）。TCS 表征了交通实体之间的相互干扰或冲突程度，其值越大，表明路段交通实体之间的影响越大。

$$TCS = \frac{TC}{W_e} \qquad (7-28)$$

式中，TCS 为混行路段交通冲突强度（次 /（s·m²））；TC 为混行路段交通冲突数（次 /（s·m））；W_e 为混行路段有效宽度（m）。

2）基于自行车的交通冲突模型

在一定的道路宽度下，交通冲突数是关于路段交通实体主向和逆向交通通过量、各方式平均速度以及速度方差的函数，而各方式平均速度以及速度方差可认为是常量，混行道路上交通冲突只是各方式主向和逆向交通通过量的函数，故可根据大量实测数据回归得到。以南京市典型行人与自行车混行道路调查数据为样本，以基于自行车的交通冲突为例，构建 4 类交通冲突模型如下。

（1）自行车被电动自行车超越 (eb/cb) 交通冲突模型。

通过对调查数据分析，得到影响自行车被电动自行车超越交通冲突的主因素为电动自行车通过量。由此，建立回归模型，如表7-7所示。$TC_{eb/cb}$ 为自行车被电动自行车超越的交通冲突数（次/（h·100m）），q_{eb} 为电动自行车通过量（辆/h）。

自行车被电动自行车超越冲突模型 表7-7

类　型	模型结果			
	R^2	F	Sig.	回归方程
线性 (linear)	0.771	80.576	0.000	$TC_{eb/cb}=46.034+0.230q_{eb}$
平方 (quadratic)	0.778	40.327	0.000	$TC_{eb/cb}=36.274+0.305Q_{eb}-0.0001q_{eb}^2$
幂 (power)	0.792	91.597	0.000	$TC_{eb/cb}=7.268q_{eb}$

（2）自行车超越自行车 (cb/cb) 交通冲突模型。

自行车通过量是影响自行车超越自行车交通冲突的主因素，建立交通冲突模型，如表7-8所示。其中，$TC_{cb/cb}$ 为自行车超越自行车交通冲突数（次/（h·100m）），q_{cb} 为自行车通过量（辆/h）。

自行车超越自行车冲突模型 表7-8

类　型	模型结果			
	R^2	F	Sig.	回归方程
线性 (linear)	0.569	42.269	0.000	$TC_{cb/cb}=42.828+0.144q_{cb}$
平方 (quadratic)	0.611	24.299	0.000	$TC_{cb/cb}=15.887+0.268q_{cb}-0.0001q_{cb}^2$
幂 (power)	0.572	42.835	0.000	$TC_{cb/cb}=2.591q_{cb}$

（3）自行车超越行人 (cb/ped) 交通冲突模型。

自行车超越行人冲突的主影响因素为行人通过量，建立交通冲突模型，如表7-9所示。其中，$TC_{cb/ped}$ 为自行车超越行人的交通冲突数（次/（h·100m）），q_{ped} 为行人通过量（人/h）。

自行车超越行人冲突模型 表7-9

类　型	模型结果			
	R^2	F	Sig.	回归方程
线性 (linear)	0.616	73.858	0.000	$TC_{cb/ped}=202.933+0.492q_{ped}$
幂 (power)	0.643	82.998	0.000	$TC_{cb/ped}=36.306q_{ped}^{0.411}$
指数 (exponential)	0.624	76.185	0.000	$TC_{cb/ped}=235.627e^{0.001q_{ped}}$

（4）自行车相遇对向行人 (cb-ped) 交通冲突模型。

自行车相遇对向行人冲突的主影响因素为对向行人通过量，建立交通冲突模型，如表7-10所示。其中，TC_{cb-ped} 为自行车相遇行人的交通冲突

自行车相遇对向行人冲突模型回归结果　　　　表 7-10

类　型	模型结果			
	R^2	F	Sig.	回归方程
线性 (linear)	0.843	182.196	0.000	$TC_{cb\text{-}ped}=155.884+1.665q_{pedo}$
平方 (quadratic)	0.844	89.463	0.000	$TC_{cb\text{-}ped}=194.786+1.391q_{pedo}+0.0003q_{pedo}^2$
幂 (power)	0.797	133.511	0.000	$TC_{cb\text{-}ped}=15.355q_{pedo}^{0.667}$

数（次 /（h·100m）），q_{pedo} 为对向行人通过量（人 /h）。

3）基于自行车的冲突强度模型

为简化计算，冲突强度模型构建采用上述交通冲突模型中的线性模型，得到基于自行车的不同冲突类型的冲突强度模型，如表 7-11 所示。

各交通冲突强度所采用的实用模型　　　　表 7-11

交通冲突强度类型	采用的模型
自行车被电动自行车超越冲突强度	$TCS_{eb/cb}=\dfrac{TC_{eb/cb}}{W_e}=\dfrac{46.034+0.230q_{eb}}{W_e}$
自行车超越自行车冲突强度	$TCS_{cb/cb}=\dfrac{TC_{cb/cb}}{W_e}=\dfrac{42.828+0.144q_{cb}}{W_e}$
自行车超越行人冲突强度	$TCS_{cb/ped}=\dfrac{TC_{cb/ped}}{W_e}=\dfrac{202.933+0.492q_{ped}}{W_e}$
自行车相遇对向行人冲突强度	$TCS_{cb-ped}=\dfrac{TC_{cb-ped}}{W_e}=\dfrac{155.884+1.665q_{pedo}}{W_e}$

自行车交通冲突等于自行车超越冲突和相遇冲突之和，但是不同类型的冲突对自行车骑行以及路段的运行质量有不同的作用，其影响大小也不同，分别对超越和相遇取一个权重因子为 f_p 和 f_m，相关研究认为相遇次数相当于超越次数的一半，即 $f_p=2f_m$。则基于自行车的混行道路交通冲突强度如式（7-29）所示。

$$TCS_{cb}=f_p\cdot TCS_{cbp}+f_m\cdot TCS_{cbm}=TCS_{eb/cb}+TCS_{cb/cb}+TCS_{cb/ped}+0.5\,TCS_{cbm}$$

$$=369.737\frac{1}{W_e}+0.230Q_{eb}+0.144Q_{cb}+0.492Q_{ped}+0.492Q_{pedo}$$

（7-29）

式中，TCS_{cb} 为混行路段基于自行车的交通冲突强度值（次 /（h·100m^2））；

　　　W_e 为混行路段有效宽度（m）；Q_{eb}、Q_{cb}、Q_{ped}、Q_{pedo} 为分别为路段上电动自行车、自行车、行人和对向行人的流率，单位分别为辆 /（h·m）、辆 /（h·m）、人 /（h·m）和人 /（h·m）；其他符号同前。

由式（7-29）可以看出，基于自行车的总交通冲突强度与路段有效宽度成反比，与各方式的交通流率成正比。

4）基于自行车的路段服务水平

研究将混行道路服务水平定义为：交通使用者对路段交通设施以及运行状况感受的定量描述。基于使用者对混行道路感知评价，确定其服务水平的基本模型为式（7-30）。

$$Y = u + X_1 + X_2 \qquad (7\text{-}30)$$

式中，Y 表示混行路段服务水平，即使用者对道路设施以及运行状况感知评价的量化指标；u 为截距；X_1 为道路设施属性的影响；X_2 为道路运行状况的影响。

通过对调查数据的分析，道路有效宽度（W_e）、障碍物密度（O_b）、自行车超越行人冲突强度（$\mathrm{TC_{cb/ped}}$）和自行车相遇对向行人冲突强度（$\mathrm{TC_{cb\text{-}ped}}$）对混行道路服务水平有显著影响。因此，在保证模型精度和实用性的基础上，确定路段服务水平模型形式，如式（7-31）所示。

$$\mathrm{SUPLOS} = \alpha_1 \frac{1}{W_e} + \alpha_2 O_b + \alpha_3 \cdot \mathrm{TCS_{cb/ped}} + \alpha_4 \cdot \mathrm{TCS_{cb\text{-}ped}} + u \qquad (7\text{-}31)$$

式中，SUPLOS 为混行路段服务水平；O_b 为混行路段每 100m 内障碍物个数（个 /100m）；α_1、α_2、α_3 和 α_4 为模型系数；其他符号同前。

经标定及转换，得到基于自行车的混行路段服务水平模型，如式（7-32）所示。

$$\begin{aligned}
\mathrm{SUPLOS} &= 4.463 - 0.009 O_b + 1.860 \frac{1}{W_e} - 0.008 \mathrm{TCS_{cb/ped}} - 0.002\, \mathrm{TCS_{cb\text{-}ped}} \\[2mm]
&= 4.463 - 0.009 O_b + 1.860 \frac{1}{W_e} - 0.008\, \frac{\mathrm{TC_{cb/ped}}}{W_e} - 0.002\, \frac{\mathrm{TC_{cb\text{-}ped}}}{W_e} \qquad (7\text{-}32) \\[2mm]
&= 4.463 - 0.009 O_b - 0.075 \frac{1}{W_e} - 0.004 Q_{\mathrm{ped}} - 0.003 Q_{\mathrm{pedo}}
\end{aligned}$$

由于现实交通中存在被延误的超越冲突，因此引入被延误的自行车超越行人冲突强度的修正值 $\mathrm{DTCS_{cb/ped}}$，并设最大值为 1.5。通过对调查数据的分析计算，被延误的自行车超越行人冲突强度值的变化区间在 3~96，故采用线性函数插值法计算 $\mathrm{DTCS_{cb/ped}}$ 值的大小。修正后的基于自行车的混行路段服务水平模型如式（7-33）所示。

$$\mathrm{SUPLOS} = 4.463 - 0.009 O_b - 0.075 \frac{1}{W_e} - 0.004 Q_{\mathrm{ped}} - 0.003 Q_{\mathrm{pedo}} - \mathrm{DTCS_{cb/ped}} \qquad (7\text{-}33)$$

通过对调查对象的感知评价分析得到，当路段服务水平值小于 2.5 时，混行路段处于拥堵状态。

7.3　道路功能分析

7.3.1　道路服务优先权

在城市路网中，不同等级道路所承担的服务功能不同，在满足不同交通方式需求程度上存在差异。为了度量这种差异，提出道路服务优先权的概念，定义为：在一定的功能目标条件下，各等级道路对不同交通方式通行需求所提供的优先权限。由定义可知，道路服务优先权本质上反映了道路规划功能等级的要求。

1）道路服务功能表征指标

体现各等级道路功能特性的指标包括：车速、出行距离、出行效率、机动车流量、可达性、交通性、交叉口间距等[65,66]。为了便于定量分析，选取车速、出行距离、可达性作为分析重点，并增加客运量指标作为分析的内容。

（1）车速 V。

各等级道路上交通个体（仅限机动化交通工具）的平均速度应满足关系：$V_{快} > V_{主} > V_{次} > V_{支}$。

（2）出行距离 D。

基于各等级道路功能要求，快速干道、主干道、次干道和支路服务的出行距离应满足关系：$D_{快} > D_{主} > D_{次} > D_{支}$。

（3）可达性 A。

可达性一般是指到达某一区域或地点的难易程度，与路网密度、道路与两侧用地的衔接程度有关，应满足关系：$A_{支} > A_{次} > A_{主} > A_{快}$。

（4）客运能力 P。

客运能力与道路的通行能力相关，道路等级越高通行能力越大，因此有关系：$P_{快} > P_{主} > P_{次} > P_{支}$。

除上述指标外，道路服务功能还应符合：主干道上机动车分担率应大于行人和非机动车的分担率，支路上行人和非机动车的分担率大于机动车分担率。

基于道路服务优先权分析，各等级道路运行车速、短距离出行比应符合表 7-12 的要求。

各等级道路车速、出行距离特性　　　　　　　　　　　　　表 7-12

道路等级	运行车速 /（km/h）	短距离出行比例
快速干道	>60	<20%
主干道	40-60	<40%
次干道	30-40	<80%
支路	20-30	—

2）交通方式与路段交通特性互动关系

由于各交通方式特性不一样，随着路段上交通组成的改变，交通流的特性也会发生变化。在交通量小于道路通行能力时，两者间的互动机理大致如表 7-13 所示。

交通组成与路段交通特性互动机理　　　　　表 7-13

交通方式	分担率	平均车速	平均出行距离	可达性	客运能力
步行	↗	—	↘	↗	↘
非机动车	↗	—	↘	↗	↘
公共交通	↗	↘	↗	↗	↘
小汽车	↗	↗	↗	↗	↘

7.3.2　基于道路类型的路阻函数

路阻函数是衡量交通流关系的重要模型，在道路设计中具有量化分析的重要功能。常用路阻函数中，最为经典的是美国联邦公路局（BPR）路阻函数模型

$$V = \frac{v_0}{\prod\limits_{i}[1+\alpha_i(q_i/c_i)^{\beta_i}]} \tag{7-34}$$

式中，v_0 表示零流量下的运行车速（km/h）；i 代表本向机动车、对向机动车、非机动车等因素。虽然该模型应用于我国城市道路的交通状况并不十分理想，但其对路阻实质把握得非常精确，且是连续、可导的凸函数，在国际上应用最为广泛。

不同类型的道路提供的车辆运行条件不同，交通流情况各异，路阻函数也存在较大的差异。定性分析可知，机动车行驶除受同向行驶的机动车影响外，还可能受对向车辆（无中央分隔带）、非机动车（无机非分隔带）以及行人横向干扰的影响，故路阻函数也与道路断面形式密切相关。表 7-14 给出了各等级道路常用的道路断面形式。

城市道路分类与横断面形式的关系　　　　　表 7-14

道路分类	对应的横断面形式
快速干道	二、四幅路
主干干道	一、二、三、四幅路
次干干道	一、二、三幅路
支路	一幅路

1）路阻函数分类

城市中道路通行模式包括双向通行、单向通行、单向通行（公交车双

向通行），为了适应不同道路断面及通行模式，按照道路横断面形式和通行模式的组合，路阻函数可以相应地划分为 4 类、8 种（表 7-15）。

路阻函数分类   表 7-15

道路类型	通行模式	模型编号	交通运行模式示意图
一幅路	双向通行	I-A	
	单向通行	I-B	
	单向（公交逆行）	I-C	
二幅路	双向通行	II	
三幅路	双向通行	III-A	
	单向通行	III-B	
	单向（公交逆行）	III-C	
四幅路	双向通行	IV	

2）模型标定

路阻函数模型标定按照如下步骤进行：

（1）结合各种道路类型及通行模式，采集机动车流量、速度及非机动车流量数据，对数据进行优化筛选，增强数据的可靠性。

（2）利用试验数据，采用假设检验的方法分别对表 7-15 所列的 8 种路阻函数进行变量筛选，淘汰对阻抗函数影响不显著的变量，最终确定模型中的变量，得到 8 个路阻函数公式。

（3）根据试验数据，利用非线性回归模型方法对 8 个公式中的参数进行标定。

（4）结合理论分析，对标定后的模型进行适当的拓展以适用于交通量过饱和的情形，最终得到如表 7-16 所示的适合不同道路类型的 8 种路阻函数模型。

表 7-16 中，t_0 为零流量时的车辆行驶时间，c 为本向机动车道的设计通行能力，c' 为对向机动车道的设计通行能力，c_b 为本向非机动车道的设计通行能力，c'_b 为对向非机动车道设计通行能力，q 为本向机动车流量，

不同类型道路的路阻函数模型　　　　表 7-16

编号	模型表达式
I-A	$t(q,q',q_b) = \begin{cases} t_0[1+0.694(q/c)^{1.678}]\cdot[1+0.703(q_b/c_b)^{1.778}] & \text{若}\, q'/c \leqslant 0.6 \\ t_0[1+0.418(q/c)^{1.627}]\cdot[1+0.356(q'/c)^{2.003}]\cdot[1+0.268(q_b/c_b)^{6.008}] & \text{其他情形} \end{cases}$
I-B	$t(q,q_b,q'_b)=t_0[1+0.513(q/c)^{1.643}]\cdot[1+0.301(q_b/c_b)^{2.185}]\cdot[1+0.373(q'_b/c'_b)^{1.309}]$
I-C	$t(q,q_b,q'_b)=\dfrac{t_0[1+0.513(q/c)^{1.643}]\cdot[1+0.301(q_b/c_b)^{2.185}]\cdot[1+0.373(q'_b/c'_b)^{1.309}]}{1-0.0054q_{bus}}$
II	$t(q)=t_0[1+0.505(q/c)^{1.388}]$
III-A	$t(q)=t_0[1+0.633(q/c)^{2.060}]$
III-B	$t(q)=t_0[1+0.652(q/c)^{1.363}]$
III-C	$t(q)=t_0[1+0.688(q/c)^{1.394}]$
IV	$t(q)=t_0[1+0.701(q/c)^{1.501}]$

q' 为对向机动车流量，q_b 为本向非机动车流量，q_{bus} 为逆行的公交车流量，q'_b 为对向非机动车流量。

7.4　道路功能匹配度

7.4.1　功能匹配度定义

道路功能的紊乱直接表现为道路实际使用功能与其规划设计功能的不一致，为了定量分析道路的使用功能与规划设计功能之间的匹配程度，有必要提出功能匹配度的概念，并将其作为道路等级配置微观优化模型可参考的上层目标函数[67]。因此，功能匹配度可定义为道路的实际使用功能与规划设计功能之间的吻合程度。

利用层次分析法，可以将路网的功能匹配度分析分成两个层次：

第一个层次认为路网的功能匹配度由支路、次干道、主干道和快速路的功能匹配度所决定[68]，即路网功能匹配度的因素集 $U=\{U_1, U_2, U_3, U_4\}$，其中 U_1、U_2、U_3、U_4 分别表示支路、次干道、主干道和快速路的功能匹配度，此为第一级因素集。

第二层次是对于某一等级的道路，认为其功能匹配度由方式分担、距离分布、行车速度这三类分流特征所决定（表 7-17），并将第二级因素集表示为 $U_i=\{u_1^{(i)}, u_2^{(i)}, u_3^{(i)}\}$，其中 $u_1^{(i)}$、$u_2^{(i)}$、$u_3^{(i)}$ 分别表示 i 等级道路的方式划分、距离分布和行车速度[69]。

各分流特征的出行类别　　　　表 7-17

分流特征	出行类别
方式分担	小型车、大型车
距离分布	短距离、中距离、长距离
行车速度	低速、中速、快速

7.4.2   单条路段功能匹配度函数

采用专家打分并利用 1~9 标度法计算各层次的权重因子。

对于第一层次，路网整体的功能匹配度由快速路、主干道、次干道和支路这四类道路所决定，重要性判断矩阵参考值如表 7-18 所示[70,71]。计算得到第一层次的权重矢量 W={0.137，0.235，0.556，0.074}。

第一层次各因素重要性判断矩阵   表 7-18

影响因素	支路	次干道	主干道	快速路	$\overline{W}_i$	W_i
支路	1	1/2	1/5	2	3.70	0.137
次干道	2	1	1/3	3	6.33	0.235
主干道	5	3	1	6	15.00	0.556
快速路	1/2	1/3	1/6	1	2.00	0.074

对于第二层次，i 等级道路功能匹配度由方式分担、距离分布和行车速度这三类分流特征所决定，重要性判断矩阵参考值如表 7-19 所示[72]。

第二层次各因素重要性判断矩阵   表 7-19

影响因素		方式分担	距离分布	行车速度	$\overline{A}_j^{(i)}$	$A_j^{(i)}$
支路	方式分担	1	2	1	4.00	0.400
	距离分布	1/2	1	1/2	2.00	0.200
	行车速度	1	2	1	4.00	0.400
次干道	方式分担	1	1/2	1/2	2.00	0.200
	距离分布	2	1	1	4.00	0.400
	行车速度	2	1	1	4.00	0.400
主干道	方式分担	1	1/2	1/4	1.75	0.143
	距离分布	2	1	1/2	3.50	0.288
	行车速度	4	2	1	7.00	0.571
快速路	方式分担	1	1/2	1/5	1.70	0.121
	距离分布	2	1	1/3	3.33	0.238
	行车速度	5	3	1	9.00	0.641

注：i=1~4 分别表示支路、次干道、主干道、快速路。

经检验，以上判断矩阵均满足一致性要求，则得第二层次的权重矢量为

$$A^{(1)}=\{0.400, 0.200, 0.400\}$$
$$A^{(2)}=\{0.200, 0.400, 0.400\}$$
$$A^{(3)}=\{0.143, 0.288, 0.571\}$$
$$A^{(4)}=\{0.121, 0.238, 0.641\}$$

为了将三类分流特征进行量化，对于方式分担值，设小型车的车型系数为1，大型车的车型系数为2，由此得出路段的平均方式分担值 M。而距离分布值和行车速度值则分别采用路段上车辆的平均出行距离 L 和平均行车速度 V 来表征。

设评判集 Z＝{ 很匹配，匹配，不匹配，很不匹配 }，三类分流特征的隶属函数选用中间岭型分布，用 M 表示平均方式分担值，则

$$\mu_M^{(i)} = \begin{cases} \dfrac{1}{2} + \dfrac{1}{2}\sin\dfrac{\pi}{M_1^{(i)}-1}\left(M - \dfrac{1+M_1^{(i)}}{2}\right) & (1 \leq M < M_1^{(i)}) \\ 1 & (M_1^{(i)} \leq M \leq M_2^{(i)}) \\ \dfrac{1}{2} - \dfrac{1}{2}\sin\dfrac{\pi}{2-M_2^{(i)}}\left(M - \dfrac{M_2^{(i)}+2}{2}\right) & (M_2^{(i)} < M \leq 2) \end{cases} \quad (7\text{-}35)$$

式中，$M_1^{(i)}$ 和 $M_2^{(i)}$ 值为常数，可根据城市特性和规模确定。

用 V 表示平均行车速度，则

$$\mu_V^{(i)} = \begin{cases} 0 & (V < V_1^{(i)}) \\ \dfrac{1}{2} + \dfrac{1}{2}\sin\dfrac{\pi}{V_2^{(i)}-V_1^{(i)}}\left(V - \dfrac{V_1^{(i)}+V_2^{(i)}}{2}\right) & (V_1^{(i)} \leq V < V_2^{(i)}) \\ 1, & (V_2^{(i)} \leq V \leq V_3^{(i)}) \\ \dfrac{1}{2} - \dfrac{1}{2}\sin\dfrac{\pi}{V_4^{(i)}-V_3^{(i)}}\left(V - \dfrac{V_3^{(i)}+V_4^{(i)}}{2}\right) & (V_3^{(i)} < V \leq V_4^{(i)}) \\ 0 & (V > V_4^{(i)}) \end{cases} \quad (7\text{-}36)$$

式中，$V_1^{(i)}$、$V_2^{(i)}$、$V_3^{(i)}$ 和 $V_4^{(i)}$ 值为常数，可根据城市特性和规模确定。

用 L 表示平均出行距离，则

$$\mu_L^{(i)} = \begin{cases} 0 & (L < L_1^{(i)}) \\ \dfrac{1}{2} + \dfrac{1}{2}\sin\dfrac{\pi}{L_2^{(i)}-L_1^{(i)}}\left(L - \dfrac{L_1^{(i)}+L_2^{(i)}}{2}\right) & (L_1^{(i)} \leq L < L_2^{(i)}) \\ 1 & (L_2^{(i)} \leq L \leq L_3^{(i)}) \\ \dfrac{1}{2} - \dfrac{1}{2}\sin\dfrac{\pi}{L_4^{(i)}-L_3^{(i)}}\left(L - \dfrac{L_3^{(i)}+L_4^{(i)}}{2}\right) & (L_3^{(i)} < L \leq L_4^{(i)}) \\ 0 & (L > L_4^{(i)}) \end{cases} \quad (7\text{-}37)$$

式中，$L_1^{(i)}$、$L_2^{(i)}$、$L_3^{(i)}$ 和 $L_4^{(i)}$ 值为常数，可根据城市特性和规模确定。

根据隶属度的大小，规定：$\mu \geq 0.90$ 为"很匹配"，$0.70 \leq \mu < 0.90$ 为"匹配"，$0.50 \leq \mu < 0.70$ 为"不匹配"，$\mu < 0.50$ 为"很不匹配"。

从单因素评判入手，设路网中等级道路的数目为 N_i，对于分流特征 j，"很匹配"、"匹配"、"不匹配" 和 "很不匹配" 的路段所占的比例分别为 $r_{j1}^{(i)}$、$r_{j2}^{(i)}$、$r_{j3}^{(i)}$ 和 $r_{j4}^{(i)}$，由此得 i 等级道路的单因素评判矩阵

$$R^{(i)} = \begin{bmatrix} r_{11}^{(i)} & r_{12}^{(i)} & r_{13}^{(i)} & r_{14}^{(i)} \\ r_{21}^{(i)} & r_{22}^{(i)} & r_{23}^{(i)} & r_{24}^{(i)} \\ r_{31}^{(i)} & r_{32}^{(i)} & r_{33}^{(i)} & r_{34}^{(i)} \end{bmatrix}$$

设 U_i 的权重矢量 $A^{(i)}=\{a_1^{(i)}, a_2^{(i)}, a_3^{(i)}\}$，则 i 等级道路的综合评判 B_i 为

$$B_i = A^{(i)} \cdot R^{(i)} \qquad (7\text{-}38)$$

7.4.3　基于功能匹配度的路网评价

1. 路网功能匹配度计算

在得出支路、次干道、主干道、快速干道四类道路的综合评判值之后，用 B_i 作为路网层面的单因素评判，则得单因素评判矩阵

$$R = \begin{bmatrix} B_1 \\ B_2 \\ B_3 \\ B_4 \end{bmatrix}$$

由此可得路网的功能匹配度评判为

$$B = W \cdot R \qquad (7\text{-}39)$$

再根据最大隶属的原则，得出路网的功能匹配度。

2. 路网等级配置合理性评价

以路网功能匹配度指标为量化标准，建立路网等级级配合理性的评价准则、方法及其步骤。

在功能匹配度的计算中，如何有效地提取路段上各分流特征及其出行类别的参数相当关键[73]。对于现状路网，可以通过交通调查来实现，从而确定各出行类别的比例。而对于规划路网，则可通过交通分配来实现。

以距离分布为例，简述如何在规划路网中提取距离分布中各出行类别的参数。计算中所用的路网如图 7-16 所示。

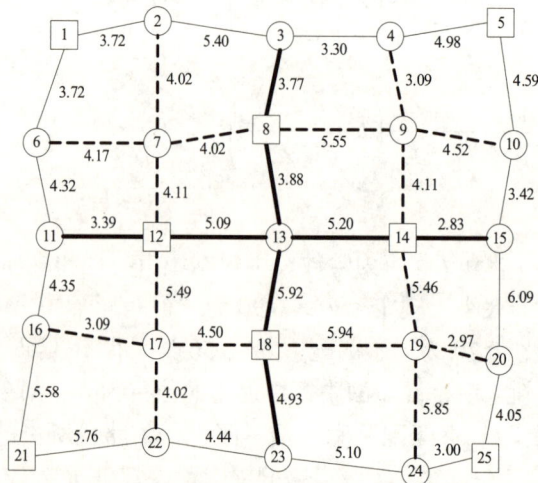

图 7-16　算例路网示意图

图 7-16 中的粗实线、细实线和虚线分别代表主干道、次干道和支路，圆圈表示普通道路节点，小方框表示交通的发生点和吸引点，边上数据为路段长度。综合分析各路段的长度，给出路网中短、中、长距离出行所对应的 OD 点对，如表 7-20 所示。

出行距离与 OD 点对对应表	表 7-20

距离分布	对应 OD 点对
短距离出行	1-8, 1-12, 5-8, 5-14, 8-12, 8-14, 8-18, 12-14, 12-18, 12-21, 14-18, 14-25, 18-21, 18-25
中距离出行	1-12, 1-18, 5-12, 5-18, 8-21, 8-25, 12-25, 14-21
长距离出行	1-5, 1-21, 1-25, 5-21, 5-25, 21-25

各路段路阻函数的通式为

$$t_{ij}(x_{ij}) = t_{ij}^0 \left[1 + 0.15 \left(\frac{x_{ij}}{k_{ij}} \right)^4 \right] \qquad (7-40)$$

式中，t_{ij} 为节点 i、j 间路段单位长度的旅行时间；x_{ij} 为路段上的流量；k_{ij} 为路段的通行能力；t_{ij}^0 为零流量时路段上单位长度的旅行时间[74]。

假定同类道路中各路段的通行能力相同，得到各类道路的路阻函数（表 7-21、图 7-17）。

各类道路的 BPR 函数	表 7-21

道路类别	BPR 函数
主干道	$t_1(x) = 1.09 + 0.16 \left(\dfrac{x}{200} \right)^4$, $s_1^0 = 55$, $k_1 = 200$
次干道	$t_2(x) = 1.71 + 0.26 \left(\dfrac{x}{250} \right)^4$, $s_2^0 = 35$, $k_2 = 250$
支路	$t_3(x) = 3.00 + 0.45 \left(\dfrac{x}{300} \right)^4$, $s_3^0 = 20$, $k_3 = 300$

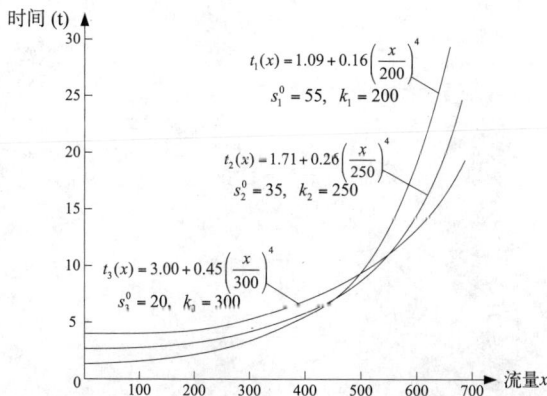

图 7-17 主干道、次干道及支路的路阻函数

表 7-21 中，$t_i(x)$ 为路段单位长度的旅行时间（min），s_i^0 为路段的自由流速度（km/h），k_i 为路段的通行能力（pcu/h）。

在进行交通分配时，可采用通用的 Frank-Wolfe 算法[75~77]。由于需要统计路段流量中短、中、长距离出行所占的比例，因此对算法作一定的改进，即在网络加载时，对各 OD 量进行标记。设 OD 点对的总数为 m，第 n 次迭代时路段 a 上的旅行时间为 t_a^n，流量为 x_a^n，第 k 对 OD 点对在路段 a 上的流量为 x_{ak}^n，显然有 $x_a^n = \sum_{k=1}^{m} x_{ak}^n$。因此，可将改进的 Frank-Wolfe 算法表述如下 [78,79]。

Step 0：初始化。基于 $t_a^0 = t_a(0), \forall a$，执行一次 AON 网络加载，得到初始路段流量 $\{x_a^1 = \sum x_{ak}^1\}$，令 $n=1$。

Step 1：更新。令 $t_a^n = t_a(x_a^n), \forall a$。

Step 2：确定迭代方向。基于 $\{t_a^n\}$，执行一次 AON 网络加载，得到一组附加的路段流量 $\{y_a^n = \sum y_{ak}^n\}$。

Step 3：确定迭代步长 λ_n。求解 $\min_{0<\lambda<1} z[x^n + \lambda(y^n - x^n)] = \sum_a \int_0^{x_a^n + \lambda(y_a^n - x_a^n)} t_a(\omega)\mathrm{d}\omega$ 一维搜索问题，得到 λ_n。

Step 4：确定新迭代点。令 $x_{ak}^{n+1} = x_{ak}^n + \lambda_n(y_{ak}^n - x_{ak}^n)$，$x_a^{n+1} = x_a^n + \lambda_n(y_a^n - x_a^n)$，$\forall a$。

Step 5：收敛性检查。假如满足收敛条件则结束算法，$\{x_a^{n+1}\}$ 即为所求平衡解；否则令 $n=n+1$，并转到 Step 1。

第 8 章
城市交通规划实施跟踪与评价

城市交通规划编制和实施涉及因素众多，需要针对城市交通规划过程中不同主体的具体要求，建立实施跟踪与评价的反馈理论方法和管理机制，用于判断规划方案的优劣，检验规划的实施效果。

8.1 规划实施管理

8.1.1 规划实施管理机制

在规划实践中，影响城市交通规划实施的问题突出表现在城市交通规划与城市总体规划的衔接互动比较差。通常，许多城市在城市总体规划编制完成后再组织城市交通规划的编制，只是将城市交通规划作为落实城市总体规划交通布局的一种手段。即使在城市交通规划编制中发现交通系统与土地利用存在不一致的问题，也难以对土地利用进行相应的调整。

因此，为了发挥城市交通规划在城市规划建设中的作用，需要完善城市交通规划实施管理机制。在规划编制阶段，强化城市交通规划与城市总体规划同步编制、相互反馈的管理机制，科学划分两者在城市交通系统资源配置及设施安排上的深度和衔接关系。在规划实施阶段，应结合城市实际情况完善地方性法规体系，制定城市综合交通规划实施管理办法。

8.1.2 规划实施过程评价的属性测度方法

引入模糊数学理论，构建交通规划实施过程跟踪评价的属性测度模型。

1）样本属性测度

利用属性识别模型综合评判关键在于计算每个样本的属性测度，即在给定 x_{ij} 的前提下，判断 x_{ij} 属于属性 C_k 的程度，$u_{ij} = u$。

结合规划实施跟踪评价这一具体任务，将 k 界定为 5 级标准，并根据跟踪评价指标的形态特征，将其属性函数划分为 4 种，分别以Ⅰ、Ⅱ、Ⅲ、Ⅳ标记。

根据各指标的计算值，可得到其隶属度。在一级评价指标的论域上，Ⅰ、Ⅱ、Ⅲ、Ⅳ、Ⅴ级评价值分别表示为论域上的 5 个模糊子集；在各个二级评价的论域上，一等~五等分别表示为其论域上的 5 个模糊子集，记为 A、

B、C、D、E。

2）跟踪评价目标属性确定

若 C_i 单调递增，则 $[C_i]$ 构成 F 上一有序划分，此时最大隶属度识别准则失效。令 μ 为待识别对象所组成的集合，采用置信度准则来判别 x_q 评价类别。设 λ 为置信度，若在 C_i 单调情况下满足式 (8-1)，则认为 x_q 属于 C_{k0} 类。

$$k_0 = \min\left\{\sum_{l=1}^{k}\mu_{il} \geqslant \lambda,\ 1 \leqslant k \leqslant K\right\} \tag{8-1}$$

8.1.3 基于目标完成度的规划实施控制方法

规划实施目标完成度是指规划实施过程阶段性评价时特定目标满足既定目标要求的程度，广义上是规划实施过程中可调变量的函数，自变量包括规划方案、实施计划、资金投入等。

1）目标完成度概念

对于规划实施过程的阶段性完成状态，定义规划实施目标向量为

$$\begin{aligned}\boldsymbol{O} &= \{o_1, o_2, o_3, o_4, o_5, o_6, o_7, o_8, o_9\} \\ &= \{\text{功能，经济，协调，舒适，效率，} \\ &\quad\ \text{环保，影响，安全，交通管理}\}\end{aligned} \tag{8-2}$$

考察上述 9 个跟踪评价目标误差序列总体的样本为 $\{x_i\}_n$，用于描述规划实施评价结果与既定标准的差异性。

$$\{x_i\}_9 = \left\{\frac{\Delta o_i}{o_{i0}}\right\}_9 = \left\{\frac{\sum_{j=1}^{k}\left(h_{ij} - h_{ij0}\right)}{\sum_{j=1}^{k}h_{ij0}}\right\}_9 \tag{8-3}$$

式中，h_{ij} 为第 i 个评价目标第 j 个参数的统计值，其中 $1 \leqslant i \leqslant 9$；$h_{ij0}$ 为第 i 个评价目标第 j 个参数的最优值，取阈值 A 级下限，其中 $1 \leqslant i \leqslant 9$；$k$ 为第 i 个评价目标的表征参数数量。

根据 MPO、TRB 等国外研究机构的研究结果，规划过程中诸多统计指标满足正态分布，故假定跟踪目标完成度向量 $\{x_i\}_n$ 满足正态分布，其算数平均值定义为 $\bar{x} = \sum_{i=1}^{n}x_i \Big/ n$，样本方差满足 $S_x^2 = \sum_{i=1}^{n}(x_i - \bar{x})^2 \Big/ n-1$。

2）规划实施最优状态判别

根据统计指标的均值和方差检验结果，判别规划实施是否处于最优状态。

（1）跟踪目标均值检验。

对规划实施跟踪目标的误差序列总体均值进行右侧检验，设原假设 H_0 为 $\mu \leqslant \mu_0$，备选假设为 H_1 为 $\mu \leqslant \mu_0$，拒绝域为 $P\{$ 拒绝 $H_0|H_0$ 为真 $\} \leqslant \alpha$。

令 $t_{1-\alpha}(n-1)$ 为 $t(n-1)$ 分布 $1-\alpha$ 的分位数，满足 $P\{X < t_{1-\alpha}(n-1)\} = 1-\alpha$，在显著性水平 $\alpha = 0.05$ 条件下，取统计量 $t = (\bar{x} - \mu_0)/(\frac{S_x}{\sqrt{n}})$，拒绝域 $t < t_{1-\alpha}(n-1)$，

由规划实施跟踪目标的误差序列分别确定 t 和 $\{t_{1-\alpha}(n\text{-}1), +\infty\}$。

定义 β_u 为规划实施目标均值完成度（式（8-4））。

$$\beta_u = f_{\beta_u}(\boldsymbol{O}) = t_{1-\alpha}(n-1) - \frac{(\bar{x} - \mu_0)}{(\frac{S_x}{\sqrt{n}})} \qquad (8\text{-}4)$$

当 $\beta_u<0$ 时，表明 t 落在拒绝域中，则在 $\alpha=0.05$ 的水平上拒绝原假设 H_0，可认为规划实施目标均值完成度不满足要求的概率为 0.95；当 $\beta_u<0$ 成立时，表明 t 落在拒绝域外，则原假设 H_0 成立，即规划实施目标完成度满足要求。

（2）跟踪目标方差检验。

对规划实施跟踪评价目标序列的总体方差进行右侧检验，设原假设 H_0 为 $S^2 \leqslant S_0^2$，备选假设 H_1 为 $S^2>S_0^2$。

由于现行相关研究中均未给出规定规划实施目标相对误差 $\{x_i\}_n$ 的方差极限值，故参考 MTO 在 Califonia 规划中对规划实施良好率要求取 $S_0^2=20\%$，拒绝域为 $P\{$ 拒绝 $H_0|H_0$ 为真 $\} \leqslant \alpha$，取显著性水平 $\alpha=0.05$。

取 $\chi^2(n\text{-}1)$ 分布的自由度为 $n\text{-}1$，则其 $1\text{-}\alpha$ 分位数可记为 $\chi^2_{1-\alpha}(n\text{-}1)$，由跟踪评价目标的误差序列 $\{x_i\}_n$ 可分别得到统计量 χ_2^2 和拒绝域 $\{\chi^2_{1-\alpha}(n\text{-}1)$, $+\infty\}$，分别记为 $\chi_2^2 = \frac{1}{S_0^2}\sum_{i=1}^{n}(x_i - \bar{x})^2$，$\chi_2^2>\chi^2_{1-\alpha}(n\text{-}1)$。

定义 β_σ 为规划实施跟踪目标的方差完成度（式（8-5））。

$$\beta_\sigma = f_{\beta_\sigma}(\boldsymbol{O}) = \chi^2_{1-\alpha}(n-1) - \frac{1}{S_0^2}\sum_{i=1}^{n}(x_i - \bar{x})^2 \qquad (8\text{-}5)$$

当满足 $\beta_\sigma<0$ 时，χ_2^2 落在拒绝域中，在显著性水平 $\alpha=0.05$ 上拒绝原假设 H_0，即规划实施目标完成度的方差满足要求的可能性不低于 95%；当 $\beta_\sigma>0$ 时，χ_2^2 落在拒绝域外，则原假设 H_0 成立，目标完成度的方差满足要求。

（3）最优实施状态判断。

跟踪评价过程中需明确规划实施进程中对方案设计意图的表达程度，并希望对规划实施完成状况进行优化，使之达到最优。

从上述 β_u、β_σ 的定义可看出，只有当 $\beta_u>0$ 和 $\beta_\sigma>0$ 同时满足时，才可以说规划实施满足既定要求，此时可称为规划实施处于最优状态。

每一评价周期内规划实施状态均以目标完成度满足要求的最大概率为优化目标，故若每一评价周期内规划实施状态均最优，则整体过程必然满足不同主体的要求，交通规划才符合城市发展的需求。

3）规划实施过程控制

规划实施过程控制旨在达到最佳规划实施状态，实现这一控制目标的关键在于判断阶段性规划实施是否处于最优状态。

设优化变量 $(n \leqslant 9)$ 为当前评价周期内所有跟踪目标的评价值，见式（8-6）。

$$\boldsymbol{O}=\{o_1, o_2, \cdots, o_n\} \qquad (8\text{-}6)$$

设目标函数为评价周期内的规划实施目标均值完成度 β_u 最大、方差完成度 β_σ 的离散性最小，约束条件为 β_u、β_σ 及目标完成统计值，优化模型满足式（8-7）。

$$\begin{cases} \max \ \beta_u \\ \min \ \beta_\sigma \\ \text{s.t.} \quad \beta_u = t_{1-\alpha}(n-1) - \dfrac{(\bar{x} - \mu_0)}{(\dfrac{S_x}{\sqrt{n}})} > 0 \\[4mm] \qquad \beta_\sigma = \chi^2_{1-\alpha}(n-1) - \dfrac{1}{\sigma_0^2} \sum_{i=1}^{n} (x_i - \bar{x})^2 > 0 \\[4mm] \qquad h_{ij} > h_{ij0} \end{cases} \qquad (8\text{-}7)$$

式（8-7）实质上反映出不断调整规划实施对既定目标的满足程度。由于目标函数属于离散型且含有不等式约束条件等，应用解析方法难以实现该优化问题。为满足精度要求，并一定程度上简化计算过程，可采用数值方法求解。

8.2　规划实施跟踪评价

8.2.1　评价指标体系

基于不同主体对规划实施的要求，可采用旨在分析评价对象内涵的压力—状态—响应的三级指标体系（图 8-1）。压力、状态及响应三个层次互相联系、彼此影响，压力指标为原始驱动力和内在原因，状态和影响指标是压力作用下的结果和自身调整，反之又对其带来新一轮压力。其中，压力指标指那些促进、推动或阻碍城市交通规划实施进程的因素，涵盖社会、

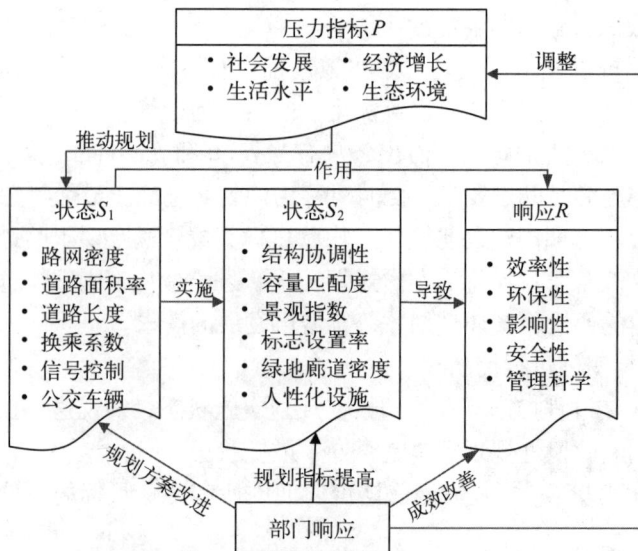

图 8-1　压力—状态—响应跟踪考核指标体系结构

经济或生态环境层面的指标参量；状态指标表现为规划实施过程中交通系统各层面的状态或趋势；响应指标指交通规划实施所导致的结果，反映了状态指标改变对系统造成的影响[80~82]。

规划实施跟踪评价的目的是确定规划方案实施后的总体效果和实施质量，故在指标选择方面综合对比社会经济发展、人们生活水平、交通系统等方面的众多要素[83~88]，采用定性分析或多元统计分析等方法，选择出可测、可比、具有代表性的主成分性和独立性较强的评价因子，构成了由 8 类跟踪目标、36 个跟踪考核指标组成的评价指标体系（表 8-1）。

城市交通规划实施跟踪目标和考核指标　　表 8-1

目标	跟踪指标	目标	跟踪指标	目标	跟踪指标
社会发展	城市化水平	生活水平	消费恩格尔系数	交通效率	平均换乘系数
	人口密度		人均住房面积		出入口通行能力等级
	基尼系数		万人机动车拥有量		居民 90% 位出行时耗
	城镇登记失业率		饮用自来水比例	交通功能	路网密度
	万人医生拥有量	生态环境	绿化覆盖率		万人公交车标台数
	清洁能源利用率		人均公共绿地面积	交通协调性	交通成本协调系数
	教育投资比例		区域环境噪声均值		交叉口服务水平
经济增长	人均地区生产总值		废水排放达标率	交通影响	百万车公里事故率
	第三产业占 GDP 比例		环保投资比例		交通用地开发强度
	工业经济效益指数		天气质量指数		交通标志设置率
	人均社会零售额		空气污染指数 API		绿地廊道密度
	公路货运量		烟尘年排放量		交通项目环评实施率

8.2.2　评价方法

针对适应度计算需兼顾不同层次指标及其影响程度的需要，建立城市交通规划实施跟踪评价的改进 AHP 方法，将其应用于适应性评价中[89~94]。

1）权重 SVD 标定

鉴于 AHP 应用中权重一致性是关键所在，故引入奇异值分解法 SVD 分别对完全一致性矩阵和一致性可接受矩阵提出相应的权重计算模型。

（1）完全一致性矩阵的权重计算。

按照一致性收敛程度，权重矩阵可分为完全一致性矩阵和一致性可接受矩阵，其权重确定方法推导如下。

给定 $\Omega=\{1, 2, \cdots, n\}$，正互反矩阵 $\boldsymbol{A}$ 中 $\alpha_{ij}>0$，$\alpha_{ij} \times \alpha_{ji}=1$，$\alpha_{ij}=1$，若满足 $\alpha_{ij}=\alpha_{ik}/\alpha_{jk}$，$i, j, k \in \Omega$，称 $\boldsymbol{A}$ 为完全一致性矩阵。设矩阵 $\boldsymbol{B}$ 的权重向量为 $\boldsymbol{W}=\{w_1, w_2, \cdots, w_n\}$，若满足 $\boldsymbol{B}=[b_{ij}]=[w_i/w_j]$，则为一阶完全一致性矩阵。对于完全一致判断矩阵 $\boldsymbol{A}$，存在唯一非零奇异值 σ_1，符合 $\boldsymbol{A}=\boldsymbol{A}_{[1]}=\boldsymbol{B}$，其中 $\boldsymbol{A}_{[1]}=\sigma_1 \boldsymbol{u}_1 \boldsymbol{v}_1^{\mathrm{T}}$。

根据矩阵低阶近似理论，$A_{[1]}$ 是在所有秩为 1 的一阶实矩阵 X 对矩阵 A 的最优近似，故 $\forall j \in N$，权重向量可表示为式（8-8）。

$$w_i = \frac{u_i}{\sum_{j=1}^{n} u_j} = \frac{\frac{1}{v_i}}{\sum_{j=1}^{n} \frac{1}{v_j}} \quad (8\text{-}8)$$

对完全一致性矩阵 A，有 $a_{ij} = w_i/w_j$，则各列归一化向量 e_i 等于对应主特征根的归一化特征向量，即满足 $e_1 = e_2 = \cdots = W$。

（2）一致性可接受矩阵权重计算。

若 A 为一非完全一致性矩阵，但其一致性可接受，则 $A_{[1]} = \sigma_1 u_1 V_1^{\mathrm{T}}$ 的成立表明 $A_{[1]}$ 是 A 的最优一阶近似，但 $A_{[1]} \neq B$。

在 Gass 等研究成果的基础上，利用 Kullback-Leibler 信息量处理方法，将最优权重计算问题转化为求解信息偏差最小化模型（式 8-9）。

$$\begin{cases} \min D(\boldsymbol{u} \parallel \boldsymbol{W}) + D(\frac{1}{\boldsymbol{v}} \parallel \boldsymbol{W}) \\ \mathrm{s.t.} \quad \sum_{i=1}^{n} w_i = 1 \end{cases} \quad (8\text{-}9)$$

求解该信息偏差优化模型，可得改进后的可接受权重 w_i。

$$w_i = \frac{u_i + \frac{1}{v_i}}{\sum_{j=1}^{n} \left(u_j + \frac{1}{v_i} \right)} \quad (8\text{-}10)$$

2）矩阵一致性修正

当 A 与 W 不满足一致性时，这 n 个向量在 W 附近波动，其波动程度反映了矩阵 A 的一致性满足程度，与 W 接近程度越差的向量所对应的列对 A 的一致性影响越显著，需进行修正。

（1）显著性元素横坐标识别。

借鉴空间解析几何中对距离的概念界定，定义任意两个数值间的距离为 $d(x, y)$，满足式（8-11）。

$$d(x, y) = \frac{|x - y|}{\max(x, y)} \quad x, y \in \mathrm{R}^+ \quad (8\text{-}11)$$

因此，接近度可表示为 $\sigma(x, y) = 1 - d(x, y)$，两个向量越接近，则接近度越大。借鉴距离和贴进度的概念，根据式（8-9）求得 e_i 与 W 的距离 d_i 和接近度 σ_i，识别出最大者 $d_L = \max_{1 \leqslant i \leqslant n}(d_i)$，以此确定显著性元素 e_{LH} 的横坐标 L。

$$\begin{cases} d_i = \frac{1}{n} \sum_{j=1}^{n} \frac{|e_i^j - w_j|}{\max(e_i^j, w_j)} & (i = 1, 2, \cdots, n) \\ \sigma_i = 1 - d_i \end{cases} \quad (8\text{-}12)$$

（2）显著性元素纵坐标识别。

$d_i, \sigma_i \in [0, 1]$ 反映的是 e_i 与 W 的接近程度，定义平均接近度的概念来反映整体的一致性程度，则

$$\bar{\sigma} = \frac{1}{n}\sum_{i=1}^{n}\sigma_i \qquad (8\text{-}13)$$

当判断矩阵完全一致时，$d_i = \sigma_i = \bar{\sigma} = 1$；而不完全一致时，$d_i > 0$，$\sigma_i < 1$，$\bar{\sigma} < 1$。$d_i$ 越大，σ_i、$\bar{\sigma}$ 越小，表明 e_i 与 W 接近程度越差。令 $d_L = \max_{1 \le i \le n}(d_i)$，则根据式（8-11），通过计算 e_L 与 W 各分量间的距离 d_{Li} 和接近度 σ_{Li}，从 d_{Li} 中找出分量接近程度最差的元素 $d_{LH} = \max_{1 \le i \le n}(d_{Li})$，并确定显著元素 e_{LH} 的纵坐标 H。

$$\begin{cases} d_{Li} = \dfrac{\left| e_L^i - w_i \right|}{\max(e_L^i, w_i)} \\ \sigma_i = 1 - d_{Li} \end{cases} \qquad (i = 1, 2, \cdots, n) \qquad (8\text{-}14)$$

（3）显著性元素修正。

当判断矩阵不完全一致时，矩阵中某一元素 a_{ij} 的第 i、j 行 n 对元素对应之比 $\eta_1, \eta_2, \cdots, \eta_n$ 与 a_{ij} 不一定相等，表明专家存在判断失误。

记显著性元素 e_{LH} 的均值为 $\bar{e}_{LH} = \frac{1}{n}\sum_{j=1}^{n} e_{Lj}/e_{Hj}$，采用平均值作为真实值的近似来修正 A 中的 e_{LH}。

$$e_{LH}^* = \frac{1}{2}\left(\bar{e}_{LH} + \frac{1}{\bar{e}_{LH}} \right) \qquad (8\text{-}15)$$

同理，考虑正互反性，将 e_{HL} 修正为 $1/e_{LH}^*$，经修正后矩阵整体一致性得到提高，对一致性满足要求的专家评判矩阵即可用于 ADI 值的计算中。

利用正互反性原理对专家原始判断矩阵进行一致性修正的过程中，可能会存在经过多次修正矩阵一致性仍无法满足要求的情况，这时需二次确定输入矩阵。

3）AHP 评价方法流程

在理论研究的基础上，遵循评价对象定义→表征指标选择→判断矩阵建立→一致性判断（矩阵一致性修正）→权重计算→适应度集成→模型测试的分析思路，提出城市交通规划实施适应性评价的 AHP 方法流程（图 8-2）。

8.2.3 方案评价

在具体操作上，选择微观交通改善、中观交通改善、宏观交通改善三个层面评价规划方案[95,96]。依据微观交通改善、中观交通改善及宏观交通改善三层面指标的定量评价标准（表 8-2），由交通规划设计、建设管理、科研技术及普通用户等不同主体的代表对规划方案进行综合打分，根据各自主观感受和认识按 10 分制给出评价值。

对若干人员打分结果进行数据的统计分析，可以得到规划方案评价指数。在此，定义规划方案满意度 PSD（program satification degree），表示微观交通改善、宏观交通改善及交通影响三方面综合比较的加权平均结果，其物理意义表达为

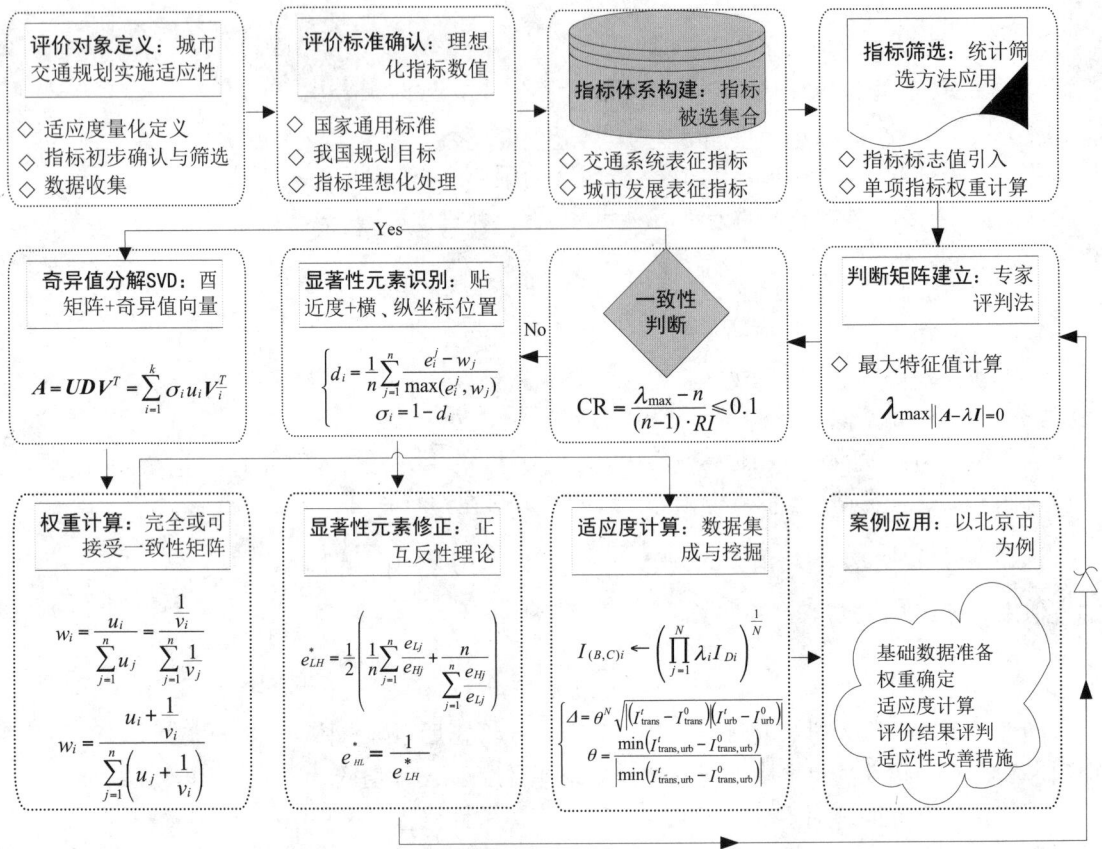

图 8-2　城市交通规划实施跟踪评价参数计算流程

交通规划方案评价层次划分及参数确定　　　　　　　表 8-2

评价层次	评价指标参数	权　重	编　码	目标极限值
I：微观交通改善	人均行车延误减少	1	1A	250
	路段 LOS 状况	2	1B	
	交叉口 LOS 状况	2	1C	
	行车速度提高	4	1D	
	交通安全状况	6	1E	
	交通设施建设	2	1F	
	市内换乘	4	1G	
	对外交通	4	1H	
II：中观交通改善	交通结构	3	2A	140
	设施利用	5	2B	
	交通需求管理	2	2C	
	交管水平	4	2D	
III：宏观交通改善	社会影响	3	3A	310
	服务公平性	5	3B	
	环境影响	6	3C	
	空气质量	7	3D	
	燃油消耗	5	3E	
	交通满意度	2	3F	
	发展机遇	3	3G	

$$PSD = \frac{\sum\limits_{l=1}^{u}\sum\limits_{i=1}^{m} w_i P_{il} + \sum\limits_{l=1}^{u}\sum\limits_{j=1}^{n} w_j Q_{jl} + \sum\limits_{l=1}^{u}\sum\limits_{k=1}^{s} w_k R_{kl}}{mu + nu + su}$$ （8-16）

式中，P_{il}、Q_{jl}、R_{kl} 分别为微观、中观及宏观交通改善的第 i、j、k 个测评参数的第 l 个专家打分值，取 [0，10] 实数；P_{il}、Q_{jl}、R_{kl} 分别为微观交通改善、中观交通改善及宏观交通改善的第 i、j、k 个测评参数权重值；m、n、s 分别为微观交通改善、中观交通改善及宏观交通改善参量数目；u 分别为评判人数。

规划方案满意度可以划分为五级（表 8-3），通过 PSD 的分值可以对规划方案的实施效果进行跟踪评价。

PSD 分级标准 表 8–3

等级	一级	二级	三级	四级	五级
PSD	8.50~10.00	6.20~8.40	4.60~6.20	1.90~4.50	0.01~1.80

第 9 章
城市交通规划技术标准体系研究

技术标准是科学技术发展的基础，已经成为国际经济、科技竞争的重要手段。城市道路交通规划技术标准对指导和规范城市交通规划编制工作，引导城市交通的科学发展，满足人民群众的交通需求，体现国家建设"资源节约型和环境友好型"城市具有重要意义。

《工程建设标准体系（城乡规划、城镇建设、房屋建筑）》于 2003 年 1 月 2 日由原建设部颁布实施，其中包含了城市交通规划技术标准。然而，相对于城市交通发展和交通规划编制工作的迫切需求，现行的工程建设标准体系中，城市交通规划专业内容相对薄弱，技术标准十分欠缺，不能满足现阶段以及未来城市交通规划编制的技术要求。

为解决标准体系实施过程中发现的问题，2005 年原建设部下达计划，对《工程建设标准体系（城乡规划、城镇建设、房屋建筑）》进行修订。2008 年 1 月 1 日实施的《中华人民共和国城乡规划法》对建立适合我国国情的城乡规划技术标准体系也提出了新的要求。在此背景下，研究城市交通规划技术标准体系是补充、完善、修订工程建设标准体系的重要基础性工作。

9.1　技术标准需求分析

9.1.1　城市交通规划组成

城市交通规划经过近 30 年的实践，无论是规划技术还是规划内容都有了长足的发展，而且随着城市和经济社会发展理念的更新，城市交通规划理论体系和规划构成也在不断地创新完善。在城市发展进程中，城市交通的作用越来越受到人们的重视，交通拥堵、交通污染等问题的日益严峻也促使各级政府加强了交通规划编制工作，通过科学的交通规划支撑城市可持续发展。

1）基本组成

近年来，交通规划编制呈现出多样化发展趋势，既有空间范围的延伸，也有规划技术层面的深化。这些变化主要体现在以下几个方面。

一是跨行政辖区的城镇群交通规划受到高度关注。住房和城乡建设部先后组织和指导了长江三角洲、京津冀、海峡西岸、辽宁沿海、北部湾、成渝等一系列城镇群规划，其中城镇群综合交通系统和重大交通基础设施规划成为支撑城镇群规划的重要专项规划，起到了统筹协调跨区域的重大基础设施规划安排的重要作用。

二是基于综合交通枢纽的交通整合规划得到加强。随着高铁、航空港的快速发展，以综合交通枢纽为核心衔接城市内外交通、带动地区发展的交通规划设计日益受到城市政府的重视，已经有近40个城市开展了相关的规划研究和规划设计。上海虹桥机场规划建设是一个典型案例。

三是绿色交通系统规划开始起步，并逐渐成为重要的城市交通专项规划，引导城市交通向"低碳生态"模式转变。代表性的规划项目包括：《中新天津生态城绿色交通系统规划》《上海市中心城慢行交通系统规划》《杭州市慢行交通系统规划》《杭州市公共自行车交通系统发展专项规划》《海口市绿色慢行交通系统规划》《珠海市主城区及唐家湾新城行人、自行车系统布局规划》《深圳经济特区步行系统规划》《南通市区步行系统规划》、《厦门市步行系统研究规划》等。

四是针对特殊的大型活动开展了前期规划研究和方案制订，这类规划融合了设施布局、建设计划安排、交通组织和需求管理等内容。例如，结合北京奥运会、上海世博会和广州亚运会等编制的一系列交通专项规划，为交通建设和交通组织决策提供了技术支撑。

城市交通规划仍然处于不断的探索和发展之中，我国紧凑的城市布局形态、高密度的城市开发、高速度的城市化进程、复杂的城市交通构成，都给城市交通规划提出了特殊的要求。在今后一段时期内，城市发展的背景、城市交通的外部环境也会给城市交通规划工作提出新的挑战。

基于规划实践和发展需求，城市交通规划基本形成了二维规划体系（图9-1）。在空间层面上按照规划所涵盖的面、线、点范围和特点，可分为城镇群、市域、市区、分区、道路网、路段、枢纽、交叉口、建设项目等交通规划设计。在系统层面上，根据规划的对象和目的可分为发展战略规划、综合交通体系规划、交通专项规划（公共交通、城市轨道交通、道路网络、停车规划、自行车系统、步行系统等）、交通管理和组织、交通工程设计、交通影响分析等不同的规划设计内容。

2）存在的问题

随着2008年1月1日《中华人民共和国城乡规划法》的实施，城市综合交通体系规划作为城市总体规划的重要专项规划，增强了其在城市快速发展时期对空间发展的引导和支持作用。但是，由于城市交通规划在总的体系结构和编制内容上与城市规划体系衔接薄弱，存在随意性大、不规范等问题，导致城市交通规划和城市规划"两层皮"的现象并没有得到有

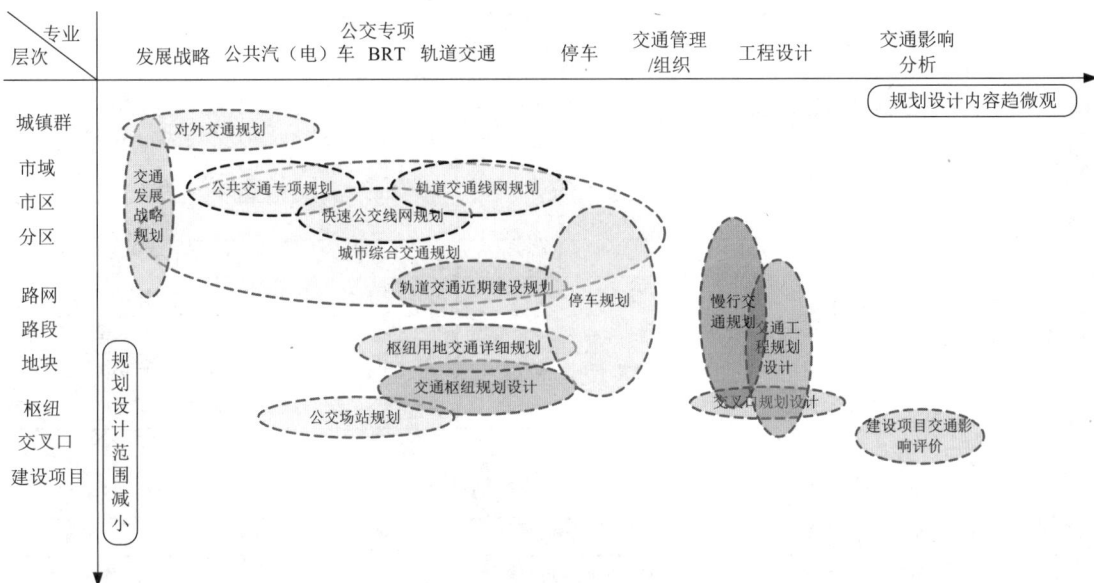

图 9-1　城市交通规划体系图

效改善，城市交通规划的指导性和实施性难以保障。

虽然城市交通规划的类型日趋丰富，但仍处于一种平面规划体系的状态，没有形成立体的规划层次和结构。由于规划体系的平面化，体系内各个规划之间无法实现内容和层级方面的有机衔接，不同规划的内容和深度相互交叉。上位规划和下位规划之间的关系不清，约束力和执行力不强，导致上位规划所确立的发展战略在下位规划中得不到贯彻，而下位规划往往基于系统自身的需求冲击上位规划所确定的总体安排。总的来说，城市交通规划与城市规划之间，交通规划体系内部各子系统规划之间的关系没有理顺，在编制内容、审批和实施等各个层面没有实现良好的衔接和传承。

因此，随着城市交通规划编制组成和内容的不断扩展，迫切需要技术标准的支持和引导，在技术内容、技术方法、技术指标等方面制定系统的技术标准对规范城市交通规划编制具有重大作用。

9.1.2　城市交通规划标准现状

1. 标准现状

1）国家、行业标准

我国在 20 世纪 80 年代初开始研究工程建设标准体系，并于 1983 年由原城乡建设环境保护部组织制定完成第一部《工程建设标准体系》。之后，经过补充完善和修改，于 2003 年形成了现行的《工程建设标准体系》，标准体系包括城乡规划、城镇建设、房屋建设三部分，其专业分类如表 9-1 所示。城市交通规划技术标准包含在城乡规划技术标准体系中（表 9-2）。

2003 年版工程建设标准专业分类表　　　表 9-1

专业号	专业名称	专业号	专业名称
[1]1	城乡规划	[2]9	城市与工程防灾
[2]1	城乡工程勘察测量	[3]1	建筑设计
[2]2	城镇公共交通	[3]2	建筑地基基础
[2]3	城镇道路桥梁	[3]3	建筑结构
[2]4	城镇给水排水	[3]4	建筑施工质量与安全
[2]5	城镇燃气	[3]5	建筑维护加固与房地产
[2]6	城镇供热	[3]6	建筑室内环境
[2]7	城镇市容环境卫生	[4]1	信息技术应用
[2]8	风景园林		

2003 年版城乡规划技术标准体系中城市交通规划标准列表　　表 9-2

体系编码	标准名称	现行标准	备注
[1]1.3.1.11	城市轨道交通线网规划规范	GB/T 50546—2009	
[1]1.3.1.12	城市公共交通线网规划规范		
[1]1.3.1.13	城市停车设施规划规范		在编
[1]1.3.1.14	城市客运交通枢纽及广场交通规划规范		
[1]1.3.1.15	城市加油（气）站规划规范		
[1]1.3.1.16	城市建设项目交通影响评估技术标准	已发布实施 *	
[1]1.3.1.17	城市道路交叉口规划规范		在编
[1]1.3.1.20	城市道路交通规划设计规范	GB 50220—95	
[1]1.3.1.21	城市对外交通规划规范		在编
[1]1.3.2.6	村镇道路交通规划规范		

注："*"表示正式发布的标准《建设项目交通影响评价技术标准》（CJJ/T 141—2010）。

《城市道路交通规划设计规范》（GB 50220—95）于 1995 年颁布实施，10 多年来，一直是城市交通规划专业唯一的技术标准，无论从标龄长度还是内容的适用性方面，都已经明显滞后于需求。《城市轨道交通线网规划编制标准》（GB/T 50546—2009）于 2009 年发布，《建设项目交通影响评价技术标准》（CJJ/T 141—2010）于 2010 年发布（注：标准体系表中该标准的名称为《城市建设项目交通影响评估技术标准》）。在编的标准规范包括《城市道路交叉口规划规范》、《城市对外交通规划规范》和《城市停车设施规划规范》3 项。

2）地方标准

在城市交通规划领域，许多地方政府组织编制和实施了城市规划地方技术标准和规范性文件，包括了交通规划技术内容，对丰富城市规划及交通规划技术标准起到了积累经验的作用。而且，地方标准的出台也反映了城市交通规划编制和管理工作的实际需求，为国家标准体系的制定提供了支撑和依据。按照标准层级、内容、作用等方面的不同，对城市交通的地方标准进行如下简单分类。

城市规划标准和准则：如《深圳市城市规划标准与准则》、《广州市城市规划管理技术标准与准则（市政规划篇）》、《惠州市城市规划标准与准则》等。这类标准借鉴了新加坡、中国香港等单城市国家及地区的规划标准和准则，结合城市自身发展实际情况而制定。这些标准涵盖了城市交通规划的相关内容，以《深圳市城市规划标准与准则》为例，其主要内容包括城市用地、城市设计与建筑控制、道路交通与市政工程设施三个主要部分。其中，道路交通与市政工程设施部分对道路网规划指标、公交场站规划指标、停车场（库）配建指标等作出了具体的规定。

城市交通规划导则：如《江苏省城市综合交通规划导则》、《四川省城市公共交通规划编制导则》、《重庆城市道路交通规划及路线设计规范》、《浙江省建设工程交通影响评价技术导则（试行）》等。这类标准基于本地区的实际情况和需求而制定，指导和规范本地区的城市交通规划工作。在国家层面的城市交通规划指引性标准缺失的背景下，这些导则对于推动相关地区的城市交通规划工作，规范和引导规划的编制及管理起到了非常重要的作用。

专项交通规划设计技术标准：如《上海城市道路平面交叉口规划与设计规范》、《北京市城市建设节约用地标准》、《游景区（点）道路交通指引标志设置规范》、《北京市城市轨道交通无障碍设施设计规程》等。这些标准的制定，为国家和行业标准的编制工作提供了丰富的研究基础。有些地方标准跨行政区划执行，具有较强的创新性，如上海、江苏、浙江的《游景区（点）道路交通指引标志设置规范》是长江三角洲首个区域性的交通技术标准。

建设项目停车配建标准：如《芜湖市城市建筑物配建停车场配建标准（试行）（2008）》、《临海市建设项目停车泊位设置暂行标准》、《济南市建设工程配建停车库（场）规划设置标准（2007）》、《重庆市建设项目配建停车位标准细则（2006）》、《浙江省城市建筑工程停车场（库）设置规则和配建标准（2005）》、《天津市建设项目配建停车场（库）标准（2004）》等。由于每个城市经济发展水平、城市布局形态和机动车保有率不同，其停车生成率有较大差异，因此在规划指标确定方面具有鲜明的城市个性。

2. 存在的问题

我国城市交通规划的标准化工作起步较晚，进展也较为缓慢，缺项较多，与城市交通规划编制工作的实际需求差距很大，突出表现为以下几个方面：

一是城市交通规划技术标准体系不健全，与交通规划技术体系构成脱节，缺乏合理的标准层次和标准结构，在标准的覆盖范围上也存在明显的空白，不能及时反映城市交通规划理念、规划技术的发展。例如，大容量快速公共交通系统规划设计、自行车系统、步行系统规划设计在标准体系中存在空缺。

二是标准规范的组成不尽合理，基础标准缺乏，指导交通规划编制的技术方法和技术导则类规定处于空白。

三是标准内容不能很好地体现和兼顾我国城市个性，指标规定过于僵化，难以有效指导我国不同地区、不同类型城市的交通规划建设。虽然部分指标有一定的范围，但缺少相应的技术分析方法内容，导致套用指标的现象明显。

四是标准的标龄过长，多年未曾修编。例如，《城市道路交通规划设计规范》于 1995 年开始实施，至今已 18 年。城市发展规模、人口特征、交通特征等都发生了巨大变化，许多指标、方法、定义、规划前提，甚至规划目标都已经不能适应城市发展和交通发展的特征。

五是各标准之间协调性较弱，某些标准的指标灵活性不够，不同标准的同一指标存在矛盾，有的指标与现行的法律法规不相符。例如，《城市道路交通规划设计规范》与《城市公共交通站、场、厂设计规范》中关于公交首末站和保养站的规定有所不同。

9.2　城市交通规划设计标准体系

9.2.1　构建原则

1. 标准体系属性

标准体系是为了达到最佳的标准化效果，在一定范围内建立的、具有内在联系及特定功能的、协调配套的标准有机整体，是指导今后一定时期内标准制定、修订立项以及标准管理的基本依据。其基本属性如下。

1）目标性

标准体系有其明确的目的或目标，具有具体化、定量化的特征，能够促进技术进步。

2）集合性

标准体系围绕一定目标形成标准集，在系统层面相互衔接和相互补充。

3）层次性

标准体系的结构层次性，是由系统中各要素之间的联系方式以及系统运动规律的类似性等因素决定的。一般是高一级的结构层次对低一级的结构层次有着较大的制约性，而低层次又是高层次的基础并反作用于高层次。

4）开放性（或动态性）

标准体系既不是封闭的，也不是绝对静止的。应不断地淘汰不适用的标准，及时补充新的标准，使标准体系处于不断进化的过程，以适应技术发展的需求。

5）阶段性（相对稳定性）

标准效应的发挥要求系统处于稳态，因此标准体系具有阶段性，在一定时期内应该相对稳定。

2.构建原则

城市交通规划标准体系的结构、层次、内容，是塑造城市交通规划技术体系的重要支撑，也是引导和鼓励城市交通规划技术发展的必要手段。构建标准体系既要体现国家宏观政策的引导和管控，又要充分尊重规划的创新性和前瞻性要求。因此，标准体系构建遵循如下原则：

（1）充分贯彻《中华人民共和国城乡规划法》的要求，体现规划的公共政策属性，关注公共利益。

（2）实现与《中华人民共和国工程建设标准体系》和"城乡规划标准体系"的对接，按照基础标准—通用标准—专用标准的系列进行构建。

（3）满足新技术的发展及推广，扩大覆盖面，起到保证城市交通规划编制的技术控制作用。

（4）充分考虑新、老标准之间的衔接，强调分步骤逐步实施。

（5）充分考虑今后一定时期内技术发展的需要，设置合理的标准数量，保证新的技术标准体系覆盖面达到最大范围。

（6）以系统分析的方法，实现结构优化、数量合理、层次清楚、分类明确、协调配套，形成有机整体。

9.2.2　标准体系组成

研究提出的城市交通规划标准体系由基础标准、通用标准、专用标准构成（图9-2、表9-3），共包括技术标准28项，其中基础标准4项，通用标准5项，专用标准19项。

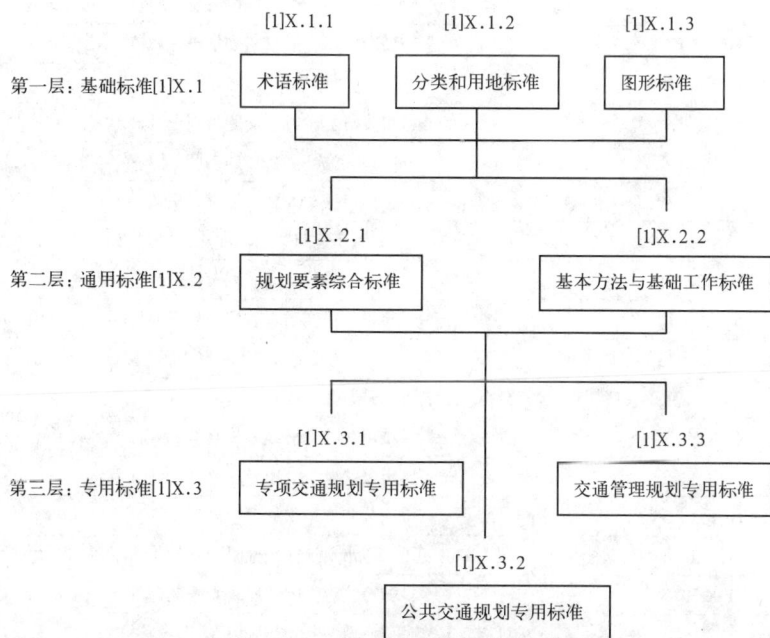

图9-2　城市交通规划设计标准体系结构

城市交通规划设计技术标准体系表　　　　表 9-3

体系编码	标准名称
[1]X.1 基础标准（4 项）	
[1]X.1.1 术语标准	
[1]X.1.1.1	城市交通规划术语标准
[1]X.1.2 分类和用地标准	
[1]X.1.2.1	城市交通基础数据分类与代码
[1]1.1.2.2	城市交通设施用地分类和建设用地标准
[1]X.1.3 图形标准	
[1]1.1.3.1	城市交通规划制图标准
[1]X.2 通用标准（5 项）	
[1]X.2.1 规划要素综合标准	
[1]X.2.1.1	城市综合交通体系规划设计规范
[1]X.2.2 基本方法与基础工作标准	
[1]X.2.2.1	城市居民出行调查规程
[1]X.2.2.2	城市交通规划基础资料搜集规程
[1]X.2.2.3	城市交通规划实施评估规程
[1]X.2.2.4	城市交通规划环境影响评价规程
[1]X.3 专用标准（19 项）	
[1]X.3.1 专项交通规划标准	
[1]X.3.1.1	区域综合交通系统规划设计规范
[1]X.3.1.2	城市对外交通规划设计规范
[1]X.3.1.3	城市道路网规划设计规范
[1]X.3.1.4	城市道路交叉口规划设计规范
[1]X.3.1.5	城市客运交通枢纽规划设计规范
[1]X.3.1.6	公共交通专用道路及设施规划设计规范
[1]X.3.1.7	城市步行、自行车交通规划设计规范
[1]X.3.1.8	城市交通无障碍设施规划设计规范
[1]X.3.1.9	城市停车设施规划设计规范
[1]X.3.1.10	城市建筑物停车配建指标
[1]X.3.1.11	物流园区交通规划设计规范
[1]X.3.1.12	建设项目交通影响评价技术标准
[1]X.3.1.13	小城镇交通规划编制规程
[1]X.3.2 公共交通规划标准	
[1]X.3.2.1	城市公共交通线网规划编制规程
[1]X.3.2.2	城市公共电、汽车场站规划设计规范
[1]X.3.2.3	快速公共汽车交通系统规划设计规范
[1]X.3.2.4	城市轨道交通建设规划规程
[1]X.3.2.5	城市轨道交通线网规划编制标准
[1]X.3.3 交通管理规划标准	
[1]X.3.3.1	道路交通管理规划编制规程

1）基础标准（4项）

基础标准指在某一专业范围内作为其他标准的基础并普遍使用，具有广泛指导意义的术语、符号、计量单位、图形、模数、基本分类、基本原则等标准，为强制性标准。其主要分为术语标准、分类与用地标准、图形标准三大类。

2）通用标准（5项）

通用标准是针对某一类标准化对象制定的覆盖面较大的共性标准，是制定专用标准的依据。在技术标准体系研究中，对于一些涉及"方法"的规定或推广的内容，使用了"规程"的概念，侧重于编制程序、编制内容、成果形式等，与现有体系中的"规范"一词有所区别。

3）专用标准（19项）

专用标准是针对某一具体标准化对象或作为通用标准的补充、延伸制定的专项标准。其主要规定各类具体规划编制和专项规划的技术要求，包括专项交通规划、公共交通规划、交通管理规划三大类。

9.3 标准规范研究

9.3.1 城市轨道交通线网规划编制标准

1. 编制背景

城市轨道交通是城市中建设周期最长、投资最大的交通基础设施，其建设和运营影响着城市空间发展的布局形态，改变着城市社会经济和人们生活方式。城市轨道交通线网规划是国家审批城市轨道交通建设项目立项的主要依据之一。

城市轨道交通线网规划编制涉及专业面广、综合性强，线网规划质量的优劣直接影响到城市轨道交通系统建设、运营组织和服务水平。由于各城市在线网规划编制中存在诸多问题，如规划范围不一致、规划内容差异较大、规划内容深浅不一、客流预测结果的可信度低、线网规划功能层次不清晰等，导致在城市轨道交通线路规划建设中出现了线路布局调整、工程投资浪费等现象。

针对我国各大城市积极发展城市轨道交通系统的趋势，为了引导城市轨道交通线网规划编制的科学性，研究制定了《城市轨道交通线网规划编制标准》（GB/T 50546—2009），并于2009年11月30日发布，2010年4月1日开始实施。

2. 主要内容

该标准明确了城市轨道交通线网规划与城市总体规划和综合交通规划的关系，提出了编制的基本原则和技术要求，规范了城市轨道交通线网规划编制的内容、深度等（表9-4）。

《城市轨道交通线网规划编制标准》目次   表 9-4

1	总则
2	术语
3	基本规定
4	交通需求分析
5	线网方案
6	方案评价
7	车辆基地规划
8	用地控制规划

本标准用词说明

附：条文说明

1）总则

总则规定了城市轨道交通线网规划应以城市总体规划为依据，符合城市综合交通体系规划，并与城市总体规划同步开展；提出了线网规划应坚持节约和集约利用资源，支持以公共交通为导向的城市土地利用策略。

2）基本规定

其规定了线网规划应确定线网规模、布局，并提出对设施用地控制要求；明确了线网规划的主要内容、基础资料和成果要求。

3）交通需求分析

交通需求预测作为城市轨道交通线网规划定量分析的基础，其结果将直接影响到城市轨道交通线网规模、系统选型和投资规模。该标准对交通需求预测的范围、流程、基础数据、预测结果作出了明确规定，给出了交通需求预测的具体指标。

4）线网方案

线网方案是城市轨道交通线网规划的主体内容，该标准规定了线网方案的主要内容和深度，包括线网功能层次、合理规模、规划布局以及线网指标；提出了换乘站、沿线土地利用、建设时序等规划要求。

5）方案评价

方案评价是确定规划方案是否科学合理的重要环节，是城市轨道交通线网规划编制的程序性规定。该标准规定了方案评价的原则、指标体系和评价方法；要求应遵循定性与定量相结合的原则，建立评价指标体系，提出了相应的评价方法。

6）车辆基地规划

车辆基地规划是城市轨道交通线网规划中不可缺少的内容，是车辆基地用地规划控制的依据。该标准明确了车辆基地规划的原则、内容、深度和技术要求。

7）用地控制规划

用地控制规划是纳入城市规划管理工作的重点，该标准明确了用地控制规划的主要任务、内容和深度。

9.3.2　建设项目交通影响评价技术标准

1. 编制背景

2000 年左右，北京等特大城市率先开展了建设项目交通影响评价工作，作为土地开发项目决策的重要内容和协调城市土地利用与交通发展的重要环节，对城市开发项目新增交通需求给周围的交通系统运行带来的影响进行评估。2004 年 5 月 1 日实施的《中华人民共和国道路交通安全法实施条例》规定，县级以上地方各级人民政府应当组织有关部门对城市建设项目进行交通影响评价。

由于我国交通影响评价工作起步时间短，在实施过程中还存在不少问题，如交通影响评价的定位与目的不明确，评价范围、内容、标准不统一，技术要求不清晰，制约了交通影响评价的开展。

2006 年，启动了《建设项目交通影响评价技术标准》研究制定工作。作为行业标准，编制标准的目标是通过分析不同类型城市交通影响评价的主要技术指标、参数，在调查的基础上，建立交通影响评价的技术标准框架和准则，并提出交通影响评价工作的技术要求。

《建设项目交通影响评价技术标准》（CJJ/T 141—2010）已于 2010 年 3 月 31 日发布，2010 年 9 月 1 日开始实施。

2. 主要内容

该标准提出了建设项目交通影响评价的技术内容与要求，明确了交通影响评价的定位以及与城镇法定规划之间的关系，给出了建设项目交通影响评价的主要技术参数，并规范了相关技术术语（表 9-5）。

《建设项目交通影响评价技术标准》目次　　　　表 9-5

1	总则
2	术语
3	基本规定
4	建设项目分类
5	交通影响评价启动阈值
6	交通影响评价范围、年限、时段与评价日
6.1	交通影响评价范围
6.2	交通影响评价年限
6.3	交通影响时段与评价日
7	交通需求分析
8	交通影响程度评价
9	交通改善措施与评价
附录 A	交通影响评价报告主要内容
附录 B	机动车服务水平分级
本标准用词说明	
附：条文说明	

1）总则

总则规定了本标准适用于城市和规划城镇人口规模在10万以上的镇的建设项目交通影响评价，明确了交通影响评价的依据。

2）基本规定

其规定了交通影响评价的具体技术工作内容，明确了建设项目交通影响评价应在报建和（或）选址（包括选址或土地出让）阶段进行。

3）建设项目分类

建设项目分类是交通影响评价工作管理和交通需求预测的基础。鉴于国内没有根据交通特征进行的建设项目分类，本标准根据用地类型、建筑物使用性质和交通出行特征，将建设项目划分为大类、中类和小类。给出了大类、中类的划分具体内容，并提出城市和镇宜在中类基础上按照建设项目交通特性划分小类的要求。同时，也规定了应通过调查确定不同类型建设项目的出行率等参数。

4）交通影响评价启动阈值

交通影响评价启动阈值是建设项目是否需要进行交通影响评价的门槛值，本标准给出了建设项目交通评价的阈值范围。在阈值确定上体现了以下特点：阈值体系完整，覆盖了全部建设项目类型；为便于实际应用，将复杂的交通分析简化成便于管理部门实际操作的建筑规模等；根据实践中可能出现的需要在不同阶段展开交通影响评价的情况，对选址阶段和报建阶段的启动阈值进行了详细规定；为各城市根据各自的情况进行阈值调整预留了接口。

5）交通影响评价范围、年限、时段与评价日

针对不同规模城市、建设项目规模与阈值之比以及项目在城市中所处的区位，给出了评价范围的具体要求，明确了不同类型建设项目的评价年限。根据建设项目交通特性和背景交通的关系，提出了评价时段和评价日的确定原则。

6）交通需求分析

本标准明确了评价调查的内容和要求，规定了交通需求分析的具体内容。

7）交通影响程度评价

本标准给出了评价指标和显著影响判定标准，包括信号交叉口、无信号交叉口、路段、公交站点、停车等评价内容。

8）交通改善措施与评价

本标准规定了建设项目对评价范围内交通系统有显著影响时，必须对相关交通设施提出改善措施建议，并评价改善后的效果；规定了如采取改善措施后对交通系统仍然有显著影响时，则应对项目选址或项目方案提出调整建议。

9）其他

附录A给出了交通影响评价报告的结构、内容。附录B给出了与交

通影响评价相关的机动车服务水平分级标准。

9.3.3 城市综合交通体系规划编制导则

为规范城市综合交通体系规划编制工作，指导各城市做好城市综合交通体系规划编制，研究编制了《城市综合交通体系规划编制导则》（以下简称《导则》），住房和城乡建设部已于 2010 年下发（建城 [2010]80号）。

《导则》由序言、总则、工作阶段与要求、规划内容、技术要点、成果要求六部分组成，形成了规范城市综合交通体系规划编制的技术指导性文件，并为制定城市综合交通体系规划设计规范奠定了基础。

1）总则

总则明确了城市综合交通体系规划的总体要求，系统阐述了规划的目的、作用、编制原则、规划范围与期限；提出了城市重大交通基础设施规划布局应考虑城市远景发展要求。

2）工作阶段与要求

按照规划的流程，《导则》提出了四阶段工作要求：

一是现状调研阶段。通过走访、调查等方式，分析城市发展中存在的主要交通问题。

二是专题研究阶段。在现状调研基础上，对影响城市综合交通体系发展的重大问题组织开展专题研究，一般应包括发展趋势、发展战略与政策、重大交通基础设施布局等。

三是纲要成果阶段。重点评价和分析存在的主要问题，论证发展需求和交通资源配置策略，提出城市综合交通体系框架、总体发展目标、布局原则等。

四是规划成果阶段。确定交通发展战略、政策和保障措施，交通设施布局方案、控制性规划指标和强制性内容，对交通各子系统规划的指导性技术要求等。

3）规划内容

《导则》规定了规划应包括 12 项内容，可以归纳为整体规划、分系统规划、规划实施三个方面。

（1）整体规划。

整体规划是对城市综合交通体系的总体性安排，包括交通发展战略和综合交通体系组织两部分内容。

交通发展战略——根据城市社会经济发展和城市发展目标，优化选择交通发展模式，确定交通发展与市域城镇布局、城市土地利用的关系，制定综合交通体系发展目标、分区发展目标、交通方式结构，提出交通发展政策和策略。

综合交通体系组织——依据城市综合交通体系总体发展目标和交通资

源配置策略，统筹城市综合交通体系功能组织，提出各子系统规划布局原则和要求。

（2）分系统规划。

分系统规划是在整体规划的基础上，确定各子系统的规划布局和设施规划指标，包括对外交通系统、城市道路系统、公共交通系统、步行与自行车系统、客运枢纽、城市停车系统、货运系统、交通管理与交通信息化八部分内容。

对外交通系统——依据城市具体情况，统筹协调对外交通系统网络和区域交通设施布局，处理好与相关专业规划的关系。

城市道路系统——按照与道路交通需求基本适应、与城市空间形态和土地利用布局相互协调、有利于公共交通发展、内外交通系统有机衔接的要求，合理规划道路功能、等级与布局。明确城市总体规划层面的干道架构，以及详细规划层面的支路网控制性指标。

公共交通系统——依据城市公共交通系统构成和客运系统总体布局框架，统筹规划公共交通系统设施安排和网络布局。重点处理好支撑公共交通运营的设施安排。

步行与自行车系统——按照安全、方便、通畅的原则，结合城市功能布局，合理规划步行与自行车系统，体现分区指导、差别化设施安排的主导思想。

客运枢纽——按照人性化、一体化、节约用地的原则，优化布局客运枢纽，统筹各种交通方式的衔接。规划的核心是枢纽布局、用地控制和配套设施安排。

城市停车系统——遵循城市停车设施的供给策略，综合利用城市土地资源和地下空间，确定各类机动车停车设施规划建设基本要求。

货运系统——依据城市功能布局，确定城市货运枢纽、场站的规划布局、规模和用地控制指标，确定城市货运道路网络和管理对策。

交通管理与交通信息化——按照人性化管理、信息资源共享的要求，合理确定交通管理和交通信息化发展对策及设施规划原则，核心是交通需求管理对策和交通信息共享机制。

（3）规划实施。

规划实施是落实规划的具体方案和保障措施，包括近期规划、规划实施保障措施两部分内容。

近期规划——依据城市近期发展目标和城市财政能力，制定近期交通发展策略，提出近期交通基础设施安排和实施措施。近期规划应具有针对性、迫切性和可行性。

规划实施保障措施——遵循有利于促进规划实施和管理的原则，提出规划的实施策略和措施。保障措施应具有系统性、有效性和可操作性。

4）技术要点

《导则》结合规划编制的技术特点，从七个方面提出了规划的技术要点。

（1）现状调研。

给出了资料收集和有效性的要求，明确了资料调研的主要内容。

（2）交通调查。

给出了常用的交通调查类型，以及各项调查的主要内容。明确提出应结合规划编制要求和城市基础资料状况确定交通调查的类型。列出了常用的各项交通调查的方式和推荐的样本规模。给出了交通小区划分的原则。

（3）现状分析。

要求以调查数据和相关资料为基础，切实反映城市综合交通体系的现状特征和存在的问题，提出了12项现状分析的主要内容。

（4）需求分析。

综合运用交通调查数据、统计数据、相关规划定量指标，建立交通分析模型，形成科学的交通需求分析方法。需求分析是规划的基础，应贯穿于规划的全过程。给出了需求分析常用的基础数据、分析内容及模型形式、规划方案测试分析主要内容。

（5）方案制订。

提出了规划方案制订的原则、要求以及应注意的问题。

（6）方案评价。

要求采用定量与定性相结合的方法，对规划方案从经济、社会、环境、交通运行效果等方面进行评价，给出了方案评价的主要要素。

（7）强制性内容。

强制性内容包括三方面内容：与城市总体规划相一致的城市干道系统网络、城市轨道交通网络、交通枢纽布局；指导各交通子系统规划的控制性指标；可以根据城市的具体情况，增加对外交通设施和交通场站规划作为强制性内容。

5）成果要求

为了规范管理规划成果，统一内容、深度、格式，《导则》从成果形式、规划文本、规划说明书、规划图纸、基础资料汇编五个方面明确了具体要求。

（1）成果形式。

规定了规划成果的组成、载体、纸质文档的样式和电子文档的格式。

（2）规划文本。

规定了文本的结构和内容，要求以条文方式表述规划结论，强制性规划内容采用与其他规划内容有明显区别的字体或格式进行表述。

（3）规划说明书。

规定了说明书由正文和附录两部分组成。正文应当与规划文本的条文相对应，对规划文本条文作出详细说明。给出了附录包含的主要内容。

（4）规划图纸。

规定了主要现状图、规划图的内容，以及通常采用的图纸比例。

（5）基础资料汇编。

规划中所涉及的文件、基础资料、参考资料应纳入基础资料汇编，并按文件、基础资料、参考资料的顺序进行编排。

参考文献

[1] 谢文蕙，邓卫.城市经济学（第二版）[M].北京：清华大学出版社，2008.

[2] 沈玉麟.外国城市建设史 [M].北京：中国建筑工业出版社，1989.

[3] 曹洪涛.中国古代城市的发展 [M].北京：中国城市出版社，1995.

[4] 中国城市规划设计研究院.中国城市增长的空间动力学研究总报告 [R].2003.

[5] 董鉴泓.中国城市建设史（第三版）[M].北京：中国建筑工业出版社，2004.

[6] 何一民，周明长.156 项工程与新中国工业城市发展 (1949~1957 年)[J].当代中国史研究，2007 (2)：70-77.

[7] 住房和城乡建设部，中国城市规划设计研究院.全国城镇体系规划（2006—2020年）[M].北京：商务印书馆，2010.

[8] 杨少辉，马林，陈莎.城市和城市交通发展轨迹及其互动关系 [J].城市交通，2009（4）：1-6.

[9] 黎仕明.政治、经济、文化：中国城市发展动力的三重变奏 [J].现代城市研究，2006（6）：23-29.

[10] 陈宽民.城市交通系统理论分析与应用 [D].西安：长安大学，2003.

[11] 孔令斌.城市发展与交通规划 [M].北京：人民交通出版社，2009.

[12] 全永燊，刘小明，等.路在何方——纵谈城市交通 [M].北京：中国城市出版社，2002.

[13] 王春才.城市空间演化与交通的互馈解析 [M].北京：冶金工业出版社，2008.

[14] 杨少辉，马林，陈莎.城市空间结构演化与城市交通的互动关系 [J].城市交通，2009（5）：45-48.

[15] 李小建.经济地理学究（第二版）[M].北京：高等教育出版社，2006.

[16] 彼得·尼茨坎普.区域和城市经济学手册第 2 卷：城市经济学 [M].安虎森，等译.北京：经济科学出版社，2003.

[17] 丁成日.城市经济与城市政策 [M].北京：商务印书馆，2008.

[18] 王延中.基础设施与制造业发展关系研究 [M].北京：中国社会科学出版社，2007.

[19] 武旭，胡思继，崔艳萍，等.交通运输与经济协调发展评价的研究 [J].北京交通大学学报，2005（2）：10-14.

[20] 中国城市规划设计研究院.城市交通领域应对气候变化的战略和规划研究报告 [R].2010.

[21] 隋永芹，潘晓东，杨轸，等.城市交通生命线抗灾变研究探讨 [J].交通与运输，

2009（12）：100-102.

[22] 李晔，张红军. 城市交通系统抗灾变研究进展 [J]. 灾害学，2004（4）：77-82.

[23] Alonso W. Location and Land Use[M]. Cambridge, MA: Harvard University Press, 1964.

[24] 过秀成. 城市集约土地利用与交通系统关系模式研究 [D]. 南京：东南大学，2001.

[25] 杨忠振，陆化普. 应用 GIS 的空间分析功能实现道路网与出行小区的动态连接 [J]. 中国公路学报，2002 (4)：94-97.

[26] 王丰元，陈荫三，宋年秀. 交通需求管理及其在中国的应用 [J]. 交通运输工程学报，2002(2)：83-87.

[27] 张生瑞，严宝杰. 交通运输系统协调发展的理论分析 [J]. 长安大学学报 (自然科学版)，2002 (2)：51-53.

[28] 王媛媛，陆化普. 基于可持续发展的土地利用与交通结构组合模型 [J]. 清华大学学报 (自然科学版)，2004（9）：1240-1243.

[29] 於昊，等. 北京市停车发展战略与综合对策 [R]. 2004.

[30] 杨涛，杨明，等. 基于差别化策略与规划的城市交通分区方法研究 [C]// 第 16 届海峡两岸都市交通学术研讨会论文集. 南京：东南大学出版社，2008.

[31] 陆锡明，李娜. 交通方式结构的界定 [J]. 城市交通，2009（1）：51-56.

[32] 北京交通发展研究中心，北京交通大学. 北京交通结构优化研究 [R]. 2008.

[33] 北京市交通委员会，北京交通发展研究中心，等. 北京交通发展纲要研究报告 [R]. 2008.

[34] 李传成. 交通枢纽与城市一体化趋势——特大型铁路旅客站设计分析 [J]. 华中建筑，2004(1): 32-35.

[35] 钟华颖，韩冬青. 城市设计中的交通换乘体系 [J]. 规划师，2004 (1): 70-72.

[36] William H K Lam. Modeling an elastic-demand bimodal with park and ride transport network trips[J]. Tsinghua Science and Technology, 2007(4): 158-166.

[37] Judy S Davis. Mode of access to rail transit: Transportation Research Board Annual Meeting, 2001[C]. Washington DC: National Academy Press, 2001.

[38] Kevin connlly, Marianne Payne. Bay area rapid transit's comprehensive station plans: Integrating capacity, access, and land use planning at rail transit stations [J]. Transportation Research Board, 2004(1872): 1-9.

[39] Winnie Daamen. Passenger route choice concerning level changes in railway station: Transportation Research Board Annual Meeting, 2005[C]. Washington DC: National Academy Press, 2005.

[40] 裴玉龙，胡劲松. 城市换乘枢纽交通组织方法探讨 [C]// 第七次城市道路与交通工程学术会议论文集. 2002.

[41] 覃矞，宗传苓. 轨道交通接运系统规划方法 [J]. 城市交通，2006(5): 6-12.

[42] Snehamay Khasnabis. Land use and transit integration and transit use incentives[J]. Transportation Research Board, 1998(1618): 39-47.

[43] Rob H.G. Jongman. European ecological networks and greenways[J]. Landscape and Urban Planning, 2004(68): 305-319.

[44] Arisra Limtanakool, Martin Dijst, Tim Schwanen. The influence of socio-economic characteristics, land use and travel time considerations on mode choice for long-distance Trips: The 83rd Annual Meeting of the Transportation Research, 2004[C]. 2004.

[45] 陈爽，张皓 . 国外现代城市规划理论中的绿色思考 [J]. 规划师，2003:71-74.

[46] 石飞，江薇，王炜，等 . 基于土地利用形态的交通生成预测理论方法研究 [J]. 土木工程学报，2005(3): 115-119.

[47] King M R, Camegie J A, Ewing R. Pedestrian safety through a raised median and redesigned intersections[J]. Transportation Research Board，2003,1828: 56-66.

[48] Sisiopiku V P, Akin D. Pedestrian behaviors at and perceptions towards various pedestrian facilities: An examination based on observation and survey data [J]. Transportation Research Part F, 2003, 6(4): 249-274.

[49] 李俊 . 人性化城市交通发展理论与应用研究 [D]. 武汉：武汉理工大学，2007.

[50] Stidger R W. Intersection designs for today's traffic[J]. Better Roads，2004(5): 24-26.

[51] Kindler C, Wood R M, Harwood D W, et al. Intersection diagnostic review module: Expert system for geometric design review of intersections on rural two-lane highways[J]. Transportation Research Record，2003(1851): 113-121.

[52] 蔡果 . 行人对危险感知的局限性 [J]. 中国科技信息 , 2005(12): 54-59.

[53] 杨晓光 . 城市道路交通设计指南 [M]. 北京：人民交通出版社，2003.

[54] Federal Highway Administration. Manual on Uniform Traffic Control Devices[R]. 2003.

[55] Rogoff M J, Rodriguez A S. Using retroreflectivity measurements to assist in the development of a local traffic sign management program[J]. Institute of Transportation Engineers Journal，2005 (10): 28-32.

[56] 陆建，叶惠琼，姚冬雷 . 行人过街设施合理间隔 [J]. 交通运输工程学报,2002（4）: 15-19.

[57] 孙明正，杨晓光 . 机非混行平面交叉口交通设计理论研究 [J]. 公路交通科技，2004(8): 82-86.

[58] 刘杰，陈建阳 . 平面交叉口交通设计自动化研究 [J]. 交通与计算机，2007 (2): 111-114.

[59] 林震，杨浩 . 交通信息服务条件下的出行选择分析 [J]. 中国公路学报，2003(1):87-91.

[60] Chandra R R, Jessica Guo. A mixed spatially correlated logit model: Formulation and application to residential choice modeling [J]. Transportation Research Part B: Methodological, 2004,38(2): 147-168.

[61] 罗剑,王树盛,李旭宏 . 基于SB分布的Mixed Logit交通方式分担模型及其验证 [J]. 公路交通科技，2007(6):110-113.

[62] Frank S K, Vaneet Sethi. Incorporating variance and covariance heterogeneity in the Generalized Nested Logit model: An application to modeling long distance travel choice behavior[J]. Transportation Research Part B: Methodological, 2005, 39(9): 825-853.

[63] Dominique Rajaonarison. The K-deformed multinomial logit model[J]. Economics Letters, 2005(86):13-20.

[64] Ivana Komunjer. Global identification of the semiparametric Box-Cox model [J]. Economics Letters, 2009, 104(2): 53-56.

[65] 赵彤，高自友．最优信号控制条件下城市交通离散网络设计问题的备用能力模型 [J]. 系统工程理论与实践，2004 (7)：118-123.

[66] 陆建，王炜．城市道路网规划指标体系 [J]. 交通运输工程学报，2004 (4)：62-67.

[67] Gao Z Y，Sun H J．Solution algorithm for the bi-level discrete network design problem [J]．Transportation Research Part B，2005，39 (6)：479-495.

[68] Robert Morgan．Where Are We on the Road Network?: ITE 2005 Annual Meeting and Exhibit Compendium of Technical Papers, 2005[C]．2005.

[69] 张小宁．双层优化交通模型及其算法 [J]. 同济大学学报（自然科学版），2005 (2)：169-173.

[70] Chandra R. Bhat, Rupali Sardesai．The impact of stop-making and travel time reliability on commute mode choice [J]．Transportation Research Part B，2006，40(9)：709-730.

[71] Cantarella G E，Pavone G，Vitetta A．Heuristics for urban road network design: Lane layout and signal settings[J]．European Journal of Operational Research，2006，175(3)：1682-1695.

[72] Greenwald Michael J．The relationship between land use and intrazonal trip making behaviors: Evidence and implications[J]．Transportation Research Part D，2006，11(6)：432-446.

[73] 石飞．城市道路等级级配及布局方法研究 [D]. 南京：东南大学，2006.

[74] 任刚．交通管理措施下的交通分配模型与算法 [M]. 南京：东南大学出版社，2007.

[75] 陈学武,刘飞,胡启洲．小城市道路网的合理道路级配模型 [J]. 交通运输工程学报，2008 (1)：102-105.

[76] 任刚，张水潮．基于费用最小化的城市各级道路合理间距模型 [J]. 东南大学学报（自然科学版），2008 (3)：531-534.

[77] Xu T Z，Wei H，Wang Z D．Study on continuous network design problem using simulated annealing and genetic algorithm[J]．Expert Systems with Applications，2009，36 (2)：2735-2741.

[78] Suh-Wen Chiou．An efficient algorithm for optimal design of area traffic control with network flows[J]．Applied Mathematical Modelling，2009，33 (6)：2710-2722.

[79] 周竹萍，任刚，王炜．基于方式分担需求的城市道路等级配置模型 [J]. 东南大学

学报（自然科学版），2009 (5)：1075-1080.

[80] Meyer M. D. Use of performance measures for surface transportation in different institutional and cultural contexts: Cases of Australia, Japan, and New Zealand[J]. Transportation Research Record, 2005(1924): 163-174.

[81] Hakkinen T. Assessment of indicators for sustainable urban construction[J]. Civil Engineering and Environmental Systems, 2007, 24(4): 247-259.

[82] Fineman B. J., DeJohn Jr. A. J., Miller K. E., et al. Comprehensive performance evaluation of multiscale transportation strategies: Large metropolitan planning organization methodology[J]. Transportation Research Record, 2003(1858): 124-132.

[83] Jaeger J. A. G., Schwarz-von Raumer H G, Esswein H, et al. Time series of landscape fragmentation caused by transportation infrastructure and urban development: A case study from baden-wurttemberg[J]. Ecology and Society, 2007, 12(1): 22.

[84] Banks J. H. Flow process at a freeway bottleneck[J]. Transportation Research Record, 1990 (1287): 20-28.

[85] Falcocchio J. C. Performance measures for evaluating transportation systems: Stakeholder perspective[J]. Transportation Research Record, 2004(1895): 220-227.

[86] Johnston R. A., Shabazian D. R., Gao S. Y. UPlan: A versatile urban growth model for transportation planning[J]. Transportation Research Record, 2003(1831): 202-209.

[87] Li L., Tayur S. Medium-term pricing and operations planning in intermodal transportation[J]. Transportation Science, 2005, 39(1): 73-86.

[88] Amekudzi A., Fomunung L. Integrating brownfields redevelopment with transportation planning[J]. Journal of Urban Planning and Development, 2004, 130(4): 204-212.

[89] Zong J. F., Cao M. Measuring the operational efficiency of the six airlines in China: Proceedings of International Conference on Transportation Engineering, 2007[C]. 2007.

[90] Hu J M, Song J Y, Zhang Y. A comparative study between advanced and traditional public transportation system using visualized simulation:Proceeding of the 3rd International Conference on Traffic and Transportation Studies, Guilin, 2002[C].2002.

[91] Gao Y L, Yang H. Coordination evaluation of transportation infrastructure scale and socioeconomic development in City: Proceeding of the 5th International Conference on Traffic and Transportation Studies, xi' an, 2006[C].2006.

[92] Ding Y, Yuan Z Z, Li Y H. Performance evaluation model for transportation corridor based on fuzzy-AHP approach: Proceeding of the 5th International Conference on Fuzzy Systems and Knowledge Discovery, Jinan,2008[C]. 2008.

[93] Zhu T Y. Application of entropy-DEA method on the comprehensive evaluation for urban rail transportation planning: Proceeding of the International Conference on Transportation Engineering. Chengdu, 2007[C].2007.

[94] Sun L S, Rong J, Ren F T, et al. Evaluation of passenger transfer efficiency of an urban public transportation terminal: Proceeding of the 10th International IEEE Conference

on Intelligent Transportation Systems, Beijing, 2007[C].2007.

[95] 刘俊娟, 王炜, 程琳 . 城市公共交通规划后评价研究 [J]. 现代城市研究 , 2007（ 11 ）: 25-33.

[96] Sun J, Li K P, Liao M J. Transportation planning model aid design system: Proceedings of International Conference on Transportation Engineering, Chengdu, 2007[C].2007.